MARKETING STUDY PLUS

김주호

BizPrime

머리말 P·r·e·f·a·c·e

4차산업혁명과 마케팅4.0 시대의 시장환경 변화는 기업경영의 패러다임을 바꾸고 있으며, 그 어느 때보다 마케팅의 중요성이 강조되고 있다. 4차산업이란 인공지능, 사물 인터넷, 빅데이터, 모바일 등 지능정보기술과 기존 산업과 서비스에 융합되는 것을 말하며, 필립 코틀러가 말하는 마케팅4.0이란 제품 위주, 소비자 위주, 인간중심의 마케팅시대를 거쳐 빅데이터에 기반한 '연결된 고객'의 시대라고 말할 수 있다.

마케팅4.0 시대에는 지금까지 전통적으로 수행해 왔던 경영기법이 더 이상 기업의 생존과 성장을 보장할 수 없게 되었기 때문에 구태를 유지하는 기업은 도태라는 위기에 직면해 있다. 또한 '연결된 고객의 시대'에는 과거처럼 기업의 자신에 대한 일방적인 주장이나 이미지를 강조하는 신비주의가 통하지 않는다. 왜냐하면 TV와 같은 전통 매체에 일방적으로 영향을 받던 시대에서 개인 자체가 마케팅 커뮤니케이션의 수용자이면서 동시에 스스로 매체가 되는 미디언스(media+audience)의 시대가 되었기 때문이다.

이 책은 독자들이 급변하는 시장환경에 대처할 수 있는 최신 마케팅의 기초이론부터 마케팅 사례까지 폭넓게 이해할 수 있도록 내용을 구성하였으며, 마케팅 분야의 전문가로 입문할 수 있는 기초를 다질 수 있도록 하였다.

이 책은 마케팅 지식을 거의 갖지 않았거나 경험적으로 이해하지만 체계화를 시킬 필요가 있는 독자도 가급적 쉽게 그러나 흥미롭게 그 내용을 이해할 수 있도록 기술하였다.

이 책은 Ⅰ, Ⅱ, Ⅲ, Ⅳ, Ⅴ, Ⅵ 단원으로 구성되어 있다.

제Ⅰ단원에서는 마케팅의 기본개념과 마케팅의 기초적 이해를 내용으로 한다, 본장에서는 여러 학술기관의 마케팅에 대한 정의와 의미 그리고 소비자 만족의 개념에 대해 알아보았다.

제Ⅱ단원에서는 환경분석을 통한 세부적인 시장세분화, 표적시장 선정, 포지셔닝에 대해 알아보았다.

제Ⅲ단원에서는 마케팅의 기초가 되는 소비자의 구매 의사결정에 대한 내용과 결정과정에 영향을 주는 요인에 대해 알아보았다.

제Ⅳ단원에서는 기업의 가치전달 수단인 제품, 가격, 유통, 촉진의 마케팅 4P믹스 전략에 대해 알아보았다.

제Ⅴ단원에서는 기업의 제품과 서비스를 고객에게 알리고 설득하는 마케팅 커뮤니케이션에 대해 알아보았다.

제Ⅵ단원에서는 최근 들어 그 중요성이 더욱 강조되고 있는 서비스 마케팅과 최신 마케팅 동향에 대해 알아보았다.

이 책은 각 장의 내용을 읽을 때 세부 내용에만 집중하고 전체적인 체계를 이해하지 못하는 경우를 대비하여 각 장의 끝에 별도의 요약을 제시하여 독자들이 습득한 각 장의 세부 내용을 전체의 틀 속에서 체계화하도록 하였다.

또한 실전 사례를 통해 마케팅 전략을 실행해 봄으로써 자연스럽게 마케팅 이론과 적용에 익숙해질 수 있도록 내용을 구성하였다. 학습 동기를 높이기 위해 다양한 마케팅 사례도 제시되었는데 짧은 사례는 본문에 긴 사례는 마케팅 사례 박스에서 소개하였다. 사례는 대부분 독자들에게 친숙한 기업이나 제품과 관련된 것이며 가능한 최신 자료를 인용하였다.

이제 마케팅에 관심을 갖고 흥미를 느끼고 있는 독자들이 훌륭한 마케팅 전문가로 성장하는 데 이 책이 작으나마 도움이 될 수 있기를 기대한다.

2023년 2월
저자 김 주 호

차 례

C·o·n·t·e·n·t·s

지속적인 생존과 성장을 위해 수많은 경쟁사 속에서 생존해야하는 기업에 있어서 마케팅은 기업 경영의 중요한 부분 중 하나가 되었다. 마케팅에서 성공한 초일류 기업의 사례를 살펴보면 고객의 니즈를 최우선으로 경쟁사와 차별화되는 가치를 제공했음을 알 수 있다. 이 단원에서는 마케팅의 기본 개념을 소개하고 기업에 있어서 마케팅의 역할과 기능, 그리고 소비자 만족 등에 대해 알아보도록 한다.

PART

I

마케팅의 이해

Chapter 1

마케팅의 개념

학습목표

1. 마케팅의 개념과 정의를 설명할 수 있다.
2. 기업에 있어 마케팅의 역할에 대해 학습한다.
3. 마케팅 개념의 발전에 대해 학습한다.
4. 마케팅의 중요성을 이해하는데 필요한 관련 개념을 활용할 수 있다.

도입사례

아트 마케팅은 브랜드나 제품에 예술적 요소를 더해 고객의 감성을 자극하는 최근 마케팅의 트렌드로 자리매김하고 있다. 세계적인 홈 엔터테인먼트 브랜드 뱅 앤 올룹슨(Bang & Olufsen)이 프리미엄 무선 스피커에 한국을 대표하는 김창열 화백의 작품을 새겼다. 스피커면 위에 김 작가의 트레이드 마크인 물방울이 흘러내릴 듯 맺혀있는 이 작품은 한정판으로 제작되었고, 취향 있는 컬렉터의 공간을 체험하는 방식을 통해 소비자의 관심을 유도하는 아트마케팅의 예이다.

출처 지피코리아 2022.04.04.

1. 마케팅의 정의

아트 마케팅, 감성마케팅, 노이즈 마케팅... 하루만 지나면 세상에는 새로운 마케팅 용어가 등장한다. 도대체 마케팅은 무엇일까? 마케팅을 잘한다는 것은 어떤 의미일까? 우리는 마케팅이라고 하면 물건을 파는 영업을 생각하거나 제품을 홍보하는 것이라고 생각하기 쉽다. 그러나 마케팅은 이보다 훨씬 넓은 의미의 개념이다. 미국 마케팅학회는 마케팅을 '고객과 파트너 그리고 사회 전반에 걸쳐 유용한 가치를 갖는 제품을 만들고 이를 알리며 전달하고, 교환하는 일련의 제도와 프로세스'라고 정의한다.

풀어서 말하면 마케팅은 개인이나 조직이 서로의 욕구를 충족시키기 위한 교환활동을 통해 가치를 창출하는 과정이라고 할 수 있다. 그렇기 때문에 마케팅은 상대방이 가치를 느끼는 것을 만들어서 교환하는 것이 핵심이다. 여기서 교환은 물리적 제품뿐만이 아니라 서비스나 아이디어까지 포함될 수 있으며, 마케팅의 주체는 개인이나 조직 모두 가능하며 영리 조직, 비영리 조직 모두가 될 수 있다.

* **영리 조직과 비영리 조직** 영리 조직은 기업과 같이 재산상의 이익을 꾀하는 조직을 말하며, 비영리 조직은 정부나 봉사 단체처럼 공공에 봉사하는 목적을 가진 조직을 말한다.

원래 마케팅(marketing)이란 시장을 의미하는

그림 I-1 마케팅은 제품을 매력 있게 만드는 모든 활동

마켓(market)에서 파생된 말로 기업이 자사의 제품이나 서비스를 고객에게 매력적으로 보여서 구매하도록 하는 활동이다. 기업은 자신의 제품을 고객에게 판매함으로써 기업의 목적을 달성할 수 있다. 그리고 성공적으로 판매하기 위해선 고객이 자신의 제품을 구매하고 싶도록 만들어야 한다. 기업 마케팅의 핵심은 결국 고객이 제품으로부터 느끼는 가치를 높여서 고객이 지불하는 비용보다 제품이 제공하는 가치가 더 크다고 인식하게 하는 것이다. [그림 Ⅰ-1]에서 보듯이 마케팅은 고객이 지불하는 비용보다 상품으로부터 얻는 가치가 월등히 크게 하는 부등호를 확대하는 모든 활동이 포함된다.

[그림 Ⅰ-2]에서 보듯 마케팅은 기업을 경영하는 관리 활동의 하나로 기업의 경영활동은 마케팅, 생산, 인사, 재무, 회계로 이루어져 있다. 마케팅은 5가지 기업의 경영 활동에 하나지만, 마케팅은 기업의 제품 생산, 인적자원 개발, 재무 계획 등에 직접적으로 미치는 영향이 크다.소비자 욕구충족을 중시하는 마케팅 관리 활동은 기업 성과와 밀접한 관계가 있는 핵심적인 부문이며 실제적으로 많은 기능을 수행한다. 마케팅은 흔히 마케팅 4P 믹스로 알려진 제품과 가격, 유통, 촉진활동으로 구성 되어 있고 이것을 고객의 욕구에 맞게 적절하게 조합해서 교환 활동을 하는 것이다.

*** 마케팅 4P 믹스(4P mix)** 제품(product), 가격(price), 유통(place), 판촉(promotion)의 영문자 첫 자를 의미하는 것으로 마케팅의 핵심은 이 네 가지 믹스를 고객의 가치에 맞게 잘 조합하여 전달하는 것이다.

그림 Ⅰ-2 기업구조와 마케팅 활동

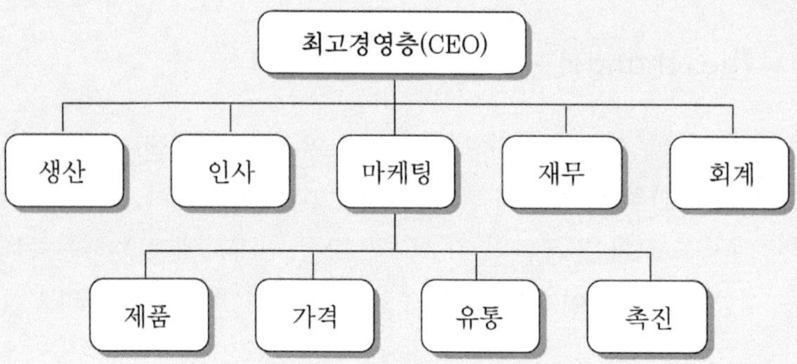

2. 마케팅의 구성요소

마케팅을 이해하기 위해서는 마케팅 개념을 구성하고 있는 핵심 요소들을 이해하여야 한다. 마케팅의 핵심 요소는 필요와 욕구, 가치, 교환, 시장이다.

1) 필요와 욕구(needs/wants)

필요(needs)란 의식주와 같이 사람이 살아가는데 없어서는 안 될 것들을 말한다. 배고플 때 음식을 찾고 추울 때 옷을 원하는 것을 말한다. 욕구(wants)란 그러한 필요를 만족시켜주는 수단에 대한 바람이 구체화된 것으로 소비자가 배고픔을 느낄 때의 필요가 음식이면 욕구는 비빔밥, 햄버거, 피자 등으로 구체화된 것이다. 마케팅은 고객이 느끼는 필요와 욕구가 무엇인지 올바로 이해해야만 한다.

2) 가치(value)

가치는 '소비자가 제품을 구매하기 위해 들인 비용과 그 제품을 통해 얻는 편익의 차이'이다. 소비자는 자신이 들인 비용보다 제품을 통해 얻는 편익이 많다고 느낄수록 제품에서 더 큰 가치를 실현했다고 할 수 있다.

* **편익(benefit)** 제품이나 서비스의 사용을 통해 얻는 주관적인 만족

3) 교환(exchange)

소비자는 욕구해결을 위해 현금을 비롯한 다양한 형태의 지불 수단으로 원하는 제품의 값을 치루고, 판매자는 소비자가 원하는 제품을 넘겨준다. 이처럼 교환은 교환의 참가자가 다른 참가자에게 원하는 무엇인가를 제공하고 자신이 원하는 무엇인가를 얻는 과정을 말한다.

4) 시장(market)

시장은 백화점이나 재래시장과 같이 각각의 목적을 가진 판매자와 소비자가 만나 교환이 발생하는 장소를 의미한다. 기업의 입장에서 보면 시장은 단순한 물리적 장소의 의미에서 확대되어 자신의 제품을 통해 욕구를 해결하려는 사람들의 집합을 말하기도 한다. 마케팅에서는 이들 모두를 시장의 개념으로 정의한다.

3. 마케팅 개념의 발전

마케팅의 개념은 과거 물물 교환이 이루어지던 시대로부터 현재에 이르기까지 기업이 지향하는 내용에 따라 다섯 단계를 거쳐 발전하였다. 다섯 단계는 생산개념, 제품개념, 판매개념, 고객지향개념, 사회지향개념이다.

1) 생산개념

수요가 공급을 초과하는 즉, 제품이 부족하던 시절의 마케팅 개념이다. 대량생산이 이루어지기 전의 시대에는 늘 제품이 부족하였다. 돈이 있어도 제품이 없어서 살 수 없던 당시 기업의 최대 목표는 얼마나 빨리 그리고 많이 생산하는 것이었다. 대량 생산을 가능하게 한 생산 공장의 컨베이어벨트의 도입도 이 시기에 벌어진 일이다. 제품이 모자라기 때문에 생산개념에서 소비자 만족은 그리 중요한 개념이 아니었다.

2) 제품개념

대량생산이 가능해지고 제품을 공급하는 경쟁자가 늘어났기 때문에 만들기만 하면 팔리던 시대는 지나갔다. 그래서 품질적인 측면에서 우수한 제품만이 생존할 수 있다는 생각을 하게 되었다. 최고 품질의 제품은 반드시 성공한다는 믿음을 갖게 되었다. 기업마다 연구 개발에 힘쓰고 제품 차별화를 통해 기업의 경쟁력을 유지하고자 하였다. 그러나 고객의 필요와 욕구에 의해 제품이 만들어지기 보다는, 생산자가 생각하는 최고의 제품을 만드는 오류를 범하기도 하였다. 산업화시대에 잘나가던 일본이 최근 산업 전반 여러 분야에서 비상등을 켜고 있으며 어려움을 겪고 있다. 이들의 위기에서 우리가 알아야 할 것은 문제의 많은 부분이 이들의 제품위주의 사고에서 비롯되고 있다는 것이다. 일본말로 장인은 '職人'이며 '쇼쿠닌'으로 발음한다. 제품위주 사고의 가장 큰 문제는 제품의 출발이 소비자의 니즈가 아니라 훌륭한 제품을 만드는 것에서 출발한다는 것이다. 이 경우 모든 상황에서 '제품이 기본 베이스'가 된다. 예를 들어 우리는 서류에 도장 찍는 것이 업무에 비효율을 가져온 것이 있다고 판단하면 도장을 없애고 전산화로 한다. 그러나 그들은 한 번에 여러 장의 서류에 도장을 찍을 수 있는 기계를 개발한다. 어떠한 경우에도 도장이라는 기본 베이스에서 시작하고 그 자체를 없앨 생각은 하지 못한다.

그림 Ⅰ-3 컨베이어벨트의 도입은 분업을 가능케 하여 공장의 생산성은 향상되었지만, 찰리 채플린이 등장한 영화 '모던 타임즈'에서처럼 사람이 기계의 일부분처럼 인식되는 것에 대한 비판도 일기 시작했다.

출처 : ⓒ 모던타임즈(1936년)

우리나라 지하철에서 보는 것과 같은 검표기계(표가 기계에 들어갔다가 확인하고 나오는)로 신간센이라 불리는 고속철을 운영하고 있다. 이 기계는 한번에 6개의 표를 동시에 넣거나 뒤집어 표를 넣어도 식별이 가능한 세계 최고기능의 검표기계라고 한다. 그런데 이 기계를 연구개발하는 데 막대한 비용이 들어가는 것은 물론 검표기계 관리 유지비만 대당 한해 수억 원이 들어간다고 한다. 검표기계도 도장과 마찬가지로 기차를 운영하는데 필요하지 않을 수도 있다는 생각은 전혀 하지 못한다. 아시다시피 우리나라 고속철도는 진작에 검표기계를 이동식 단말기로 대신하는 시스템으로 교체하여 검표비용이 거의 들지 않는다. 결과적으로 유사한 서비스의 한국과 일본의 고속철 가격은 비교불가의 수준이다.

3) 판매개념

판매개념은 소비자는 자기가 원하는 제품이 무엇인지도 모르고 또 알려고도 하지 않으니 소비자에게 자신의 제품이 경쟁사보다 어떻게 좋은지를 광고와 같은 촉진도구를 이용하여 설득해야 한다는 생각이다. 소비자 심리를 파악하고 어떻게 말하면 제품을 좋아할지를 연구하여 소비자를 설득하였다.

그림 Ⅰ-4 에니메이션 '소중한 날의 꿈'에 등장하는 길거리 약장사, 차력시범 등 요란스런 행동으로 주목을 끌고 고객을 설득해서 물건을 파는 전형적인 판매위주의 마케팅의 모습을 보여주고 있다.

출처: ⓒ 소중한 날의 꿈(2010년)

재고가 남아도 거의 다 팔려서 없다고 이야기하거나, 이번에 구매를 못하면 마지막이라고 한다거나하는 식으로 소비자를 자극하여 마음을 흔들기도 하였다. 판매개념의 문제점은 소비자의 필요와 욕구를 파악하고 제품을 생산하는데 초점을 맞춘 것이 아니라 이미 만들어진 제품을 설득해서 판매하는데 집중하였다는 것이다. 마케팅의 목적은 오로지 판매에만 있기 때문에 때때로 제품에 대해 과장하기도 하고, 허위사실을 말하기도 하여 소비자의 불만이 쌓이는 계기가 되기도 하였다.

치알디니(Cialdini)가 쓴 Influence라는 책은 우리나라에서는 설득의 심리학이라는 이름으로 번역되어 출간되기도 하였는데 이 책에는 다양한 방식으로 소비자를 설득하는 방법이 등장한다. 대표적인 설득의 방법으로는 소비자의 고정관념을 이용하는 것이다. '싼 게 비지떡'이라고 생각하는 소비자가 많기 때문에 제품 값을 올리고 또 올리고 절대로 할인이나 판촉은 절대 안한다. 우리나라의 명품 시장이 거의 중용하는 전략이다. 또 정보의 대조효과를 이용하여 같은 가격을 더 비싸게 혹은 더 싸게 느끼게 하거나 소비자의 미안한 마음을 이끌어 구매에 이르게 하기 위해 소비자로 하여금 영업사원이 엄청 고생하고 희생하고 양보하고 있다는 인식을 심어준다거나 하는 신박한 방법들이 이 책에 다수 등장한다. 이때는 설득의 힘으로 '아프리카에 히터를 에스키모에게 냉장고를 팔았다는 것'을 자랑스럽게 이야기하던 시대지만 신규고객보다는 재구매 고객이 대세이고 소비자 일인의 불만 사항이 실시간 전 세계에 중계되는 지금의 제품 과포화 시장에서 위와 같은 사기에 가까운 소비자 설득은 비즈니스를 이제 그만 하겠다는 것과 다름 아니다.

4) 고객지향개념

고객중심개념은 소비자의 필요와 욕구에 맞는 제품을 개발하고 판매하는데 초점을 두고 있으며, 기업의 성공여부는 고객의 욕구를 파악하고 이들에게 만족을 전달해주는 활동을 얼마나 잘하였는가에 달려 있다고 생각하는 개념이다. 설득 커뮤니케이션에 의한 강매로 자신의 의지와 관계없이 제품을 구매한 고객은 영원히 떠나가지만, 고객의 가치를 전달하고 만족을 주기위해 노력하는 기업의 고객은 영원히 만족할 것이라고 생각하며 만족을 넘어 고객 감동을 지향하는 개념이다. 고객감동의 최고봉 노드스트롬 백화점의 경우, 자신이 팔지도 않은 제품을 고객이 원하면 교환해주기도 하고, 판매한 양복에 어울리는 넥타이를 대여해서 배달해주기도 한다. 그리고 이러한 미담들은 사칙에 규정한 결과에 의한 것이 아니라 대부분 점원의 즉흥적 행동의 결과이다. 이것이 가능한 이유는 '모든 상황에서 스스로의 최선의 판단을 내릴 것'라는 것이 노드스트롬 백화점의 규칙이 있기 때문이다.

5) 사회지향개념

산업화, 대량생산체계를 거치며 발생한 공해, 쓰레기, 자원부족 등은 심각한 사회 문제가 되고 있다. 소득수준과 의식 수준이 향상됨에 따라 소비자들은 이러한 사회 전반에 걸친 문제에 관심을 갖기 시작하였으며 당사자인 기업의 책임을 묻게 되었다. 사회지향개념의 마케팅은 기업이 만족시켜야할 주체를 소비자에 국한하지 않고 사회전체를 만족시키고 사회 구성원으로서의 역할을 하면서 모든 마케팅 활동을 추진해야 한다는 소비자의 뜻에 부합하는 마케팅활동을 말한다. 그리고 그러한 역할은 단지 환경 문제에만 국한된 것이 아니라 문화, 예술, 복지, 국민건강, 위생 등 사회 전반에 걸쳐 진행되고 있다. 이러한 사회지향개념이 더욱 구체화 된 것이 바로 ESG이다. ESG는 환경(environment), 사회(social), 지배구조(governance)의 지표를 뜻하는 말로 기업 투자 의결정 시 사회책임 영역에서의 고려를 통해 기업에 대한 투자를 결정하여, 결국 투자자들의 수익과 기업 행동이 사회에 이득이 되도록 하겠다는 뜻이 담겨있다. 이 말은 이제 ESG를 고려하지 않은 기업은 기업 경영에 있어 가장 기본이 되는 투자자를 유치하지도 못하는 환경이 조성되었다는 뜻이다.

정리 사례

최근 한국기업지배구조원(KCGS)이 발표한 '2021년 상장기업 ESG 평가'에서 현대차그룹은 평가 대상인 계열사 12곳 모두 통합 등급 A 이상으로 평가받았다. 기업별로 살펴보면 현대차는 환경(E) 부문에서 A, 사회(S) 부문에서 A+, 지배구조(G) 부문에서 A를 받아 통합 'A등급'을 받았다. 기아는 환경 A+, 사회 A+, 지배구조 A를 받아 그룹사 내에서 유일하게 통합등급 A+를 획득했다.

정의선 회장은 올해 신년사에서 "포스트 코로나 시대에는 기존과는 다른 사회적 가치와 라이프 스타일이 확산함에 따라 변화를 미리 준비한 기업만이 생존하고 성장할 수 있다"면서 "새로운 시대의 퍼스트무버가 되기 위한 만반의 준비를 해야 한다"라며 ESG 경영을 주문했다.

현대자동차그룹 2021년 ESG 등급 현황

	통합등급	환경(E)	사회(S)	지배구조(G)
현대자동차	A	A	A+	A
기아	A+	A+	A+	A
현대제철	A	B+	A	A
현대모비스	A	A	A+	A
현대건설	A	A	A	A
현대글로비스	A	A	A+	A
현대위아	A	A	A+	A
현대로템	A	A	A+	A
이노션	A	B+	A	A
현대오토에버	A	A	A+	A
현대비앤지스틸	A	B+	A+	B+
현대차증권	A	B+	A+	A

출처: 조선미디어 2021. 11. 12.

실전 사례

✤ 마케팅에 대한 통찰력을 기르기 위해 여러분의 의견을 정리해보고, 다른 학생들의 의견도 확인하여 봅시다.

출처: 자사 홈페이지

✤ 위의 사진과 같이 '홈런볼 캬라멜맛' '홈런볼 치즈맛' 등이 처음엔 성공할 것이라 생각했지만 잘 보이지 않거나, 잘 팔릴 거라 생각지 못했지만 의외로 성공한 상품은 어떤 것이 있을까? 이러한 상품의 인기와 관련된 이유는 무엇이 있다고 생각하는지 정리해봅시다.

상 품 명	
인기/비인기 원인	

Chapter 2

마케팅과 전략적 기업경영

학습목표

1. 기업의 비전과 경영 목표를 이해한다.
2. 전략적 기업경영의 의미를 설명할 수 있다.
3. 기업 성장 전략에 대해 효과적인 의사결정을 할 수 있다.

도입사례

저가항공의 원조는 미국의 사우스웨스트 항공이다. 사우스웨스트 항공은 많은 항공사들이 도산하고 사라지는 척박한 환경 속에서도 지난 40여 년간 적자를 기록한 적이 한 번도 없다. 저가항공이지만 웨스트항공은 그렇다고 최저가 경쟁을 하지 않는다. 사우스웨스트 항공의 장점은 저렴한 항공요금이 아니라 서비스이다. 승무원은 친근하고 친절한데 이 친절하다는 느낌이 단순히 교육이나 훈련을 통해 만들어진 것이 아니다. 그들은 회사를 사랑하고, 자긍심을 가지고 있으며 이것을 바탕으로 서비스를 제공한다. 직원은 내가 사우스웨스트 항공이고 내가 서비스를 제공한다고 생각하고 회사는 그런 직원을 존중하고 옹호한다.

출처 : cairtravelinfo.kr

1. 전략적 기업경영

2022년 카타르 월드컵 H조에서 한국은 16강에 진출했고 포르투갈은 탈락했다. 선수 개개인의 역량이나 선수들 연봉으로만 보면 두 나라는 비교 불가 수준이지만 결과는 그렇게 되었다. 이처럼 조직 활동에서 개인은 약하나 팀으로는 막강한 능력을 보여주는 경우가 있는 반면 구성원 개개인의 능력은 뛰어나지만 전체 팀의 성적은 좋지 않은 경우도 있다. 이와 같은 조직의 역량의 차이는 어디에서 오는 것인가?

오늘날의 기업은 급변하는 환경 속에서도 시장 기회를 찾아내고, 자신이 가장 잘 할 수 있는 핵심역량에 집중하여 전략을 수립한다. 기업은 치열한 경쟁 환경 속에서 생존하기 위해 지속적인 성장과 안정적인 수익을 이루어야하는 지상 과제를 안고 있다. 환경 변화 속에서 능력을 발휘하여 시장의 기회를 찾는 기업은 생존하고 그렇지 못한 기업은 도태된다. 기업이 지속적인 성장을 위해 기업의 목표와 자원을 시장 기회에 최대한 맞추도록 기획하고 실행하고 통제해야 하는 과정을 전략적 기업 관리라고 한다. 그리고 그러한 기업 차원의 전략은 [그림 I-5]에서 보듯이 사업부 혹은 제품 차원의 마케팅 전략에 기준을 제시한다.

그림 I-5 기업의 전략적 관리 과정

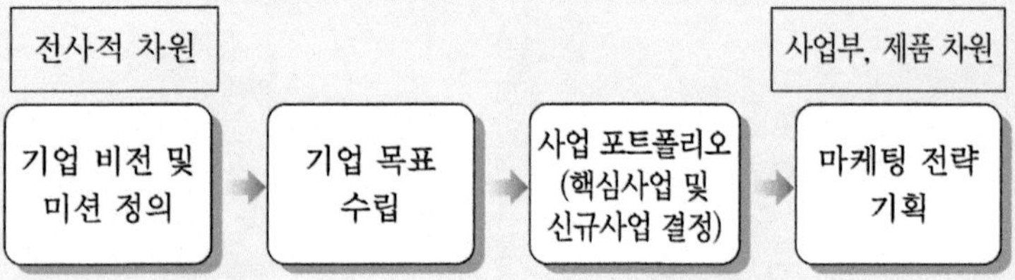

1) 기업 비전

기업 비전이란 기업이 왜 존재해야 하며 어떤 가치로 어디에 공헌하고자 하는지, 장기적으로 나아가야 할지, 방향은 어디인지에 대한 생각이며 그림이다. 단순히 수익을 올리기 위해서라면 기업 비전이 필요 없을지도 모른다. 그러나 세계적인 기업은 모두 훌륭한 비전을 갖고 있다는 공통점이 있다. 세계적인 기업은 수익 이상의 것 즉, 기업의 핵심가치나 신념, 그리고 남과 다른 철학이 있다. 그러한 기업의 궁극의 목표는 최대 이익을 내는 것이 아니라 자신만의 비전을 이루는 것이다. 그렇기 때문에 경영진을 물론 말단 직원까지도 공감할 수 있는 비전을 수립하는 것이 기업 성공의 선행 조건이라고 할 수 있다. 훌륭한 비전이 가져다주는 장점은 다음과 같다.

첫째, 조직원에게 자부심을 제공하여 열심히 일할 수 있는 동기를 제공한다.
둘째, 세부적 전략에 명확한 근거와 방향성을 제시한다.
셋째, 공유된 비전은 조직원 간의 신뢰심과 단결심이 강화된다.
넷째, 비전은 여러 세대에 걸쳐 이어질 수 있고, 기업이 속한 사회에 일관성 있는 공헌을 한다.

(1) 비전의 3요소

① 핵심 가치

기업이 지닌 철학으로 양보할 수 없는 원칙을 말한다. 창업주의 개인적인 가치관과 믿음이 확장된 경우가 많다. 인간 중심의 기업, 세계 최고의 기업 등이 핵심 가치가 될 수 있다.

② 목적

기업이 존재하는 근본 이유로 기업의 장기적인 방향을 인도하지만 완전히 실현되지는 않는다. 왜냐하면 목적은 어느 시점에서 끝나는 것이 아니라 기업을 계속 그 방향으로 움직이도록 인도하는 것이다. 디지털 혁명을 주도한다거나 음식 문화를 바꾼다 등이 좋은 목적의 예가 될 수 있다.

③ 미션

미션은 구체적인 행동을 요구하는 목표로서, 표적과 시간의 한계가 정해져 있다. 미션은 완전히 성취되어야 하는 목표로 경쟁사가 명시되어 있다. 예를 들어 10년 내 세계 10대 회사가 되는 것, 혹은 1년 내 시장 점유율 1위 기업이 되는 것 등이다.

2) 기업 목표

초일류 기업의 궁극적인 목표는 최대 이익의 창출이 아닌 기업 비전의 달성이다. 기업의 비전을 효과적으로 달성하기 위해서는 구체적인 기업 목표의 수립이 요구된다. 기업 비전이 5년에서 10년에 이르는 장기적인 도달점인 것에 반해 목표(goal)는 기업의 비전을 구체화한 것으로서 '비전을 달성하기 위한 중단기적인 도달점'을 의미한다. 'Goals are dreams without deadlines'란 말과 같이 기업 목표는 '마감시한이 있는 꿈'이다. 일반적으로 기업의 비전이나 미션은 너무 추상적이거나 광범위하여 마케팅의 방향성을 제공하기 어렵기 때문에 전략적 기업 경영의 핵심은 기업의 비전과 미션을 효과적으로 달성할 수 있도록 기업 목표를 체계적이고 구체적으로 작성하는 것이다. 따라서 기업 성공의 핵심은 구체적인 도전 목표의 설정과 세부진행 계획 등을 포함한 체계적인 기업 목표의 수립이다. 많은 기업들이 기업의 비전과 미션을 대대적으로 알리고 홍보하는 것에 반해 기업 목표는 절대 비밀로 유지하는 것이 그 이유이다. 일반적으로 기업 목표는 다음과 같은 기준에 따라 작성한다.(SMART기법)

표 Ⅰ-1 삼성전자의 비전 2020과 미션, 사업영역

비전	미래사회에 대한 새로운 영감, 새로운 미래 창조
미션	인간의 삶을 풍요롭게 하고 사회적 책임을 다하는 지속가능한 미래에 공헌하는 혁신적 기술, 제품 그리고 디자인을 통해 미래사회에 대한 영감 고취
목표	• 정량적 목표 : 매출 4,000억 달러 IT 업계 압도적 1위, 글로벌 Top 5 • 정성적 목표 : 혁신적인 기업, 존경받는 기업 세계 Top 10위, 신규 시장을 만드는 창조적인 리더, 세계 최고의 인재가 일하고 싶어하는 기업
사업 영역	• 인포테인먼트 : 정보, 통신, AV(TV 포함) • 라이프 케어 : 헬스 케어(바이오 테크), 환경, 에너지, 편의 안락

① S(specific) : 기업 목표는 구체적이고 명확해야 한다.
② M(measurable) : 측정 가능한 계량적인 수치로 서술되어야 한다.
③ A(action-oriented) : 행동 중심적이어야 한다.
④ R(realistic) : 실현 가능해야 한다.
⑤ T(timely) : 반드시 달성 기간을 정해야 한다.

3) 사업 포트폴리오 분석

사업 포트폴리오 분석은 기업 목표를 달성하기 위한 최적의 사업단위를 조직하는 일이다. 훌륭한 기업들은 급변하는 환경의 변화 속에서 자신의 역량을 최대한 발휘할 수 있게 사업 포트폴리오를 디자인한다. 사업 포트폴리오의 첫째 임무는 회사를 구성하고 있는 핵심 사업을 파악하는 것이다. 이것은 전략적 사업단위 혹은 전략적 사업부(SBU 또는 strategic business unit)라고 한다. 둘째 임무는 현재의 사업 단위가 얼마나 매력적인가, 구체적으로는 각 사업단위에 어느 정도의 투자와 지원을 할 것인가를 결정하는 것이다.

그림 I-6 BCG 매트릭스에 의한 사업 포트폴리오 분석

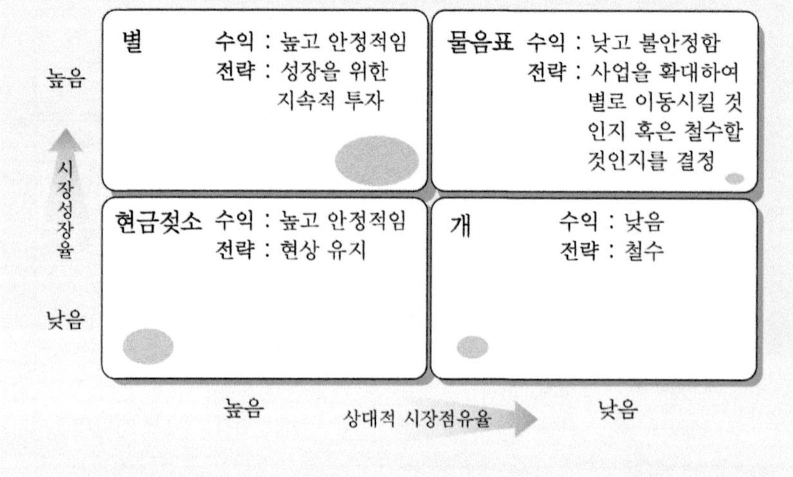

사업 단위의 매력성 평가 방법으로는 경영컨설팅 회사인 보스턴 컨설팅 그룹의 BCG 매트릭스 기법이 잘 알려진 방법이다. BCG 매트릭스 기법은 상대적 시장 점유율과 시장 성장율의 두 축으로 4사분면에 자사 사업군을 위치하여 전략적 판단을 내리는 방법이다.

***시장 점유율** 특정 상품이 일정기간에 판매된 수량이나 금액이 그 시장에서 해당 기업을 포함한 전 기업의 판매액 내지 총 판매 수량에서 차지하는 비율

이 방법은 시장성장률과 상대적 시장 점유율에 의해 도표를 4사분면으로 나누어 각 사업군을 평가하고 이를 토대로 전략을 찾아낸다. 상대적 시장 점유율은 자사 사업 단위의 시장 점유율을 시장 점유율이 가장 높은 경쟁자의 시장 점유율로 나눈 값이다. 예를 들어 시장 점유율이 1위인 기업은 2위 경쟁사의 시장 점유율로 나누고 2위 이하의 기업은 1위 기업의 시장 점유율로 나눈다. 시장 점유율이 0.5라는 것은 자사 사업의 시장 점유율이 가장 큰 경쟁자 대비 절반의 시장 점유율을 확보하고 있음을 나타내며, 상대적 시장점유율이 2라는 것은 시장 점유율이 경쟁사에 비해 2배의 점유율을 가짐을 의미한다. 고저의 기준이 되는 상대적 시장 점유율은 1이다.

***상대적 시장점유율계산** 1위 A사 시장 점유율 = 60%, 2위 B사 시장 점유율 = 30% 라고 가정하면 A사 상대적 시장점유율은 60/30 = 2, B사 상대적 시장점유율은 30/60 = 0.5

시장 성장률은 제품 시장의 연평균 성장률로 보통 10~15%를 기준으로 그 이상의 성장률을 보이는 시장을 고성장, 그 이하를 저성장 시장으로 구분한다. 각 사업단위는 원으로 표시되며 원의 크기는 해당 사업단위의 매출액을 나타낸다. 기업내 사업 단위들은 [그림 Ⅰ-6]과 같이 시장 성장률의 높고 낮음과 상대적 시장 점유율이 높고 낮음에 따라 4사분면으로 나누어진다.

(1) 물음표(question mark)

물음표는 높은 시장 성장률과 낮은 시장 점유율을 보이는 사업 단위를 말한다. 시장이 지속적으로 성장하고 있기 때문에 투자를 할 가치가 있지만, 경쟁력을 높이기 위해서 시장 점유율을 높이려면 지속적인 투자가 필요하다. 그러나 투자를 해도 경쟁력을 갖추기 어렵다고 판단되면, 투자를 하기 보다는 사업단위를 처분하는 것이 결정을 할 수도 있다.

(2) 별(star)

별은 시장이 고성장을 하고 있고 상대적 시장 점유율도 높은 사업 단위를 말한다. 이 사업단위는 사업을 통해 많은 현금이 유입되지만 급속하게 성장하는 시장이기 때문에 시장 점유율을 유지하거나 증대시키기 위해 지속적인 자금 투입을 필요로 한다.

(3) 현금 젖소(cash cow)

낮은 시장 성장률과 높은 상대적 시장 점유율의 사업 단위를 말한다. 이 사업군은 저성장을 하고 있기 때문에 신규투자나 설비 등에 추가적인 지출이 필요하지 않다. 시장 점유율은 높고 투자에 들어가는 돈은 적기 때문에 많은 이익이 발생한다. 여기서 발생한 자금은 기업에게 현금을 공급하게 해서 물음표나 별 사업군에 위치한 사업 단위를 지원하게 된다.

(4) 개(dog)

개는 낮은 성장률과 상대적 낮은 시장 점유율을 가진 사업 단위를 말한다. 이 사업 단위는 시장 점유율이 낮아 많은 투자를 요구하지는 않지만, 투자를 위한 자금 수요도 높지 않아 자체적인 운영이 가능하다. 그러나 이 사업단위는 대체로 수익성이 낮고 장래가 불투명하기 때문에 가능한 빨리 철수하는 것이 바람직하다.

2. 기업 성장 전략의 결정

포트폴리오 분석에 의해 현재 사업부에 대한 평가가 이루어지면 기업은 성장전략을 수립해야 한다. 성장전략은 매출액, 수익, 시장점유율 등을 증대시킴으로써 기업의 규모를 확대시키고자 하는 전략이다.

기업 성장 전략에 유용한 방법이 [그림 Ⅰ-7]에 있는 앤소프의 제품·시장 확장 그리드이다. 제품·시장 확장 그리드는 기존제품과 신제품, 고객을 기존고객과 신규고객으로 나누어 시장을 구분한다. 나누어진 4개의 시장을 공략하는 방법은 각각 시장침투, 제품개발, 다각화, 시장개발 전략이라고 한다.

그림 Ⅰ-7 앤소프의 제품·시장 확장 그리드

	기존제품	신제품
기존고객	시장침투	제품개발
신규고객	시장개발	다각화

(1) 시장침투 전략

기존시장에서 기존제품으로 시장 점유율을 증대시키는 방법이다. 경쟁제품의 소비자로 하여금 자사 제품을 구매하게 하고 제품사용 경험이 없는 소비자의 소비를 유도하는 방법이다.

(2) 제품개발 전략

기존 시장의 소비자의 구매를 유도하기 위해 신제품을 개발하거나 제품을 획기적으로 개선하거나 새로운 디자인을 선보이거나 하는 방법을 말한다.

(3) 시장개발 전략

기존 제품을 가지고 새로운 시장을 찾는 것을 말한다. 지역적으로 또는 인구통계적으로 다른 표적 고객을 선정할 수 있다. 예를 들어 더운 지역에서는 냉장고를 제품을 얼리는 기능으로, 추운 지역에서는 일정하게 음식의 온도를 유지시켜준다는 것을 소구해서 시장을 개척하는 것이다.

(4) 다각화 전략

기존 고객도 기존 시장도 아닌 전혀 새로운 시장에서 새로운 상품을 개발해 성장을 도모하는 방법이다.

정리 사례

'BMW, 친구처럼 감정을 표현하는 미래 자동차를 만든다'

BMW는 미국 라스베이거스에서 열린 CES2023 미디어데이에서 BMW i 비전 '디(Dee)'를 공개했다. 단순한 이동이나 운송 수단을 넘어 평생을 함께 하는 친구같은 자동차를 만들며, 차량 주인과 감정과 경험을 공유하는 자동차로 평생 동반자 관계로 만들 것이라고 말했다. 디는 '디지털 이모셔널 익스피어리언스(Digital Emotional Experience)'의 약자로, 자동차를 디지털 동반자로 만들 것이며 진정한 운전의 즐거움과 가상 경험을 융합하는 것이 BMW의 미래라고 밝혔다.

출처 : 더 밀크 네이버 프리미엄 콘텐츠(2023.01.06.)

실전 사례

✤ 여러분의 인생목표를 설정하며, 기업의 마케팅활동을 위한 비전과 목표 수립을 이해해 봅시다. 여러분의 인생목표 세 가지를 적어봅시다. 이러한 목표는 여러분에게 중요한 것, 목표 달성이라는 점에서 타당하고, 스스로 통제할 수 있는 범위 안에 있는 것이어야 합니다. 각 목표마다 아래에 있는 질문에 답해 봅시다.

- 시점 : 언제부터 이 목표가 중요했는가?
- 가치 : 이 목표를 통해 어떤 가치를 실현하고 싶은가?
- 경험 : 이 목표를 세우게 한 특별한 사건이나 경험이 있는가?
- 사람 : 목표설정에 도움을 준 사람은 누구인가?

목 표	시점	가치	경험	사람
1.				
2.				
3.				

Chapter 3

마케팅과 소비자 만족

학습목표

1. 고객 지향적 마케팅 개념을 학습한다.
2. 소비자 만족의 개념을 알 수 있다.
3. 관계 마케팅을 활용할 수 있다.

도입사례

'쌍용차, 업계 최초 일반부품 보증기간 10만km로 연장,
차량 상품성도 업그레이드'

쌍용차는 국내 업계 최초로 차체 및 일반부품 보증서비스 기간을 엔진 및 동력전달부품 보증기간과 동일하게 5년/10만km로 '보증기간 연장'을 전 차종으로 확대 시행한다. 이와 같은 프로모션은 구매자에게 잠재적 위험요소를 제거하는 효과가 있어 소비자에게 구매의 확신을 주고 긍정적인 구전을 유발하는 효과가 있다.

▲ 쌍용차 뉴렉스턴 스포츠 칸

출처: 소비자가 만드는 신문, 2023. 01. 02.

1. 소비자 만족의 개념

1) 소비자 만족의 개념

고객은 왕이라는 말을 종종 한다. 이 말은 어떤 의미일까? 기업은 왜 그렇게 생각하려고 하는 걸까? 여러분을 진정한 왕이라고 생각하는 기업을 만난 적이 있는가? 소비자 중심의 경제체제 속에서 기업의 근간은 소비자에 있다. 결국 기업은 소비자를 만족시켜야 하며, 만족한 소비자는 그 기업에서 판매하는 제품이나 서비스를 계속 구매하는 충성 고객이 될 것이다. 소비자 만족은 [그림 Ⅰ-8]에서 보듯이 소비자가 제품을 구매하기 전에 갖고 있던 제공물의 기대치와 대비하여 실제 파악한 성과에 따라서 결정된다. 즉 소비자 만족이란 '소비자들의 기대치와 그 제품에 대해 지각한 성과를 비교하여 느끼는 즐거움 혹은 실망감'이라 할 수 있다. 그렇기 때문에 소비자 만족을 위해선 기업은 제품의 품질에 최선을 다해야 한다. 그러나 동시에 지나치게 제품에 대한 기대치를 높이는 것도 피해야 한다.

그림 Ⅰ-8 기대와 성과에 의한 소비자 만족과 불만족

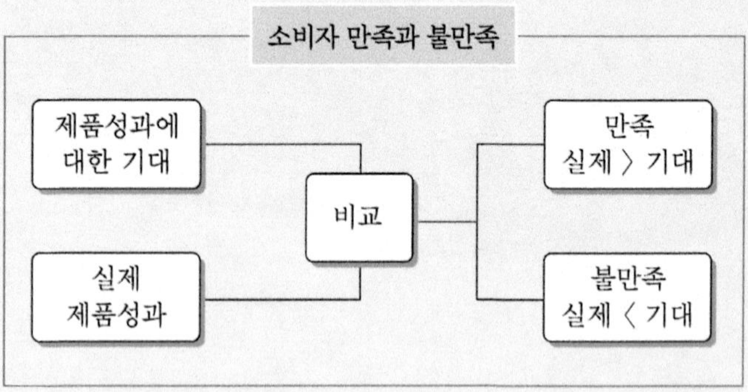

그런데 대부분의 광고는 '써 보면 안다', '깜짝 놀랄 것이다', '최고의 제품이다' 식의 제품에 대한 소비자의 기대치를 높이는 내용이 대부분이다. 소비자의 기대에 부응하는 정도의 품질을 갖추지 못한 제품의 경우는 광고를 접한 소비자일수록 그렇지 않은 소비자에 비해 실망할 가능성이 커진다. 소비자의 제품에 대한 기대치는 광고와 같은 기업이 제공하는 정보, 과거 소비경험, 지인들로부터의 충고 등에 의해 영향을 받는다.

2) 소비자 만족의 중요성

과거의 마케팅 환경에서는 시장점유율이 중요했지만 지금은 나의 제품을 지속적으로 구매하는 고객 충성도가 더욱 중요하다. 선진 기업도 새로운 고객의 창출보다 기존 고객의 유지에 더 큰 공을 들이고 있다. 왜냐하면 기존의 고객관계를 발전시키는 것이 새로운 고객의 유입을 위해 돈을 쓰는 것보다 큰 수익을 가져다주기 때문이다.

그림 I-9 소비자 만족과 불만족의 결과

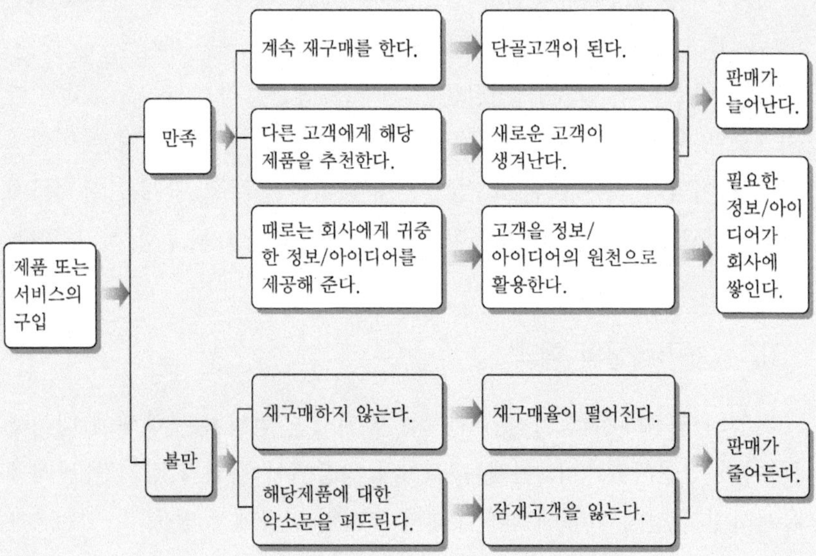

[그림 Ⅰ-9]에서 보듯이 고객만족이 중요한 이유는 만족한 고객일수록 경쟁사 제품으로 전환할 확률이 낮아지고 나의 제품을 지속적으로 구매하기 때문이다. 즉 제품에 대한 소비자의 만족 혹은 불만족은 차후의 구매행위에 영향을 미치게 된다. 연구에 의하면 불만족한 고객의 96%는 다음 구매 시 경쟁사 제품을 구매하고 그 중 91%는 영원히 돌아오지 않는다고 한다.

3) 관계마케팅

관계 마케팅이란 개별고객과의 관계를 유지하고 강화시키는 것이며 또한 장기간 동안의 상호작용, 개별화와 부가가치 부여 등을 통해 상호간의 이익을 위한 네트워크를 지속적으로 강화시키는 것을 말한다. 그렇게 하기 위해 가장 필요한 것은 고객으로 하여금 더 높은 만족감을 느끼게 하는 것이다. 과거의 마케팅 개념은 새로운 고객을 유입하는 것에 집중하고 기존의 고객관계에는 소홀하였다. 관계마케팅은 최종 소비자 만족에 최선을 다하는 것뿐만 아니라 고객의 개념을 확장하여 원료공급자, 내부 직원, 유통업자 등 모든 이해 관계자를 고객으로 보았다. [그림 Ⅰ-10]에서 보듯이 교환할 제품이나 서비스, 즉 가치를 생산하는 사람은 내부고객, 그것을 전달하는 사람은 중간고객, 그리고 그것을 마지막으로 사용하는 고객을 최종고객이라고 한다. 관계마케팅은 이처럼 기업에 이익이 되는 모든 고객의 만족에 기반을 두고 관계를 유지하여 장기적이고 안정적인 기업의 이익을 창출하는 것을 목표로 하고 있다.

(1) 관계마케팅의 혜택

기업의 입장에서 장기적인 관계를 유지하면 얻어지는 혜택에 대해서는 이미 언급하였으니, 이제는 고객의 입장에서 기업과 장기간 관계를 유지하면서 얻어지는 혜택에 대해서 고객의 입장에서 얻을 수 있는 4가지 혜택에 대해서 알아보고자 한다.

① 경제적 혜택

경제적 혜택은 금전적 혜택과 비금전적 혜택이 있다. 금전적 혜택은 기업이 고객과 관계를 지속하기 위해 시행하는 가격할인 혜택이나 사은품과 마일리지 축적과 같은 것을 말한다. 비금전적 혜택은 새로운 제품을 찾기 위해 들어가는 시간적, 심리적 비용을 말한다.

② 심리적 혜택

잘 알고 있는 제품을 구매함으로써 새로운 제품을 구매할 때 발생할 수 있는 심리적 불안감과 위험 요소에 대해 자유로울 수 있다.

③ 사회적 혜택

제품의 제공자와 관계를 지속함으로써 얻어지는 친밀감, 일체감 등을 말한다.

④ 고객화 혜택

기업과 지속적인 교환관계가 유지되면서 기업은 개별 고객의 취향에 맞는 서비스를 제공받을 수 있게 된다. 정보 기술의 발달로 과거에는 불가능하였던 맞춤 서비스의 대상을 모든 소비자로 확대한 대량 고객화도 가능하게 되었다.

그림 Ⅰ-10 관계 마케팅과 고객

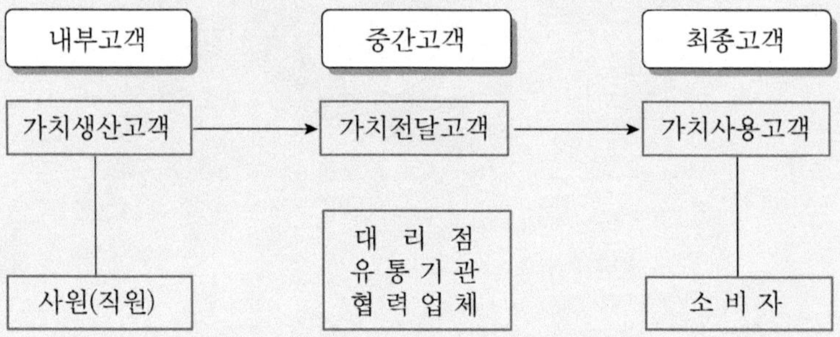

정리 사례

프로슈머(prosumer)는 생산자란 뜻의 producer와 소비자란 뜻의 consumer의 합성어로 소비자이면서 동시에 생산자의 역할을 하는 소비자를 말한다. SNS 시대에는 프로슈머에서 한발 더 나아가 모디슈머(modify + consumer), 자신에게 최적화된 제품을 지향하는 소비자가 등장했다. 이들은 해시태그(#)를 달아 자신의 생각을 전하고 그것을 전해들은 기업은 소비자들의 뜻이 반영된 제품들을 제품콜라보의 형태로 출시한다. 제품으로는 '카구리'와 '앵그리 짜파구리', '진라면 볶음밥' 등이 여기에 해당한다.

출처 : 스마트에프엔, 2022.09.14.

실전 사례

✤ 다음은 한 자동차 업체의 광고문구이다.

현대자동차는 새 차를 사고 1개월 또는 1년 이내에 신차로 교환해 주거나 할부 구입 1개월 이후 할부를 종료할 수 있는 어드밴티지 프로그램을 시행합니다. 출고 1개월 이내면 사고 시에도 신차교환이 가능한데 단 자기 과실이 50% 미만이어야 합니다.

✤ 그동안 자신이 갖고 싶은 물건을 구입 후, 사용하는 과정에서 만족스럽게 사용하고 있는 제품과 생각보다 만족스럽지 못한 제품이 있었는가?

만족한 제품	불만족한 제품
제품명 :	제품명 :
이 유	이 유

✤ 팀 동료들과 만족/불만족스런 제품에 대한 평가가 일치하는 것을 적어 봅시다.

1)

2)

3)

학습정리

1. 마케팅은 개인이나 조직이 서로의 욕구를 충족시키기 위한 교환활동을 통해 가치를 창출하는 과정을 의미한다.

2. 마케팅의 핵심요소는 필요와 욕구, 가치, 교환, 시장 등이다.

3. 생산개념의 마케팅전략은 제품 수요가 공급을 초과하는 상황에서 효율적 생산방식에 초점을 두고 가격으로 경쟁하는 시대의 전략이다.

4. 판매개념의 마케팅은 고객을 설득하는 영업력을 바탕으로 판매촉진을 강화하는 마케팅 전략이다.

5. 고객지향개념의 마케팅은 고객의 욕구와 만족이 최우선이 되는 마케팅 전략이다.

6. 사회지향적 마케팅은 제품 소비자의 욕구에만 국한되지 않고, 사회적 차원의 가치까지 고려하는 마케팅 전략이다.

7. 기업 비전이란 기업의 미래 청사진이고, 기업목표는 기업 비전을 구체화한 것이다.

8. 소비자 만족과 불만족은 제품 사용 전에 소비자가 갖고 있던 기대와 사용 후의 평가(또는 성과)의 비교 결과물이다.

9. 소비자 만족이 중요한 이유는 만족한 소비자 일수록 경쟁사로 전환할 가능성이 낮아지고 나의 제품을 지속적으로 구매하는 충성 고객이 될 가능성이 높아지기 때문이다.

10. 관계마케팅이란 기업에 이익이 되는 모든 고객의 만족에 기반을 두고 고객관계를 유지하여 장기적이고 안정적인 기업 이익을 창출하는 것을 목표로 하는 마케팅이다.

종합문제

※ 다음 (　　)안에 알맞은 용어를 써 넣으시오.

1. 마케팅이란 개인이나 조직이 서로의 (　　) 충족을 위한 (　　) 활동을 통해 가치를 창출하는 과정을 말한다.

2.

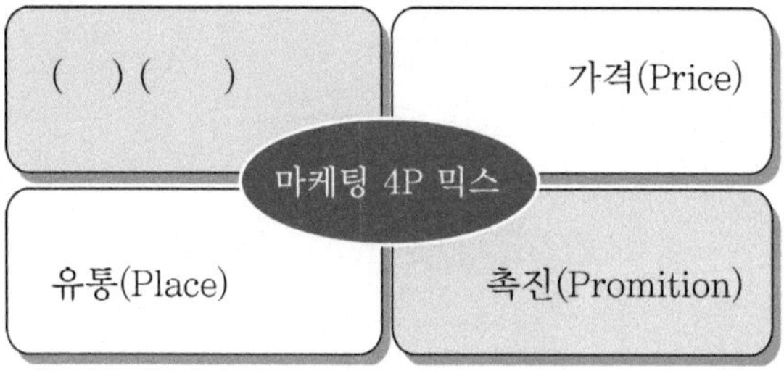

3. 소비자 불만족은 제품을 구매하기 전에 갖고 있던 (　　)가 실제 사용 후의 (　　)보다 큰 상황에서 발생한다.

※ 다음 물음에 알맞은 답을 고르시오.

4. 마케팅이 핵심 요소가 아닌 것은?

① 필요와 욕구　② 생산　③ 가치　④ 교환　⑤ 시장

5. 다음은 컨베이어 벨트가 설치된 공장에서 작업하다 기계 속으로 빨려 들어간 채플린이 등장하는 영화 '모던 타임즈'의 한 장면이다. 당시 시대의 마케팅개념과 가장 유사한 마케팅개념은?

① 생산개념　② 제품개념　③ 판매개념
④ 고객지향개념　⑤ 사회지향개념

6. 다음 내용에 해당하는 것은?

> 기업은 이윤 추구만이 아니라 환경파괴, 자원 고갈, 쓰레기 양상과 같은 문제에도 관심을 가져야 하며 제품 생산과 판매에도 그러한 생각이 반영되어야 한다. 환경에 관한 대표적인 마케팅의 하나가 그린 마케팅이다.

① 생산개념 ② 제품개념 ③ 판매개념
④ 고객지향개념 ⑤ 사회지향개념

7. 관계 마케팅의 개념에서는 가치를 생산하고 전달하고 사용하는 3종류의 고객이 있다. 이 중에 가치를 전달하는 고객으로 보통 대리점, 소매상, 도매상 등 중간상을 지칭하는 말은?

① 내부고객 ② 외부고객 ③ 중간고객
④ 최종고객 ⑤ 유통고객

8. 다음 보기에서 판매 지향적인 개념을 가지고 있는 기업의 특징을 고른 것은?

> ㄱ. 원가 절감을 위해 생산성에 최선을 다한다.
> ㄴ. 고객 설득을 위해 고객 심리를 파악한다.
> ㄷ. 시장의 어떤 경쟁사보다 우수한 제품을 개발한다.
> ㄹ. 에스키모에게도 냉장고를 팔 수 있다고 직원을 교육한다.

① ㄱ, ㄴ ② ㄴ, ㄹ ③ ㄷ,ㄹ ④ ㄴ, ㄷ ⑤ ㄱ,ㄹ

9. 기업이 왜 존재해야 하며 어떤 가치로 어디에 공헌하고자 하는지, 장기적으로 나아가야할 방향은 어디인지에 대한 큰 그림을 무엇이라고 하는가?

10. 마케터가 전체 시장을 전략적으로 나누고 나누어진 시장 중에 가장 매력적인 시장을 정해 그 목표시장에서 차별화 전략을 수행하는 것을 무엇이라고 하는가?

진로탐색 마케터란?

1. 주로 하는 일

마케터들은 신제품을 만들 때 이 제품이 시장에서 성공할 수 있으려면 어떤 마케팅전략과 광고전략을 써야 하는가를 연구·분석하고, 어떤 제품이 시장에서 고전을 하고 있을 때 이 제품의 문제가 무엇인지를 찾아내고 적절한 조치를 취하는 마케팅 분야의 전략가를 말한다. 기업에는 모두 마케팅부서가 있고 이들을 필요로 한다.

2. 요구되는 적성 및 흥미

치열한 시장환경과 상품의 성공여부를 좌우하는 마케터들은 기업에서 중요한 역할을 수행하는 사람들로써 몇 가지 특별한 적성이 요구된다. 우선 판매가 부진한 상품이 왜 그런가를 파악하려면 논리적이고 분석적이어야 하며, 문제를 발견한 후에는 해결방안을 찾아내는 남다른 창의성이 있어야 한다. 이밖에도 의욕적으로 일을 추진하고, 맡은 일은 끈기 있게 해나가는 자세가 필요하다. 일 자체가 전문지식을 요구하지만 마케터와 관련된 사설 교육기관이나 자격시험이 없기 때문에 대학이나 대학원에서 경영학이나 심리학, 사회학 등 사회과학을 전공하고 관련 업체에 취업하는 것이 일반적이다.

3. 진로 및 전망

우리나라의 모든 기업들은 마케팅 부서를 강화하고 우수인력을 확보해 나가고 있다. 전문 마케팅회사에서 근무를 할 수도 있고, 광고대행사에서 광고전략 중심의 마케팅 컨설팅을 할 수도 있다. 리서치 회사에서 다양한 조사를 통한 데이터를 바탕으로 마케팅 전략을 조언해주는 쪽으로 전문적인 영역으로 진출할 수도 있다.*

* 위의 내용은 커리어넷 직업 정보(www.career.go.kr)에서 발췌한 내용입니다.

전략은 원래 군대에서 쓰이는 용어다. 지형지물을 포함한 다양한 주변 환경과 적군의 동태에 파악하여 전투에서 승리하기 위한 적절한 계획을 수립하는 것을 전략이라고 한다. 전략은 오늘날 치열한 경쟁사 속에서 생존해야하는 기업 환경에서도 매우 유용하게 쓰일 수 있다. 이 단원에서는 기업이 환경 분석을 통해 환경변화를 예측하고 자사의 강점과 약점을 파악하여 경쟁우위의 확보하는 계획수립하고 실천하는 기업의 마케팅 전략에 대해 학습하도록 한다.

PART

Ⅱ

마케팅 전략

Chapter 4

마케팅 전략의 개념

학습목표

1. 마케팅 전략의 개념과 정의를 학습한다.
2. 전략적 계획의 수립과정을 학습한다.
3. 포트폴리오분석을 할 수 있다.
4. 기업성장전략을 활용할 수 있다.

도입사례

한산도대첩(閑山島大捷)은 명량해전 5년 전, 조선 선조 25년(1592년)에 한산도 앞 바다에서 진군 중인 왜군을 상대로 조선을 지키기 위해 필사의 전략과 패기로 뭉친 이순신 장군과 조선 수군의 해전이다. 임진왜란 7년 전쟁의 수많은 전투 중 최초로 압도적 승리를 거둔 한산해전은 세계 역사상으로도 손꼽히는 해전이자 전투 승리 이후 나라를 지키고자 하는 백성들의 열망에 불을 지피며 전국 곳곳에 의병들을 봉기하게 만든 우리의 자랑스러운 역사다. 전쟁에서 승리하려면 어떻게 해야 할까? 기업경영에서도 전쟁에서의 승리 전략이 효과적으로 활용될 수 있을까? 여러분은 어떻게 생각하는가?

출처 : 이데일리, 2022.08.10.

1. 전략의 개념

전략(strategy)이라는 용어는 이미 일반인들에게도 친숙한 말이지만 원래는 고대 그리스시대 장군이 쓰는 군사전략을 의미했었다. 기업은 늘 치열한 경쟁과 급속한 환경의 변화 속에 있다. 이러한 기업 환경은 마치 전쟁터의 환경과 유사하며 기업의 생존과 성장에 큰 영향을 미치게 된다. 그래서 전쟁터에서 승리하는 전략이 기업이 생존하는데 필요한 방법으로 유용하게 쓰이기 시작했으며, 일반 기업에서도 전략이라는 용어를 회사 경영과 관련된 일반 용어로 쓰기 시작했다. 기업에 있어서 전략이란 환경 분석을 통해서 이미 일어난 혹은 앞으로 일어날 수 있는 환경의 변화가 자사에게 제공하는 기회와 위협 요인이 무엇이가를 파악하는 한편, 자사의 강점과 약점을 파악하여 이에 적절히 대응함으로써 경쟁우위를 확보하여 환경 변화를 자사에게 유리하도록 이끌어가는 활동이다. 전략은 장기적인 목표를 설정하고 목표 달성에 필요한 행동을 선택하여) 자원 배분을 결정하는 것을 의미한다. 전략은 전술(tactics)과 구분된다. 군대에서도 전략은 전술의 상위 개념이다. 작은 전투의 개념이 전술이다. 전쟁에서 작은 전투에서는 패해도 전쟁에서는 승리해야 한다. 전략은 최고 경영층이 기업의 기본적인 방향과 활동의 목표를 설정하고, 이를 달성하기 위해 사용할 자원의 배분에 관한 방침을 설정하는 과정을 의미하기도 한다.

1) 전략의 수준

전략의 수준은 전략이 대상이 되는 활동 영역의 범위와 수립되고 실행되는 조직의 수준에 따라 [그림 Ⅱ-1]처럼 기업수준의 전략, 사업부 수준의 전략, 제품 수준의 전략으로 나눈다.

그림 Ⅱ-1 기업 마케팅의 관리 수준

(1) 기업 수준의 전략

기업 수준의 전략은 대개 최고경영층에 의해 수립되는데 이 수준의 전략에서는 기업이 어떤 사업을 할 것인가, 그리고 각 사업부에 자원을 어떻게 배분할 것인가를 결정한다. 보다 구체적으로는 기업이 참여할 사업과 포기해야 하는 사업, 목표 고객의 결정, 기업이 사용할 신기술의 결정, 해외진출 여부, 사업 다각화의 내용들을 다룬다.

(2) 사업부 수준의 전략

사업부 수준의 전략은 특정 사업 부문의 유효성을 극대화시키기 위해 수립되는 전략이다. 사업부 수준의 전략은 주어진 자원과 시장여건 아래서 제품 계열을 어떻게 구성할 것인가, 광고를 어떻게 할 것인가, 경쟁사와 어떻게 경쟁할 것인가와 같은 내용을 다룬다.

(3) 제품 수준의 전략

제품 수준의 전략은 특정한 제품 또는 브랜드 개별 수준에서의 전략 수립을 의미한다. 기업은 같은 사업부 내에서도 제품별로 서로 다른 표적 시장을 공략하고 있는 경우가 많기 때문에 제품 및 브랜드별로 차별적인 마케팅 전략이 필요하다. [그림 Ⅱ-2]에서 보듯이 P&G 회사와 같은 제품군 안에서도 다양한 브랜드를 출시하는 전략을 가지고 있다.

그림 Ⅱ-2 소개되고 있는 브랜드는 모두 P&G의 제품으로 P&G는 다양한 브랜드로 세분 시장을 공략한다

출처: 각 사 홈페이지

2. 마케팅 관리

기업 전제의 비전과 목표의 수립, 그리고 사업 포트폴리오 등에 대한 분석이 행해지면 이를 기반으로 각 사업 단위별로 사업 미션 및 목표를 세우고 본격적인 마케팅 관리를 실행하여야 한다. 마케팅 관리란 소비자에게 높은 가치를 제공하기 위하여 마케팅 믹스를 계획하고 실행하며, 그 성과를 평가하고 통제하는 일련의 과정을 말한다. 성공적인 마케팅 관리의 수행을 위해서는 우선적으로 조직의 경영 목표와 일치하는 사업 미션을 설정하고 이에 적합한 마케팅 전략을 구축하여야 한다. 또한 기업의 경영 전략을 반영한 마케팅 전략에 따라 시장을 세분화하여 표적시장을 선정하고 제품을 통해 표적 고객이 원하는 가치를 전달하여야 한다. 기업 차원에서 훌륭한 비전과 목표, 그리고 최적의 사업 포트폴리오를 설정했다고 하더라도 각 사업 단위별로 훌륭한 마케팅 관리가 따라주지 않으면 그 기업은 실패할 수밖에 없다. 효과적인 마케팅 관리는 다음과 같은 과정을 포함한다.

1) 사업 미션의 정의

기업 미션이 기업 전체의 방향성과 목표를 제시한다면 사업 미션은 한 사업부의 미션으로 그 사업부의 방향성을 제공하고 일정기간 내에 반드시 달성해야하는 목표를 제공한다. 미국의 디즈니사는 기업 전체가 공유하는 비전과 미션이 있지만 애니메이션 사업부, 놀이공원 사업부, 영화 사업부 등 각각의 사업부마다 별도의 미션이 있다.

2) 마케팅 기회의 파악

마케팅 기회란 소비자에게 채워지지 않은 필요와 욕구를 파악하고 이를 충족시켜줄 수 있는 제품과 서비스의 기회를 모색하는 것이다. 애플은 기존에 이미 존재하고 있는 컴퓨터, 인터넷, 휴대폰, MP3를 묶어서 하나의 제품으로 만들어 새로운 라이프스타일에 획기적인 솔루션을 제공하였다.

3) 마케팅 전략 수립

마케팅 전략은 기업 또는 사업의 미션 및 목표를 달성하기 위해 시장을 전략적으로 나누고, 나누어진 시장 중에서 집중할 시장을 정해서 자사 제품을 경쟁사의 제품과 차별화하는 것을 말한다. 즉 마케팅 전략이란 [그림 Ⅱ-3]에서 보듯이 전체 시장을 몇 개의 의미 있는 기준으로 나누고(segmentation), 그 중 가장 매력적인 표적시장을 선정해(targeting), 그 표적시장에서 경쟁력 있는 차별화 전략(positioning)을 수행하는 것을 말한다. 그리고 이러한 마케팅 전략을 줄여서 STP 전략이라고 말한다.

*** STP 전략** 마케팅 전략인 시장세분화(segmentation), 표적시장 선정(targeting), 포지셔닝(positioning)의 영문 첫자를 따서 STP전략이라고 한다.

그림 Ⅱ-3 STP 전략 과정

4) 마케팅 믹스의 설계

표적 시장이 선정되면 그 표적 시장의 소비자를 위한 핵심적인 가치를 파악하고 그 가치를 실현할 수 있는 마케팅 믹스를 구성해야한다. 마케팅 믹스는 4P 믹스라고도 하는데 [그림 Ⅱ-4]에서 보듯이 4P의 P는 제품(product), 가격(price), 유통(place), 촉진(promotion)의 영문 이니셜을 의미한다.

그림 Ⅱ-4 마케팅 4P 믹스

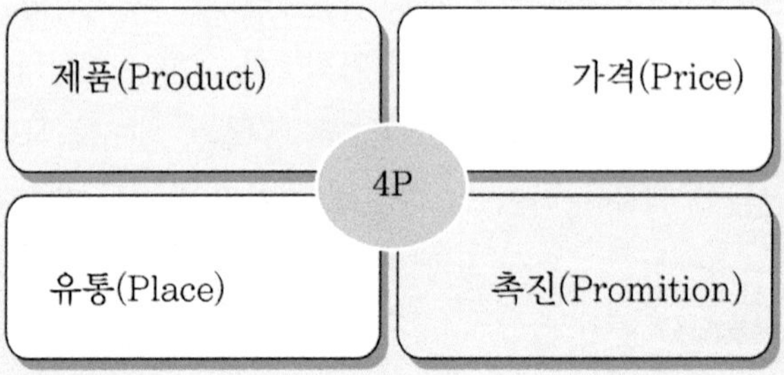

5) 실행 및 통제

성공한 기업들의 특징은 미션, 비전들만 뛰어났던 것이 아니라 그것들을 실행하고 통제하는 일련의 모든 마케팅 경영관리 활동에서 뛰어났고, 이러한 과정의 반복을 통해 더욱 완벽한 제품과 서비스를 소비자에게 공급할 수 있었다. 러시아가 배출한 세계적 피아니스트 루빈스타인 조차도 "하루를 연습하지 않으면 자기가 알고, 이틀을 연습하지 않으면 동료가 알고, 사흘을 연습하지 않으면 청중이 안다"라고 했듯이 개인이나 기업 모두에게 성실하고 지속적인 통제는 목표달성의 핵심이라고 말할 수 있다.

정리 사례

항공여행은 종종 복불복이라고 한다. 어떤 경우에는 주변 자리에 아무도 없어서 옆자리를 다 차지하고 누워서 올 때도 있고, 때로는 덩치 큰 사람 사이에 끼어서 숨도 못 쉬고 오는 경우도 있기 때문이다. UAE의 국영 항공사인 ETIHAD 항공은 이코노미석 승객이 옆자리까지 구매해 사용할 수 있는 이웃 없는(neighbor-free)좌석' 서비스를 제공한다. 예약할 때 약간의 추가 요금을 내면 옆자리에 사람이 없는 좌석을 사용할 수 있다. 한 줄을 통째로 비워 완전히 누워서 갈 수도 있다고 한다. 이 항공 요금 제도를 통해 소비자는 큰 돈 들이지 않고 쾌적한 여행을 할 수 있고 항공사는 공석에 대해서도 일정 금액의 요금을 받는 효과를 동시에 볼 수 있다.

출처 : 디스커버리뉴스, 2023.01.11.

실전 사례

✤ 글로벌 기업의 한국시장 진출의 성공과 실패 사례를 알아봅시다.

[Step 1] 과제의 절차 및 방법

활동 사항	① 내용 : - 글로벌 기업의 해외 현황 조사 - 한국시장 진출의 성공사례 조사 - 한국시장 진출의 실패 사례 조사 ② 회사명, 사업 내용, 투자 동기, 진출 형태, 성공 및 실패요인 등 정리 ③ 성공 사례와 실패 사례에 대한 원인은 반드시 분석 ④ 제시된 내용 이외의 추가 자료 제시 가능 ⑤ 자료의 출처 표기
발표 사항	① 분량 : 파워포인트 10장 내외 ② 구성 : 표지(1쪽), 조원 소개(1쪽), 목차(1쪽), 내용(조사내용을 중심으로 기술) ③ 시간 : 조별 혹은 개인별로 발표하되, 10분 이내 발표
참고 사이트	• 대한무역투자진흥공사 : www.kotra.or.kr • 한국무역협회 : www.kita.net • 한국경제신문 : www.hankyung.com • 매일경제신문 : www.mk.co.kr • 지식 경제부 통계 포털 : www.itstat.go.kr

[Step 2] 보고서 작성

글로벌 경영 전략 사례 보고서

전공 학번 성명 ___________

<table>
<tr><td>주제</td><td colspan="2">글로벌 기업의 한국시장 진출 성공 & 실패 사례</td></tr>
<tr><td rowspan="3">성공기업 사례</td><td>기업명</td><td></td></tr>
<tr><td>성공요인</td><td></td></tr>
<tr><td>원인분석</td><td></td></tr>
<tr><td rowspan="3">실패기업 사례</td><td>기업명</td><td></td></tr>
<tr><td>성공요인</td><td></td></tr>
<tr><td>원인분석</td><td></td></tr>
<tr><td>자료출처</td><td colspan="2"></td></tr>
<tr><td>첨부자료</td><td colspan="2"></td></tr>
</table>

Chapter 5

환경 분석

학습목표

1. 기업이 환경과 상호작용함을 학습한다.
2. 거시적인 기업환경과 미시적인 일반과업환경을 학습한다.
3. SWOT분석을 활용할 수 있다.
4. 마케팅 조사의 내용을 학습하고 활용할 수 있다.

도입사례

손무(孫武, 기원전 544~ 기원전 496)는 중국 춘추시대의 전략가로, 자는 장경(長卿), 손자(孫子)는 손무에 대한 경칭이다. 손자병법에서 손자는 전투하는 것을 '이기기 위해 하는 것' 이 아니라 '이미 승리한 것을 확인하는 일련의 작업' 이라고 말한다. 그는 또 승리하려면 첫째, 싸울 수 있는 경우와 아닌 경우를 알아야 한다. 둘째, 윗 사람과 아랫사람의 목표가 같다면 승리한다. 셋째, 장수가 유능하고 군주가 간섭하지 않으면 승리한다고 했는데 이는 오늘날 기업경영에 그대로 반영해도 전혀 무리가 없는 훌륭한 지침이다.

출처 : 구글이미지

1. 경영환경 분석

기업은 생물처럼 끊임없이 환경과 상호작용을 하면서 살아간다. 손자병법에는 '적을 알고 나를 알면 백전백승'이라는 말이 있다. 적과 나를 알기위한 노력을 마케팅에서는 환경분석이라고 한다. 경영학에서 말하는 환경은 기업이나 기업의 활동에 미치는 모든 요인을 의미하는데 기업환경에 미치는 정도에 따라 간접적 혹은 거시환경으로 불리는 일반환경과 직접적 혹은 미시환경이라고 불리는 과업환경으로 나누어 볼 수 있다. 기업의 생존에 직접적으로 영향을 주는 과업환경과 달리 일반 환경은 장기에 걸쳐서 비교적 서서히 나타나며 기업이 통제하기 어려운 특징이 있다.

1) 일반 환경

(1) 경제적 환경

경제적 환경은 경제성장, 부동산 가격, 1인당 소득수준의 변화와 같은 것으로 경제 소비자의 구매력과 소비패턴에 영향을 주는 요인을 말한다. 경제적 환경은 생산과 유통, 그리고 소비에 이르는 경제 시스템에 영향을 준다.

(2) 사회·문화적 환경

경제적 환경에 비해 소비자 구매활동에 간접적인 영향을 미치는 요인으로 한 집단의 가치관이나 문화, 그리고 성별, 연령 등의 인구통계학적 요인이 여기에 포함된다.

(3) 정치·법률적 환경

기업은 정치·법률적 환경이 어떠한가에 의해 영향을 받는다. 정치·법률적 환경은 법률, 정부기관 및 압력 집단으로 구성되어있다. 정치 법률적 환경은 입법에 의한 규제가 대표적이다. 입법에 의한 규제는 소비자를 위한, 공정한 경쟁을 위한, 종업원을 위한, 환경보호를 위한 각종의 규제 및 인허가 등을 포함한다.

(4) 기술적 환경

기술적 환경은 추상적인 개념이 아니라 현재 활용되는 기술의 수준을 말한다. 기업환경은 끊임없는 연구개발에 의해 하루가 다르게 변화하고 있다. 기업은 기술 환경변화를 주시하여야한다. 최근에는 스마트폰처럼 기존 기술의 한계를 뛰어넘는 획기적인 기술의 진보가 이루어지는 기술혁신이 매일 매일 이루어지고 있다.

(5) 국제적 환경

세계는 이미 하나의 시장이 되었다. 하나의 제품에는 수많은 나라의 부속품이 들어가며 그 제품은 전 세계에서 그리고 인터넷이라는 환경에서 동시에 판매가 이루어진다. 세계의 변화가 바로 우리 기업에 직접적으로 영향을 주는 시대가 되었기 때문에 국제적 환경의 이해는 갈수록 중요해지고 있다.

*** 거시마케팅과 미시마케팅** 거시마케팅(macro-marketing)은 사회 전반적 유통과정을 국민 경제적 마케팅 현상으로 파악하는 것이고, 미시마케팅(micro-marketing)은 범위를 좁혀서 개별기업의 시장 활동으로 보는 것을 말한다.

2) 과업환경

(1) 고객(customer)

고객은 우리의 제품과 서비스를 구매하는 개인이나 조직이다. 현대 마케팅의 특징은 고객의 중요성을 인식하고 그들이 갖고 있거나 모르는 잠재적인 욕구까지 충족시켜주기 위해 노력하고 있다. 우리가 잘 만드는 제품을 만들어서 고객에게 판매하는 것이 아니라 고객이 원하는 제품을 만들어서 판매해야 하기 때문에 고객에 대한 이해가 그 어느 때보다 중요하게 되었다. 고객에 대한 자세한 내용은 '3장 소비자행동'에서 자세히 공부하기로 하자.

(2) 경쟁 기업(competitor)

경쟁사 기업은 유사하거나 동일한 제품을 생산하는 또는 그러한 잠재력을 가진 경쟁업체를 말한다. 경쟁 기업은 동일한 시장을 대상으로 유사한 제품을 생산할 뿐만 아니라 원료의 수급이나 유통에서도 경쟁적인 관계를 가지고 있다. 경쟁에서 생존하기 위해서는 경쟁 기업의 제품, 서비스, 기술, 마케팅 활동에 대해 완벽하게 이해하고, 이에 대한 대비를 해야 한다. 최근에는 외국 기업들까지 가세하여 세계의 기업과 무한경쟁을 하는 시대가 되었다.

(3) 자사(company)

경쟁사에 대비한 자사의 핵심역량에 대한 분석이다. 핵심역량의 분석은 기계설비, 부동산과 같은 유형 자산에 대한 분석보다는 기술력, 연구개발, 브랜드 이미지, 국제화 능력과 같은 무형 자산의 가치를 더 높게 평가하는 경향이 있다. 경쟁사 분석으로 파악된 경쟁사의 강점·약점을 우리의 강점·약점과 비교한다.

이상의 과업환경 분석의 세부분에 대한 분석은 영문 첫 글자를 따서 과업환경의 3C분석이라고도 한다.

2. SWOT 분석

효과적인 마케팅 전략의 수립을 위해서는 일반환경과 과업환경 분석결과를 토대로 기업이 처한 위협과 기회요소를 종합적으로 파악해야한다. 이러한 분석을 가능하게 하는 것이 SWOT분석이다. 여기서 SWOT란 강점(strength), 약점(weakness), 기회(opportunity), 위협(threat)의 영문 첫 글자에서 따온 용어이다.

1) SWOT 매트릭스 작성

첫째 단계는 시장 환경에서 오는 기회요인과 위협 요인을 파악하고 기록한다. 특히 소비자의 구매행동의 동향이나 세계 트렌드, 경쟁사의 움직임 등을 정확하게 파악한다. 둘째 단계는 경쟁사에 대비한 나의 경쟁력을 객관적으로 분석하여 나의 강점은 무엇인지, 약점은 무엇인지를 파악하고 기록한다. [그림 Ⅱ-5]는 국내 한 중소가전 업체 SWOT분석의 예이다.

그림 Ⅱ-5 국내 중소 가전 기업의 SWOT사례

강점(strength)	약점(weakness)
• 높은 기술 인력 확보 • 상대적 저렴한 가격 • 성능에 비해 낮은 가격	• 낮은 브랜드 인지도 • 주요 표적 고객이 주부로 한정 • 광고예산의 부족
기회(opportunity)	**위협(threat)**
• 대기업을 포함하여 전문적인 소형 생활 가전업체로 인지되는 기업 수가 소수 • 소형 가전은 생활 필수품이 대부분이기 때문에 지속적 소비가 가능	• 기존 대기업, 외국기업이 경쟁자로 시장을 견제 • 경기 침체, 임금 상승 등으로 원가 및 제품 가격 상승 가능성이 높음

2) 전략 방향 설정

SWOT 매트릭스 작성이 끝나면 다음으로 시장의 위협, 기회 및 자사의 강점, 약점을 파악하여 자사 전략의 방향을 결정한다. 예를 들어 약점을 보완할 것인지, 강점을 강화할 것인지, 위협요소를 대비할 것인지, 아니면 기회요소에 투자를 할 것인지 등의 여러 가지 대안을 분석하여 기업에 경쟁적인 강점을 가져올 수 있는 줄 전략이 무엇인가를 모색한다. 각 상황에 따른 마케팅 전략은 아래 〈표 Ⅱ-1〉과 같다.

표 Ⅱ-1 SWOT 분석에 의한 전략

	강 점 (S)	약 점 (W)
기 회 (O)	S–O 전략	W–O 전략
위 협 (T)	S–T 전략	W–T 전략

(1) S-O 전략

기업에 가장 유리한 환경으로 성공 가능성이 크다. 시장 기회를 선점하거나 제품라인을 확장한 제품의 다각화 전략이 바람직하다.

(2) W-O 전략

시장 상황은 유리하지만 자사의 경쟁력이 약한 경우이다. 이 경우에는 시장의 기회를 활용하기 위해 자사의 핵심역량을 강화하여 시장 기회를 포착하거나, 자사의 핵심 역량을 보완하는 전략적 제휴를 선택할 수도 있다.

(3) W-T 전략

시장에 위협요인이 존재하는데 그것을 극복할 만한 역량이 부족한 경우이다. 기업으로서는 최악의 상황이다. 자사의 약점을 극복하기 위해서는 제품 및 시장을 재구성하여 특정 시장에 집중할 수도 있고 축소나 매각 등 철수 전략을 선택할 수도 있다.

(4) S-T 전략

시장에 많은 위협 요인이 있지만 그것을 극복할 수 있는 자사의 역량을 갖추고 있다. 외부환경에 위협 요인이 있지만 상대적인 강점을 가지고 있기 때문에 기존 시장에서 좀 더 최선의 노력을 하여 안정된 시장을 확보하거나 제품 계열을 확충함으로써 위험을 예방하는 전략을 선택할 수 있다.

3. 마케팅 조사

(1) 마케팅 조사의 개념

마케팅 조사란 마케팅 관리자가 직면한 마케팅 과제를 해결하거나 의사결정에 도움이 되는 자료나 정보를 조직적이고 체계적으로 수집하는 일련의 절차나 방법을 말한다. 미국 마케팅 학회는 마케팅 조사란 기업에 시장정보를 제공하기 위해 필요한 자료 수집 방법을 계획하고, 이에 따라 자료를 수집 분석하여 그 발견된 내용과 시사점을 의사결정자에게 전달하는 과정이라고 정의하고 있다.

(2) 마케팅 정보 시스템의 개념

마케팅 정보 시스템이란 불확실성과 복잡성이 커지고 있는 지금의 시장 환경에서 마케팅 의사결정자에게 필요한 자료와 정보를 체계적으로 수집, 분석, 유통시키는데 필요한 사람과 일련의 시스템을 말한다.

① **내부정보 시스템**: 기업 내부에 보관하고 있는 자료

② **고객정보 시스템**: 현재 고객이나 미래 고객에 대한 정보

③ **마케팅조사 시스템**: 마케터가 특정 문제를 해결하기 위하여 정보를 체계적으로 수집할 수 있는 절차나 시스템

④ **마케팅 인텔리전스 시스템**: 시장 환경과 경쟁사에 관한 정보

⑤ **마케팅 의사결정지원 시스템**: 마케터가 의사결정을 내릴 때 정보를 획득하고 가공할 수 있도록 하는 상호 작용이 유연한 컴퓨터화된 정보 시스템

그림 Ⅱ-6 마케팅 정보 시스템의 구성요소

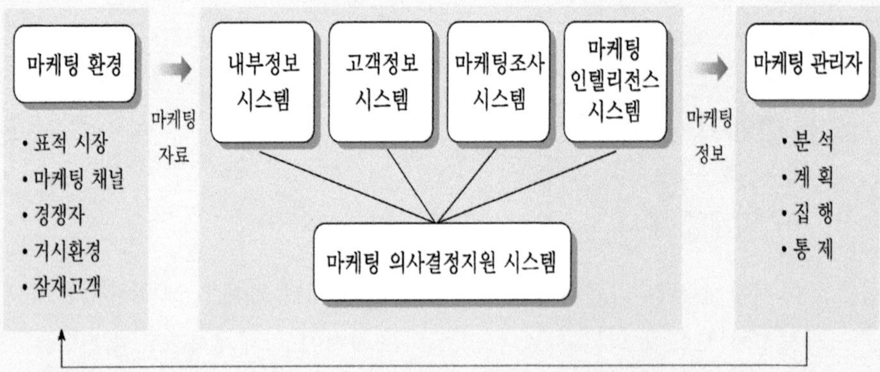

(3) 마케팅조사의 종류

① 탐색조사(exploratory research)

마케팅조사의 초기단계에서 조사에 대한 아이디어나 통찰력을 얻기 위해 주로 사용된다. 문헌조사, 경험조사, 표적집단 면접법(FGI), 사례

조사 등을 활용한다. 조사자도 어떤 내용을 조사해야 하는지 응답자가 어떤 대답을 할지 잘 모르는 경우의 조사다. 보통 신제품의 아이디어를 얻고자 할 때 하는 조사 방법이다.

② 기술조사(descriptive research)

관련 상황에 대한 특성파악과 특정상황의 발생빈도를 조사하거나, 관련변수 사이의 상호관계 정도를 파악하기 위해 실시하는 조사이다. 종단조사, 횡단조사 등을 활용한다. 예를 들어 요즘 고등학생이 좋아하는 취미는 무엇인가, 가장 좋아하는 연예인은 누구인가, 출마한 국회의원 중 누구를 지지하는가와 같은 조사가 여기에 해당한다.

③ 인과조사(cause effect research)

마케팅조사를 통해 궁극적으로 밝히고자 하는 변수들 간의 인과관계를 조사하는 것으로써, 원인이 되는 변수와 그에 영향을 주는 결과변수와의 관계를 파악하여 현상에 대한 설명 및 미래에 대한 예측을 하려는 목적에서 수행된다. 예를 들어 광고는 매출에 도움이 되는가, 가격할인은 매출에 도움이 되는가의 경우처럼 광고가 매출에 혹은 가격이 매출 변화의 원인이 되는가를 밝히는 조사다.

*** 개별 심층면접(In-depth Interview)**
개별 심층면접은 고도로 훈련된 면접원이 조사 대상자 한 사람을 대상으로 특정 제품이나 주제에 대해 깊이 있는 의견을 청취하는 조사 방법이다. 대인면접 설문 조사가 일반적인 면접원이 정형화된 설문지를 가지고 응답을 받는 데 비해, 개별 심층면접은 조사 전문가가 질문 가이드라인을 참고로 하여 자유롭게 질문을 하면서 심층적인 의견을 끌어낸다.

정리 사례

소비층이 제한적이었던 위스키의 인기가 고공행진을 이어가고 있으며, 지난해 수입규모가 15년 만에 최대치를 기록했다. 위스키의 인기가 높아진 건 코로나19 이후 MZ세대 사이에서 '발베니', '맥캘란', '히비키', '야마자키' 등 고급술을 선호하는 현상이 뚜렷해지며 주류 시장 규모가 거대해졌다. 바깥활동 제한으로 집에서 술을 마시는 '홈 술' 문화가 확산하면서 고급술로 여겨지던 위스키에 대한 관심도 자연스럽게 높아졌다. 22년도 위스키 수입량은 작년 대비 58% 증가했으며, 이마트 기준 작년 위스키 매출은 전년 대비 30% 이상 성장했다. 위스키의 높은 인기 속에 일부에서는 개인 간에 웃돈을 주고받으며 인기 제품을 사고파는 불법 거래까지 이뤄지고 있다.

출처 : 한경비즈니스 2023.01.06.

실전 사례

✤ '스스로를 알면 무서울 것이 없다'라는 말이 있다. 자신이 곧 취업해야 하는 구직자의 입장에서 '셀프 SWOT'을 아래 표에 정리하고 이 분석을 통해 자신의 장점과 기회는 살리고 단점과 위협을 보완할 수 있도록 해봅시다.

강 점 (Strength)	단 점 (Weakness)
기 회(Opportunity)	위 협 (Threat)

Chapter 6

시장 세분화와 포지셔닝

학습목표

1. 소비자 지향적 개념의 시장 세분화에 대해 학습한다.
2. 시장 세분화의 구성 요소를 학습한다.
3. 포지셔닝의 목적, 방법을 이해하고 활용할 수 있다.

도입사례

시중에 판매되는 치약 중 유아용 치약의 종류가 수십 가지가 넘는다. 대부분의 아이들이 양치 도중에 입안에 든 것을 삼키기 때문에 유아용 치약은 성분과 원료면에서 성인용과 다르다. 불소량도 제한하고 있고 계면활성제의 함량도 낮아야 한다. 그리고 과일향이나 단맛이 나는 제품도 대부분 참가물이나 색소가 포함되어 있기 때문에 피해야 한다.

출처: 헬스코리아뉴스, 2021.06.09.

1. 시장세분화

우리나라의 자동차 시장에 '포니'라는 자동차 한 대밖에 없던 시절도 있었다. 지금은 왜 그렇게 하지 않을까? 기업에 있어 시장 세분화는 어떤 의미일까? 포지셔닝이란 어떤 뜻일까? SWOT분석을 통해 마케팅 전략의 목표를 결정했다면 이를 토대로 기업이 어떤 시장에서 가장 효율적으로 경쟁력을 가지고 활동할 수 있는지를 결정해야한다. 이를 위해서는 시장을 세분한 뒤 그중에서 마케팅 노력을 집중할 한 개 또는 몇 개의 세분시장을 선정하고 집중적인 차별화 전략을 해야 한다. 전략적 마케팅의 핵심은 이와 같은 STP 전략, 즉 시장세분화(segmentation), 표적시장 선정(targeting), 포지셔닝(posiontioning)이라고 할 수 있다.

오늘날 고객의 욕구는 매우 다양하다. 게다가 소비자는 너무 많고 너무 멀리 퍼져있어서 이들 모두를 대상으로 마케팅 활동을 하기가 현실적으로 어렵다. 따라서 기업들은 모두를 대상으로 마케팅을 하기 보다는 가장 효과적으로 마케팅을 할 수 있는 매력적인 세분시장을 찾아내어 마케팅을 하는 것이 필요하다. 시장을 나누는 변수는 크게 지리적, 인구통계적, 심리 분석적, 그리고 행동적 변수가 있다. 세분화 변수들은 잠재적 고객의 욕구를 기초로 해야 하고 고객 간의 차이를 반영해야 한다. 즉 나누어진 세분 시장 내에서는 유사한 값들을 갖지만 다른 세분 시장의 집단과는 서로 다른 값을 갖는 변수가 시장 세분화 변수로 적합하다. 의류 업체의 경우는 사람의 몸무게와 사이즈 등이 세분화 변수가 될 수 있을 것이다.

1) 시장세분화 기준

(1) 지리적 세분화

시장을 국가, 지방, 도시 등 지리적 단위로 나누는 것

(2) 인구통계학적 세분화

연령, 성별, 소득, 직업, 교육, 가족구성 등 시장을 인구통계학적 변수로 나누는 것

(3) 심리 분석적 세분화

라이프스타일과 같이 고객이 살아가는 방식으로 나누는 것. 여가활동, 취미 등

(4) 행동적 세분화

제품에 대한 구매자들의 동기, 태도, 사용상태, 구매 후 반응 등의 기준으로 시장을 나누는 것 (〈표 Ⅱ-2〉 참고)

*** 세분시장** 소비자들은 각각 다른 욕구, 특징, 행동을 나타내며, 이러한 소비자들의 특성에 따라 시장을 분류한 것이다. 결국 세분시장(market segment)이란 주어진 마케팅 자극에 대해서 유사한 반응을 보이는 소비자들로 구성되어 있는 시장을 의미한다.

표 Ⅱ-2 행동적 세분화의 기준

구분	설명
구매동기	같은 제품도 선물을 목적으로 구매하거나, 사용을 목적으로 구매하거나, 장식을 목적으로 구매하는 등 다양한 구매동기가 있다.
추구 효익	제품을 얻고자 하는 혜택을 말하는데 혜택은 주관적이다.
사용 상태	제품을 잘 알고 이용하는 소비자와 그렇지 못한 소비자는 같은 사용기간이라도 제품의 사용 상태가 다르다.
사용률	같은 제품이라도 사용 빈도에 따라 다른 시장으로 간주할 수 있다. 예를 들어 다리미의 경우, 일반 가정과 세탁소는 제품의 사용률에서 큰 차이가 있다.
상표 충성도	제품을 좋아하는 정도에 따라 제품을 대하는 소비자의 태도가 매우 다르다.

2. 표적시장 선택

시장이 세분화되면 이제 세분화된 시장 중에서 시장의 매력성을 평가하여 기업의 한정된 자원을 활용할 수 있는 표적시장을 선택해야한다. 표적시장의 선정 기준은 다음과 같다.

1) 세분시장의 매력성 평가

① 세분시장의 규모와 성장성

세분시장이 수익 확보가 가능한 적정 규모를 갖고 있는지 성장 가능성은 있는지 등을 평가한다.

② 세분시장의 구조적 매력

수익성의 입장에서 매력적인지를 평가하는데 주로 경쟁자와의 경쟁강도와 잠재적 경쟁자의 진입위협에 달려있다.

③ 기업의 목표와 자원

세분시장이 규모와 성장성 면에서 매력적이어도 기업의 장기 목표와 부합되지 않으면 곤란하다. 또한 장기 목표와 부합되어도 기업의 능력과 자원이 부족하면 표적 시장이 될 수 없다.

2) 표적시장 선정

표적시장에 대한 평가가 끝나면 진입할 만한 가치가 있는 시장을 한 개 이상 선정하여야 한다. [그림 Ⅱ-7]은 표적 시장을 공략하는 5가지 형태의 전략을 보여주고 있으며 전략을 나누는 기준은 시장과 제품이다.

* **표적시장** 기업이 그들의 특정 마케팅 프로그램을 가지고 수행하여 욕구를 만족시키고자 하는 특정 시장부분이나 고객집단

그림 Ⅱ-7 5가지 형태의 표적 시장

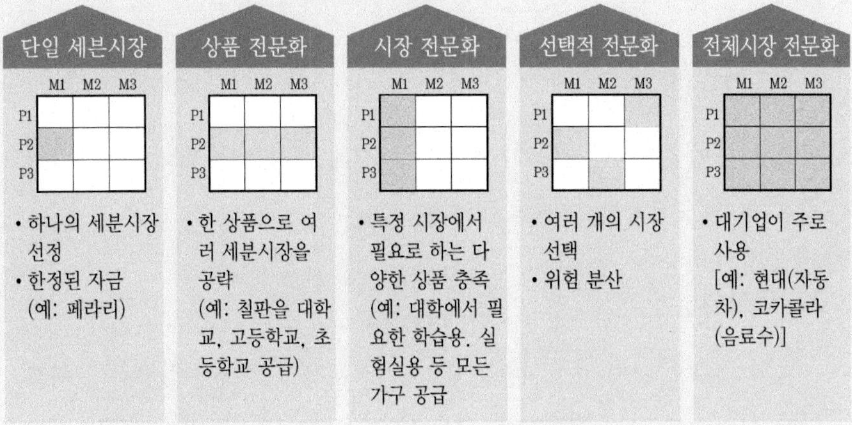

① 단일 세분시장 집중

하나의 제품으로 단일 세분시장을 선택하여 집중한다. 보통 자원이 한계가 있고, 경쟁자가 없는 경우 선택한다.

② 선택적 전문화

기업의 목표와 부합되는 몇 개의 시장을 선택하는 것으로 단일 세분시장보다 위험을 분산할 수 있는 장점이 있다.

③ 상품 전문화

제품에 집중하여 다양한 세분 시장에서 판매할 수 있는 제품에 집중한다. 이러한 전략을 통해 특정분야에서의 전문성에 대한 명성을 구축한다.

④ 시장 전문화

특정 고객 집단의 다양한 욕구를 충족시키는데 집중한다. 예를 들어

학교에 필요한 모든 가구, 즉 학습용, 도서관용, 실험실용 등의 가구를 만들어 학교 가구 시장에서의 우위를 선점한다.

⑤ 전체시장 전문화

보통 대기업에서만 가능한 전략으로 전체 시장을 목표로 한다. 다양한 제품으로 세분화된 모든 시장을 공략한다.

3) 포지셔닝

표적 시장을 선정하였다면 이제는 표적 시장의 고객에게 자사의 제품이나 서비스가 다른 경쟁사의 것과 얼마나 다르며 어떠한 가치가 있는지를 알려야 하는데, 이러한 활동이 바로 포지셔닝(positioning)이다. 즉 포지셔닝은 경쟁제품과 비교한 소비자의 인식 속의 자사 제품의 위치를 정하는 것을 말한다. 포지셔닝이 중요한 이유는 오늘날 경쟁사의 제품과 그에 대한 정보가 너무 많아, 소비자가 구매하는 상황에서 자사의 제품이나 서비스가 확실하게 떠올리도록 해야 하기 때문이다.

출처: 매드타임즈, 2019.09.18.

출처: 컨슈머타임스, 2019.06.12.

(1) 포지셔닝 전략의 유형

① 제품 속성에 의한 포지셔닝

제품의 중요한 속성을 소비자의 편익과 연결시키는 것이다.

② 사용 상황에 의한 포지셔닝

스포츠 음료는 운동 후에 마시는 음료라고 말하는 것처럼 사용 상황으로 포지셔닝하는 것이다.

③ 제품군에 의한 포지셔닝

출처: 테크홀릭, 2020.09.29.

비타500은 착한 음료라고 포지셔닝을 해서 약국으로 연상되는 박카스와 같은 드링크류와 제품군 차원에서 포지셔닝하는 것이다.

④ 제품 사용자에 의한 포지셔닝

블랙야크의 '그린야크(Green Yak)'라는 캠페인으로 클린 마운틴 활동을 확대하며 친환경 활동을 하는 제품 사용자의 성향을 중심으로 포지셔닝하는 것이다.

출처: 스포츠조선, 2022.06.30.

⑤ 상표충성도에 의한 포지셔닝

고객의 충성도를 중심으로 제품을 포지셔닝 하는 것이다.

출처: 자사 홈페이지

출처: 더피알, 2020.01.16.

⑥ 경쟁자에 의한 포지셔닝

경쟁 기업의 포지셔닝과 비교해 자사의 강점을 포지셔닝하는 것이다.

⑦ 재포지셔닝

기존의 포지셔닝을 다시 바꾸는 것 즉, 소비자의 욕구변화, 경쟁사의 전략 수정 등으로 기존 브랜드의 차별화 포인트의 위치를 바꾸는 것이 재포지셔닝이다.

출처: tvcf

출처: 이데일리, 2012.02.28.

또한 포지셔닝 시 다음의 7가지 사항을 고려해야 한다.

① **중요성**: 확실히 가치 있는 편익을 제공해야 함
② **차별성**: 경쟁자들이 확실히 다른 차별점을 제공해야 함
③ **우수성**: 경재사보다 편익을 얻을 수 있는 방법이 뛰어나야 함
④ **전달성**: 차별점이 소비자들에게 전달할 수 있어야 함
⑤ **선점성**: 경쟁자들이 쉽게 모방할 수 없어야 함
⑥ **가격 적절성**: 구입을 꺼릴 정도의 가격은 피해야 함
⑦ **수익성**: 기업에게 이익을 제공할 수 있어야 함

(2) 포지셔닝 맵(map)

포지셔닝 맵은 고객이 중요하게 생각하는 제품의 두 가지 속성을 축으로 자사 제품과 경쟁사 제품에 대한 평가를 그림으로 표현한 것이다. 포지셔닝 맵은 소비자 마음 속에 인식되고 있는 경쟁사의 제품과 자사 기업 제품의 위치를 확인할 수 있게 해주기 때문에 자사 제품과 경쟁사 제품의 위치 비교를 통해 새로운 시장 기회를 찾을 수 있게 해준다. 또한 소비자의 입장에서 본 자사의 경쟁사가 누구인지를 알려주고 모여있는 기업들의 밀도분석을 통해 경쟁강도를 알려준다. 이러한 정보는 기업으로 하여금 새로운 포지셔닝을 통해 시장을 재공략할 수 있게도 하고, 장기적으로 가장 이상적인 소비자 인식 속에 제품의 위치를 알려준다. [그림 Ⅱ-8]은 국내 화장품 시장 포지셔닝의 한 예로 화장품의 기능의 특수성과 사용자의 연령층을 중요한 속성으로 시장을 구분하였다.

그림 Ⅱ-8 국내 화장품 시장의 제품 포지셔닝 맵

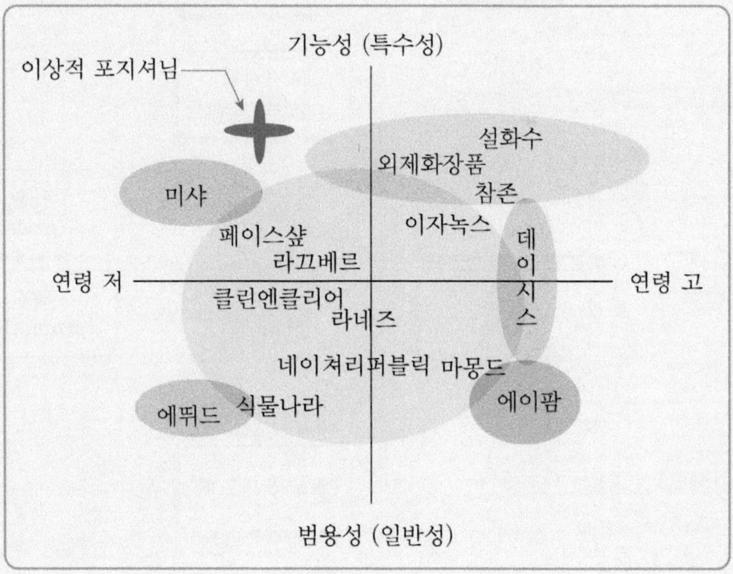

출처: 구글이미지

이상에서 살펴본 마케팅 전략 수립과정을 [그림 Ⅱ-9]와 같이 단계별로 도식화하였다.

그림 Ⅱ-9 마케팅 전략의 수립 과정

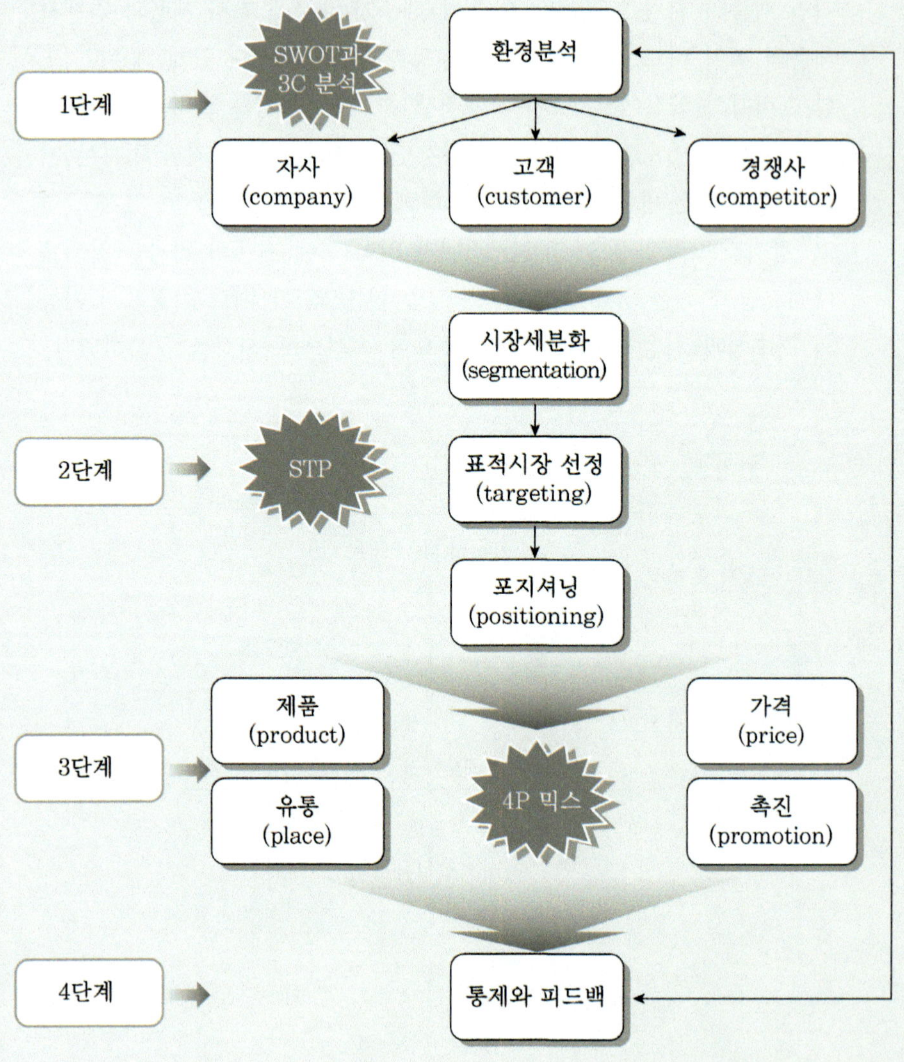

정리 사례

NCT의 시장세분화

SM엔터테인먼트가 발굴한 가수 NCT는 'Neo Culture Technology'의 약자로, 현지화 전략의 확장성과 문화기술로 탄생한 그룹이다. 멤버수의 제한이 없는 완전 새로운 개념의 그룹이며, NCT라는 브랜드 아래 전 세계 각 도시를 베이스로 각각의 팀을 만들고, 전 세계를 무대로 활동하고 있다. 서울을 기반으로 한 NCT127은 한국과 아시아 정상을 넘어 미국 빌보드 200차트 최상위권을 기록할 정도로 성장했고, 청소년팀 NCT Dream이 큰 인기를 얻고 있으며, 중국팀 WayV도 중국 현지 Top 가수로 성장하고 있다. 또한 미국의 대형 제작사인 MGM Worldwide Television와 함께 글로벌 음악 시장에서 활동할 NCT-Hollywood 런칭을 위한 오디션 프로그램도 공개할 계획이다. 한국을 넘어 글로벌 활동을 동시 공략하는 대표적인 전략이다.

출처: 뉴스1, 2022.12.29.

실전 사례

✤ 여러분이 스마트폰 회사의 마케터가 되어 대학생을 대상으로 시장을 세분화하는 임무를 수행해야한다고 상상해 봅시다. 무엇을 기준으로 대학생 스마트폰 시장을 나누는 것이 적절하겠는가?

- 진행방법
  - 수강학생 구성원들을 시장(market)이라 생각한다.
  - 시장을 5개 집단으로 세분화하기 위한 기준을 정한다.
  - 각 세분시장에 해당하는 학생들의 이름을 적는다.
- 조건 : 세분시장 내에는 동질성이 높아야하고, 세분시장 간에는 이질성이 높아야한다.
- 예시 : [문자위주 사용시장], [게임위주 사용시장] 등

구분	대학생 스마트폰 이용자 시장 세분화 기준				
	①	②	③	④	⑤
각 시장에 해당하는 학생 이름					

학습정리

1. 전략은 원래 군사 용어지만 기업에서의 전략이란 환경 분석을 통해 기업의 경쟁 우위를 확보하고 환경 변화를 자사에 유리한 방향으로 이끌어가는 활동이다.

2. 기업의 전략은 크게 기업수준, 사업부 수준, 제품 수준의 전략으로 나눈다.

3. 사업포트폴리오 분석은 기업 내부의 사업을 사업부의 능력과 시장성장 가능성을 기준으로 투자할 곳과 아닌 곳을 정해서 기업의 자원을 효율적으로 집행하고자 실행하는 분석이다.

4. 기업의 성장 전략에는 시장침투전략, 제품 개발 전략, 시장 개발 전략, 다각화 전략이 있다.

5. 미시 환경(과업환경)은 기업 환경에 직접 영향을 주는 요인으로 고객(customer), 경쟁자(competitor), 자사(company)가 있다. 미시 환경 분석은 3C분석이라고도 한다.

6. 거시 환경(일반 환경)은 기업에 간접적인 영향을 주는 요인으로 경제적 환경, 사회문화적 환경, 정치 법률적 환경, 기술적 환경, 국제적 환경 등이 있다.

7. SWOT 분석은 기업의 환경 분석을 통해 자사의 강점과 약점, 기회와 위기 요인을 규정하고 이를 토대로 전략을 수립하는 기법을 말한다.

8. 마케팅 조사는 기업이 직면한 마케팅 과제를 해결하거나 의사 결정에 도움이 되는 자료나 정보를 수집하는 일련의 절차나 방법을 말하며 조사의 목적에 따라 탐색조사, 기술조사, 인과조사 등으로 나눈다.

9. 마케팅정보 시스템은 불확실성과 복잡성이 커지는 시장 환경에서 마케팅 의사결정자에게 필요한 정보를 체계적으로 수집, 분석, 유통시키는 데 필요한 사람과 일련의 시스템을 말한다.

10. 시장 세분화란 기업이 전체 소비자를 일정한 기준에 의해 소비자를 나누어 하나의 동질적인 시장으로 구분하는 것을 말한다.

11. 표적시장은 세분화된 시장 가운데 기업이 마케팅 대상으로 선정한 소비자 집단을 말한다.

12. 포지셔닝은 표적시장에서 소비자에게 자사의 제품이나 서비스가 다른 경쟁사들의 것과 얼마나 다르며 어떠한 가치가 있는지를 알려 경쟁우위를 점하고자 하는 노력이다.

13. 포지셔닝 요소는 제품속성, 사용 상황, 제품군, 제품 사용자, 상표 충성도, 경쟁자 등이다.

종합문제

※ 다음 ( ) 안에 알맞은 용어를 써 넣으시오.

1. (   )이란 경쟁 제품과 비교한 소비자의 인식속의 자사 제품이 위치를 정하는 것이다.

2. (   )이란 한 기업이 세분화된 전체 시장을 공략하는 세분화 전략으로 보통 자원이 풍부한 대기업의 세분화 전략이다.

※ 다음 물음에 알맞은 답을 고르시오.

3. 현재의 비즈니스 포트폴리오를 분석하는 데 많이 쓰이는 방법 중 하나는 BCG 매트릭스이다. BCG 매트릭스에서 시장 점유율은 높지만 시장 성장률은 낮아서 수익성이 가장 높은 시장을 뭐라고 하는가?

① 별(Star) ② 물음표(Question Marks)
③ 현금 젖소(Cash Cow) ④ 개(Dog) ⑤ 호랑이(Tiger)

4. 비즈니스 포트폴리오 디자인에서 성장 및 축소전략을 통한 미래 비즈니스 포트폴리오를 디자인하는 데 매우 유용한 방식 중 하나는 제품·시장 확장 그리드이다. 다음 보기에 적절한 방식을 고르시오.

(가) A의류는 기존에 20대를 위한 의류를 판매했었는데 올해부터 3세 미만의 아동복을 출시하기로 했다. (나) B제과점은 서울에만 있었는데 이번에 경기도에 매장을 추가로 개점하였다.

① (가): 시장침투, (나): 다각화
② (가): 상품개발, (나): 시장침투
③ (가): 시장개발, (나): 시장침투
④ (가): 상품개발, (나): 다각화
⑤ (가): 다각화, (나): 시장개발

5. 다음 보기가 설명하는 것은?

> 기업이 전체 소비자를 일정한 기준에 의해 유사한 욕구를 가진 소비자들을 나누고 하나의 동질적인 시장으로 구분하는 것을 뜻한다.

① 시장세분화 ② 고객 세분화 ③ 표적시장
④ 유통세분화 ⑤ 마케팅 세분화

6. 다음 중 STP 전략에 대한 설명이 아닌 것은?

① STP 전략을 실행함으로써 위협의 최소화하면서 약점을 극복할 수 있다.
② STP 전략의 절차는 시장세분화 - 목표시장 선정 - 차별화 포지셔닝이다.
③ 고객중심 마케팅 전략을 수립하는데 STP 전략은 효율적이다.
④ 시장을 나누어서 세분화하는 기준에는 지리적, 인구통계적, 라이프스타일 등이 있다.
⑤ 목표시장을 향해 수익성을 내는 차별화 전략을 포지셔닝전략이라고 한다.

7. 다음은 전략 기획의 주요 과정이다. 빈칸에 알맞은 말을 고르시오.

> 기업 (　　) 및 (　　) 정의 → 기업 목표 수립 → (　　) 결정 → 마케팅 전략기획

① 사명, 목표, 기업 수익
② 비전, 미션, 사업 포트폴리오
③ 기획, 미션, 마케팅 통제 방법
④ 청사진, 사업 포트폴리오, 점유율
⑤ 목표, 청사진, 사업 포트폴리오

8. 그림에 해당하는 표적시장 전략은?

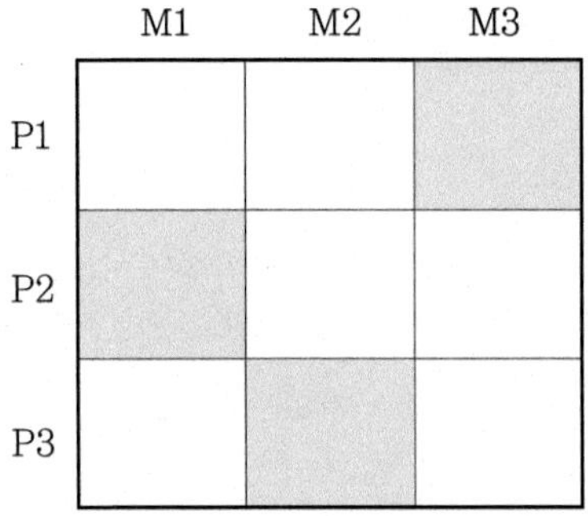

M=Market(시장), P=Product(상품)

① 단일세분시장 집중 ② 전체시장 전문화
③ 선택적 전문화 ④ 상품 전문화
⑤ 시장 전문화

9. 마케팅조사의 하나로 초기단계의 아이디어나 통찰력을 얻기 위해 주로 사용되는 조사는?

( )

10. 환경분석의 하나로 자사의 강점과 약점을 파악하고 시장변화를 기회와 위기의 측면에서 분석하는 기법은?

( ) 분석

진로탐색 마케팅 리서처란?

1. 주로 하는 일

마케팅 리서처는 특정 상품에 대해 시장성이 있는지, 소비자의 욕구를 충족시키는지, 얼마나 잘 팔리는지를 조사하는 조사 전문가이다. 만약 상품의 시장성에 대해 조사를 한다면 조사기획－시장조사과정－자료분석－조사결과 보고의 단계를 거쳐 일을 한다. 상품이 어떤 용도로 쓰이며, 어떤 장점이 있는가 면밀한 검토와 분석을 하고, 조사방법을 결정해 나간다. 흔히 조사라고 하면 간단한 설문지 방법을 떠올리는 경우가 많지만, 이밖에도 정성조사, 광고 테스트, 시장구조 조사 등 많은 조사 방법이 있다. 마케팅 리서처들은 이들 조사방법 중 하나 혹은 여러 가지를 병행하여 해당 상품에 가장 알맞은 조사를 선택하게 된다. 마지막으로 모든 조사가 끝나면 입수된 자료를 가지고 분석을 해서 조사보고서를 작성한다. 이러한 일련의 과정을 통해 마케팅 리서처들은 상품이 시장에 나올 경우 소비자들에게 어느 정도 매력을 줄 수 있는지, 제품의 어떤 특성이 소비자들에게 어필하는지, 경쟁사의 기존 제품을 이길 수 있는가에 대한 것부터 판매 전에 보강해야 할 점과 광고에서 부각시켜야 할 제품특성까지 뽑아내는 등 그야말로 종합적인 마케팅 조사를 담당하게 된다.

2. 요구되는 적성 및 흥미

마케팅 리서처는 마케팅 전반에 대한 지식과 보고서 작성 능력이 있어야 한다. 의뢰한 회사가 무엇을 원하는지를 파악해낼 수 있는 감각, 적절한 시장조사 방법을 채택하는 능력, 자료수집 결과들을 가지고 나름대로 보고서를 써 내려가는 날카로운 분석력이 필요하다. 그리고 분석결과를 고객에게 설명하는 설득력도 중요하다. 여기에 적극적이고 능동적인 성격의 소유자라면 훨씬 유리하다.

3. 진로 및 전망

상품시장에는 하루에도 수많은 상품들이 쏟아져 나오고 있다. 이런 상황에서 기업들은 자사제품을 구매하는 소비자층이 누구이고, 그들에게 어떠한 방식으로 호소해야 하는가를 정확하게 알기 위해 시장조사 방법을 적극 활용하고 있다. 예전에는 리서치 혹은 조사는 정치·사회적 여론조사만을 떠올렸지만, 요즘에는 리서치 기관에서 시장조사를 실시하는 것이 거의 절대적인 비율을 차지할 정도이다. 왜냐하면 우리나라의 기업들도 이제는 자사제품의 성공은 철저한 시장조사에서 비롯된다는 인식이 확산되어가고 있기 때문이다.

이와 같은 추세에 따라 각종 리서치회사가 더 많이 생기고, 광고회사의 리서치 관련 부서가 확대되거나 독립회사의 규모를 갖추어가고 있다. 따라서 마케팅 리서처는 수요가 계속 늘어날 것이라는 전망이다.*

* 위의 내용은 커리어넷 직업 정보(www.career.go.kr)에서 발췌한 내용입니다

오늘날 소비자 중심의 시장 환경에서 제품이나 서비스에 대한 소비자의 태도나 구매행동을 정확하게 이해하는 것은 기업의 수익과 성장에 직결된다. 소비자행동은 오랜 시간에 걸쳐서 형성되며 다양한 요인들에 의해 영향을 받는다. 이 단원에서는 소비자행동의 중요성을 이해하고 제품을 구매하는 소비자의 의사결정 과정과 그 과정에 영향을 주는 요인들에 대해 공부하도록 한다.

PART Ⅲ

소비자 행동

Chapter 7

소비자 행동의 이해

학습목표

1. 소비자 행동의 개념을 학습한다.
2. 마케팅에서 소비자행동에 대한 이해가 필요한 이유를 설명할 수 있다.
3. 소비자 정보처리 과정을 이해하고, 이를 실제에 적용할 수 있다.

도입사례

시장조사전문기업 엠브레인 트렌드 모니터가 전국 만 19~59세 성인 남녀 1000명을 대상으로 커피전문점 및 홈 카페 관련 설문조사를 실시한 결과, 전체 응답자의 절반 이상(53.5%)이 커피가 맛있어서 먹기 보다는 습관적으로 마시는 것이라고 했다. 농림축산식품부의 '가공식품세분시장 현황-커피류 시장' 보고서와 통계청 등에 따르면 우리나라의 2016년 인당 커피 소비량은 연간 428잔을 넘어섰다. 국제커피기구(ICO)에 의하면 우리나라는 세계 커피 소비량 1위 국가인 미국과 2위 브라질 등에 이어 15위 전후를 기록하고 있다고 한다.

출처: powderlovely 네이버블로그

1. 소비자 행동의 의의

점심값은 아껴도 커피값은 아끼지 않는 소비자, 커피 맛에 차이를 인지하지 못하면서 비싼 브랜드 커피를 즐기는 소비자, 소비자가 제품을 구매할 때 가장 중요하게 생각하는 것은 무엇인가? 구매 판단은 근거는 무엇인가? 그것은 현명한 결정이었을까? 소비자들은 자신들이 원하는 다양한 욕구를 해결하기 위한 수단으로 제품을 구매한다. 소비자 중심적인 마케팅에서는 소비자가 무엇 때문에 제품을 구매하고자하는 마음이 생기며, 어떤 과정과 생각을 통해 최종적으로 구매하는지 이해해야 한다. 소비자행동은 소비자들이 어떻게 과정을 통해 구매 의사결정을 하고 구매한 제품을 어떻게 사용하고 처분하는가와 관련된 모든 소비자의 의사결정을 의미한다.

소비자의 제품 구매과정은 크게 구매 전, 구매, 구매 후의 3단계로 나누어 볼 수 있다. 마케터는 광고, 판매촉진, 매장 광고 등의 다양한 마케팅 커뮤니케이션 수단들을 동원하여 소비자 구매 의사결정과정 전반에 걸쳐 영향을 주고자 한다.

* **소비자** 사업자가 제공하는 재화나 서비스를 사용하는 사람. 구매자와 같을 수도 있고 다를 수도 있다.
* **마케터** 판매용 제품이나 서비스를 제공하는 개인이나 단체 및 조직

소비자는 자신의 욕구를 충족시키기 위해 제품을 구매한다. 시장 형성 초기에는 소비자의 욕구가 단순하여 생산자의 경험이나 주관적인 판단에 의해 제품이 만들어졌어도 문제가 적었으나, 시장 환경이 복잡해짐에 따라 그러한 방식에 문제가 발생하기 시작하였다. 소비자의 욕구는 다양해졌으며 동시에 시장에는 다수의 경쟁자가 등장했다. 기업은 이처럼 급변하는 시장 환경 속에서 다양한 고객 욕구를 만족 시킬 수 있는 마케팅 전략을 수립하여야만 생존이 가능해졌으며, 그렇기 때문에 고객의 행동을 체계적으로 이해하는 것이 매우 중요하게 되었다.

소비자 행동을 이해하는 것이 특히 중요한 이유는 기업이 제공하는 제품이나 서비스에 대한 소비자의 태도나 구매행동을 이해하는 것이 그

기업의 수익과 직결되기 때문이다. 소비자의 욕구나 제품에 대한 태도는 수시로 변화한다. 그러한 변화하는 소비자의 상태를 반영하는 적절한 마케팅 전략이 반드시 필요하다. 소비자의 이해 정도의 여부에 따라 마케팅 전략이 결정되는 철학을 마케팅 콘셉트(marketing concept)이라고 한다. 마케팅 콘셉트는 마케터가 소비자들이 시장에서 추구하는 편익을 정의하고 이를 충족시키기 위한 마케팅 전략을 개발하는 것을 의미한다.

소비자 행동에 대한 이해는 기업이 마케팅을 수행하는데 다음과 같은 효력이 있기 때문에 그 중요성이 크다.

1) 새로운 시장 기회

기업은 시장의 소비자로부터 그들의 욕구, 혹은 충족되지 않은 욕구를 가진 소비자 집단을 파악하고 그 욕구의 시장성을 평가하고 제품을 개발, 출시한다. 소비자에 대한 이해는 이러한 기업의 생존에 있어서 절대적이다.

2) 시장 세분화 및 표적 시장 선정

오늘날의 시장은 과거의 단순한 제품 중심이 아닌 소비자의 욕구 중심으로 시장이 형성되어 있다. 그러나 소비자의 욕구는 매우 다양하고 복잡하여 성공적인 마케팅을 위해서는 다양한 욕구의 소비자를 전략적으로 의미있는 형태로 세분하고 그 안에서 더 분명한 표적시장을 선정해야 한다. 이러한 시장 세분화의 요소는 소비자의 인구통계적, 경제적 특성뿐만 아니라, 심리적, 라이프스타일 등의 구체적 개별 소비자의 행동과 관련이 깊다. 그렇기 때문에 소비자 행동을 잘 이해할 수 있다면 보다 효과적으로 시장을 세분화하고 의미있는 표적시장을 선정할 수 있는 확실한 지침을 가진 것과 같다.

3) 효과적인 마케팅 전략 개발

기업은 고객의 욕구에 부합하는 제품을 개발해야하는 것은 물론 끊임없이 고객과 커뮤니케이션해야하며 경쟁자와 경쟁해야 한다. 이때 성공적인 전술은 얼마나 효과적으로 고객에게 우리의 제품을 알리고 구매를 유도할 것인가에 달려 있다. 소비자 구매의사결정과정에 대한 이해는 각각의 의사결정 단계마다 적절하고 효과적인 방법으로 고객에게 제품을 알릴 수 있고 설득할 수 있는 기반이 마련되는 것이다.

4) 소비자 보호 활동

소비자 불만이 불만으로 끝나면 그 기업은 미래가 없다. 불만족한 소비자에 대한 적절한 조치를 취한다면 그 소비자는 오히려 우리에게 충성고객이 될 수도 있다. 지금의 시장 환경은 신규고객의 유치보다 기존 고객과의 장기적 관계가 더욱 중요하다. 신규고객을 유치하려면 비용도 많이 들지만 언제 돌아서서 경쟁자에게 갈지 알 수도 없다. 그러나 기존 고객과의 관계는 비용도 적게 들지만 충성고객으로 관계가 발전될 가능성이 훨씬 높다. 그리고 고객의 불만처리는 단순한 소비자 보호를 떠나 신제품의 아이디어로 활용될 수도 있다. 고객의 불만에서 시작된 신제품은 그만큼 고객의 만족을 이끌 가능성도 높아지기 때문에 혁신적인 기업일수록 고객의 소리(VOC)처럼 고객 불만을 시스템적으로 수용하는 장치를 마련해 놓고 있다.

*** 고객의 소리(VOC: voice of customer)**
고객 불만, 건의 사항, 게시판 등 고객이 기업을 상대로 내는 의견이다. 기업은 상담자, 소비자 상담실, 게시판 등을 통해 입수하고 경영에 반영한다.

2. 소비자 정보 처리 과정

소비자가 제품을 구매하는 과정 즉, 소비자행동을 이해하려면 소비자가 어떻게 정보를 받아들이고 어떤 과정을 거쳐서 처리하는지의 의사결정과정을 알려면 먼저 소비자정보처리 과정에 대한 이해가 필요하다.

그림 Ⅲ-1 소비자 정보 처리 과정

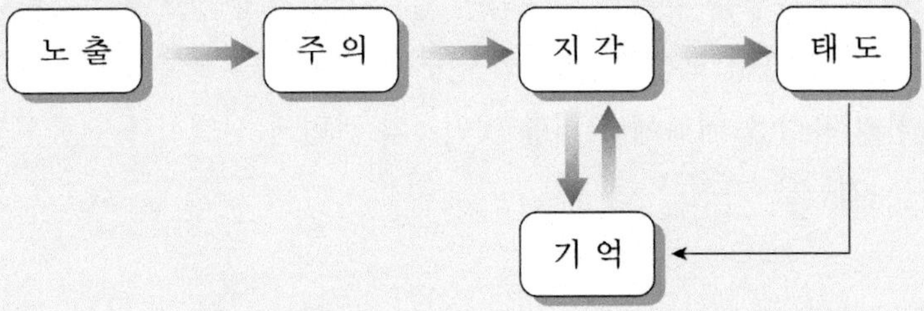

1) 노출

정보 처리 과정의 첫 번째 단계는 [그림 Ⅲ-1]에서 보듯이 노출이다. 노출이란 광고물이 시야에 들어오는 것과 같이 개인의 감각기관이 어떤 자극에 당면하는 현상을 말한다. 인간에게는 시각, 청각, 후각, 촉각, 미각의 오감이 있다. 외부로부터의 자극은 오감을 느끼는 감각기관을 가장 먼저 거치게 된다. 이와 같은 자극에 대한 노출이 정보처리 단계의 첫 단계이다. 보는 것, 소비자가 때로는 시각, 때로는 청각의 형태로 접하게 되는 광고도 자극이다. 자극은 소비자의 의지에 따라 의도적으로 접하게 되는 자극 즉, 자발적 노출과 의도하지 않은 비자발적 노출이 있다.

자발적 노출은 자신이 구매하고자하는 제품의 광고를 스스로 찾아서 보는 능동적 경우를 말하는데, 자발적 노출은 반드시 외부 자극에 의해서 일어나는 것은 아니다. 비자발적 노출은 길거리를 걷다가 우연히 보게 되는 간판들, 가게 앞에 움직이는 사람 풍선 등에 수동적으로 노출되는 것을 말한다.

하루에 소비자들은 의식하던 하지 않던 간에 보통 3천 개 이상의 광고물에 노출된다고 한다. 광고물이 점점 자극적이 되어가는 이유가 바로 이러한 상황에서 광고물에 소비자가 반응을 보이게 하기 위해서이다.

2) 주의

소비자는 수많은 자극에 노출되어 있으나 인간의 정보처리 용량에 한계가 있기 때문에 모든 자극을 인지하지는 못한다. 결국 주의는 인간의 정보처리 용량을 어디에 처리할 것인가와 관련된 선택성과 집중성을 결정하는 기능을 가진다.

(1) 선택성

여러 자극 중에 어디에 주의를 기울일 것인가를 결정하는 것이다. 선택의 기준은 우선순위로 우선순위가 낮은 정보는 무시한다. 집에서 TV 뉴스를 보면서 동생과 이야기를 하고 있다가 뉴스가 재미없을 때에는 동생과 이런 저런 얘기를 하다가, 뉴스에서 갑자기 흥미로운 이야기가 나오면 잠시 동생의 말을 못 듣고 무슨 얘기했냐고 되물은 경험이 있을 것이다.

그림 Ⅲ-2 쇼핑백을 이용하여 소비자의 주의를 끄는 폭스바겐의 자동차 '골프' 광고

출처 : stussyblog 네이버블로그

이것이 주의 선택성이다. 즉 우리의 두뇌는 여러 가지 일을 동시에 할 수 없기 때문에 처리해야할 정보의 순위를 정하고 낮은 순위의 정보는 무시하는 것이다.

(2) 집중성

어디가 다친 줄도 모르고 놀다가, 놀이가 끝나고서야 상처를 발견한 경험이 있을 것이다. 또 오른손은 원을, 동시에 왼손은 삼각형을 그리라고 하면 잘 그려지지 않는다는 것도 알 것이다. 집중성은 이처럼 인지능력의 한계로, 사람이 두 가지 일에 다 주의를 기울이지 못하고 어느 한 가지 일에 더 주의를 기울이는 것을 말한다.

표 Ⅲ-1 외부적 자극요인

요인	내용
언어의 형태	쉬운 단어, 긍정적인 단어를 이용한 광고가 단어, 부정적인 단어를 사용한 광고보다 보다 많은 주의를 끈다.
색다름	소비자는 일상적이지 않는 독특한 자극에 주의 기울인다.
크기	광고의 크기가 클수록 주의 집중이 비례한다.
색상	일반적으로 컬러광고가 흑백광고보다 효과적이다. 특히 신문광고의 경우 흑백광고보다 컬러광고가 41%의 주의력 증대를 가져온다고 한다.
대조	주위 배경과 대조되는 자극을 제시하면 지각적 갈등을 느끼게 되고 주의 집중이 강화된다.
위치	슈퍼마켓에서 가장 잘 팔리는 제품은 눈높이 선반에 진열된 상품이다. 잡지광고의 경우, 첫 장 혹은 가장 뒷장에서 10%이내에 있는 광고가 효과적이다. 이처럼 자극물의 위치는 주의에 영향을 준다.

주의에 영향을 미치는 것은 크게 개인적 요인과 외부의 자극적 요인이 있다. 개인적 요인에는 욕구, 그 중에서도 생리적 욕구가 주의력에 크게 영향을 미친다. 배고플 때 시장을 지나갈 때와 배부를 때 시장을 지나갈 때의 느낌이 전혀 달랐던 경험이 있을 것이다. 그렇기 때문에 소비자 욕구를 잘 파악하고 그것에 소구하는 광고물을 제작한다면 매우 효과적일 것이다. 외부적 자극 요인은 〈표 Ⅲ-1〉과 같다.

3) 지각

지각은 주어진 자극의 내용을 이해하고 거기에 자신의 과거의 지식과 경험을 융합하여 나름의 의미를 부여하고 주관적으로 해석하는 것을 말한다. 그래서 소비자가 같은 광고를 보았다고 하더라도 각기 다른 해석을 할 수 있는 것이다. 지각을 사람마다 다르게 주관적으로 해석하는 것은 지각이 다음의 3단계를 거쳐 자료를 변형하고 왜곡하는 과정을 거치기 때문이다.

(1) 선택적 지각

감각기관의 용량의 한계 때문에 지각을 통해 들어온 수많은 자극 중에서 자기에게 필요하고 자신의 가체체계에 부합하는 자극만을 지각하려고 한다. 그래서 광고에서 수많은 말을 해도 결국은 자기에게 도움이 되는 말만 골라서 지각한다. 예를 들어 스마트폰 광고의 여러 내용 중에 공부에 도움이 된다고 하는 내용만 추리고 그것 때문에 제품을 사야 한다고 부모님께 말하는 경우가 여기에 해당한다.

(2) 지각적 조직화

사람들은 불완전한 정보가 있을 때 그것을 그대로 보지 않고 주변의 다른 정보들과 합쳐서 의미 있는 것으로 지각하려는 경향, 즉 여러 개의 단편적인 정보를 수집하여 유용한 정보를 도출하게 되는데 이 과정이 지각적 조직화이다. 지각적 조직화는 지각적 부호화와 지각적 통합화를 통해서 이루어진다.

① 지각적 부호화

자극의 영향으로 생겨난 감각은 두뇌속의 전기적 파장에 불과하다. 이것을 소비자가 이해할 수 있는 언어의 형태로 변환시키는 과정을 지각적 부호화라고 한다. 다시 말하면 지각적 부호화는 감각에 대해 심리적 기호(mental symbol)을 부여하는 것이다. 치킨집 전단지를 보았을 때 우선 그것은 여러 가지 색이 조합된 자극물에 지나지 않지만 부호화 과정을 거치면 그 그림이 치킨집 광고를 하는 메시지를 담고 있다는 사실을 이해할 수 있게 해준다.

② 지각적 통합화

지각적 통합화는 자극의 일부분에 대한 지각만으로는 자극이 주는 의미를 파악하기 어렵기 때문에 여러 자극물을 별개의 것이 아닌 '조직된 덩어리(organized whole)'로 이해하는 것을 말한다. 오케스트라를 감상할 때 별개의 악기 소리보다 전체 하모니를 감상하는 것과 같다.

(3) 지각적 해석

지각적 해석은 자극을 선택하고 조직화한 뒤에 그것을 개인의 욕구, 희망, 흥미에 따라 재해석하는 것을 말한다. 지각적 해석은 종종 현실을 왜곡하기도 하는데 주로 다음과 같은 요인들이 왜곡에 기여를 한다.

표 Ⅲ-2 지각적 해석에 영향을 미치는 요인

구분	내용
겉모양	겉모양이 좋으면 품질도 좋을 것이라고 판단한다.
정형적인 이미지	미인은 머리가 나쁘다는 식의 자신이 믿고 있는 고정관념에 맞추어 상황을 이해하려는 경향으로서 영어로는 stereotype이라고 한다. 저 나라 사람은 ○○해, 특정 계층 혹은 인종은 △△해 등이 대표적인 잘못된 고정 관념이다.
신뢰하는 정보원	광고에서 유명 연예인이 하는 말을 그렇지 않은 사람의 말보다 신뢰하는 것처럼 신뢰하는 정보원이 제공하는 정보를 보다 신뢰하는 경향을 말한다.
첫인상	특정 대상에 대한 첫인상을 중시하여 처음 내린 판단이 쉽게 바뀌지 않는 경우를 말한다.
후광효과	하나가 잘하면 다른 것도 잘한 것이라고 믿는 경향이다. 특정 브랜드에 대한 호의적인 인상이 같은 브랜드의 다른 제품에도 전이되는 것을 말한다.

*** 정형적인 이미지** 영어로 stereotype, 부단한 동일시 또는 고정 관념이라고 한다. 문화적·성적·인종적 내용이 있다. 여자는 ○○해, 저 나라 사람은 □□해, 흑인은 △△해 등이 모두 잘못된 고정 관념이다.

4) 기억

기억은 지각까지의 과정을 통해 처리된 정보를 저장하는 것이다. 기억에는 과거에 저장된 정보가 있으며 새롭게 유입된 정보가 기존의 기억과 통합되어 기억 속에 저장된다. 나중에 연관된 특정 단서에 접하게 되면 기억 속에 저장된 정보를 인출할 수 있게 된다. 기억은 무기한이며, 무한정 용량으로 저장할 수 있다. 기억 용량에 한계가 없는데 왜 오래된 사건에 대한 내용이나, 외워두었던 지식이 떠오르지 않을까? 그것은 정보가 사라진 것이 아니라 어디에 저장했는지를 기억하지 못해서 꺼내지 못하는 것이다.

그렇기 때문에 정보를 저장할 때 쉽게 떠낼 수 있는 단서와 함께 저장을 하면 나중에 정보 인출이 용이하다.

5) 태도의 형성과 변화

태도는 어떤 대상에 대해 지속적이고 일관되게 호의적 또는 비호의적으로 반응하는 학습된 성향이라고 한다. 그래서 제품에 대한 태도는 그 브랜드에 대한 종합적인 소비자의 평가라고 할 수 있다. 제품에 대한 태도가 좋은 소비자는 그 제품을 구매할 확률이 높기 때문에 기업은 태도를 통해서 소비자의 구매행동을 예측할 수 있다. 그리고 자사 제품에 대한 태도가 좋지 않다면 광고를 하거나 서비스를 개선하여 소비자 태도를 우호적으로 만들 수 있을 것이다.

보충학습 **소비심리와 관련된 경제효과 용어 정리**

- 속물효과(Snob effect) : 많은 소비자가 구매하는 제품은 꺼리는 구매심리
- 편승효과(Bandwagon effect) : 유행에 따라 상품을 구입하는 소비현상
- 네트워크 효과(Network effect) : 물건을 고를 때 다른 사람들의 소비행태에 의해 영향을 받는 효과
- 베블런 효과(Veblen effect) : 가격이 오르는데도 일부 계층의 과시욕이나 허영심 등으로 인해 수요가 줄어들지 않는 현상

정리 사례

K씨는 최근 여행을 위해 항공사, 호텔, 리조트 등을 검색한 적이 있었다. 그리고 한참 시간이 지나고 나서 뉴스를 보기 위해 포털사이트에 들어가 보고 깜짝 놀랐다고 한다. 왜냐하면 뉴스 포털의 배너가 전에 둘러보았던 호텔, 리조트의 배너광고로 꽉 차있었기 때문이다. 온라인 광고는 보통 '검색 광고'와 '배너광고'로 나눈다. 검색 광고는 검색 결과를 최상단에 올려 보여주는 텍스트 광고로, 네이버나 다음 카카오 등의 포털 사이트에 검색어를 입력하면 관련 사이트로 가도록 유도하는 텍스트 링크가 표시된다. 반면 '배너 광고'는 PC나 모바일 화면상의 이미지 형태의 광고를 말한다. 얼마 전까지만 해도 매너광고 보다는 검색 광고가 타깃팅(targeting)이 명확하다는 장점을 바탕으로 온라인 과옥 시장에서 큰 비율을 차지했었다. 그러나 최근 들어 배너 광고가 '프로그래매틱 광고(programmatic advertising)' 기법이 적용돼 오히려 검색 광고보다 더 정교하다는 말을 듣게 되었다. 프로그래매틱 광고는 이용자의 인터넷 검색 경로, 검색어 등을 빅데이터를 프로그램을 통해 자동으로 분석해서 이용자가 필요로 하는 광고를 띄워 주는 광고 기법을 말한다. 인터넷 이용의 개인정보가 아닌 이용자가 사이트에 접속하면서 생긴 방문기록(쿠키)으로 이용자의 소비 행태를 예측해 이용자가 관심이 있을 법한 광고를 선택하여 보여주는 방식인데 애드테크(ad tech) 혹은 하이테크(high-tech) 광고라고도 부른다.

출처: 한진관광 네이버블로그

출처: 한국관광신문, 2019.02.11.

실전 사례

✤ 나의 소비 습관을 알아봅시다.

농구를 즐기지도 않으면서 농구화를 사 모으는 사람이 있고, 명품 가방으로 온 방이 가득해도 신상이 나오면 매장으로 달려가는 사람도 있다. 반면에 뭔가를 사기위해 장기간 적금을 붇다가도 막상 돈이 채워지면 구매하지 못하는 사람도 있다.

최근 갖고 싶은 물건이 있었다면 어떤 것들이었는가? 그 물건들 중 정말 내가 갖고 싶은 것 하나를 아래와 같은 방법으로 선택해 봅시다.

✤비교항목에 각각 1~10점을 주고, 총 합계를 계산해 봅시다.

번호	비교항목	갖고 싶은 물건 1	갖고 싶은 물건 2	갖고 싶은 물건 3
		[ ]	[ ]	[ ]
1	지금 꼭 필요한가?			
2	그 물건이 나에게 얼마나 오랫동안 만족을 줄 것인가?			
3	나의 경제상황에 적절한 가격인가?			
4	물건의 활용도는 어떠한가?			
5	대체할 물건이 있는가?			
6	유행을 타는 물건인가?			
총 합계				

Chapter 8

소비자 구매 의사 결정 과정

학습목표

1. 소비자 관여도에 대해 이해한다.
2. 소비자 구매 의사 결정 과정에 대해 설명할 수 있다.
4. 소비자 구매 의사 결정 과정에 미치는 요인을 이해하고, 이를 실제에 적용할 수 있다.

도입사례

욜로(YOLO, You Only Live Once) 라이프를 즐기는 소비자들이 갈수록 많아지고 있다. 욜로란 '인생은 한번 뿐이다'란 뜻으로 미래에 대한 걱정보다 현재에 집중하며 행복하게 살자는 의미를 담고 있다. YOLO라는 표현은 미국의 래퍼 '드레이크'의 노래 'The Motto'에서 처음으로 쓰여졌다. 온라인 쇼핑몰 G마켓이 발표한 설문조사 결과에 따르면 10명 중 9명은 자신만을 위해 소비하고 있다고 답했고 '스스로를 위한 소비가 필요한 이유'에 대해선 '나 자신에 대한 보상 차원'이라고 했다.

출처: Skinno News, 2017.02.08.

1. 소비자 관여도(involvement)

여러분은 모든 제품을 구매할 때 시간과 정성을 들여 제품에 대한 정보 탐색을 하는가? 정보 탐색을 할 때는 어떠한 정보에 의존하는가? 광고인가 지인에게 물어 보는가? 자동차와 같이 고가의 제품을 구매할 때와 그렇지 않을 때 차이가 있는가?

1) 관여도의 정의

우리는 특별한 고민 없이 자동차는 고관여 상품이라고 말해왔다. 그래서 고관여 상품인 자동차를 구매하기 전에는 제품에 대해 많은 고민을 하고, 정보를 탐색하고 떠오른 대안들을 신중하게 평가하고 구매한다고 믿어왔다. 그러나 같은 자동차라도 여성과 남성 사이에 자동차를 구매하는 모습을 보면 많은 차이가 있으며, 심지어 어떤 여성은 자동차보다 훨씬 낮은 가격의 제품인 의상을 구매할 때 오히려 더 신중해지기도 한다. 이 여성의 경우 과연 자동차가 고관여 상품일까?

관여도(involvement)는 개인의 동기, 가치, 그리고 개인적 관심에 기초하여 특정 대상에 대해 느끼는 개인적 연관성의 정도를 말한다. 관여도가 높을 때 소비자는 제품 사용에 의한 혜택은 극대화하고 위험을 최소화하고자 하는 의도를 가진다. 그리고 관여도가 높을수록 소비자는 관여 대상에 대한 주의의 수준을 증가시키고 정보처리를 정교하게 하지만, 저관여 상황에서는 상품에 대한 단순한 편의성이나 가격 등 몇 가지 중요한 요소만을 고려하고 짧은 시간 안에 구매결정을 한다. 때문에 관여도는 특히 마케터에게 매우 유용한 개념이다.

2) 관여도의 결정요인

앞서 언급하였던 것처럼 관여도는 모든 소비자가 모든 대상에 대해 공통적으로 갖고 있는 것이 아니고 개인이 인지하고 있는 자극에 의해 유발된 특정 상황에서 지각된 개인적인 중요성 혹은 관심도의 수준에 의해 결정된다. 그렇기 때문에 관여도는 하나의 요소에 의해 결정되는 것이 아니라 개인(individual)과 제품(object), 그리고 주어진 상황(situation)에 의해 결정되는 상대적인 개념이다.

(1) 개인적 요인

개인적 요인에는 개인의 성격, 기호, 가치관, 교육수준, 경험 등이 있다. 평소 환경에 관심을 가지고 있는 소비자는 같은 광고라도 친환경 제품에 관심을 보일 것이며 과거 특정 제품에 대해 좋지 않은 기억이 있는 사람은 다른 사람보다 제품을 구매할 때 더 신중할 것이다.

관여도는 그 지속성 여부에 따라 지속적 관여(enduring involvement)와 상황적 관여(situational involvement)로 나뉘는데, 지속적 관여는 주어진 상황과 관계없이 오래 지속되고 상황적 관여는 상황이 종료되면 관심 정도도 급격히 사라진다. 자동차를 살 가능성과 관계없이 지속적으로 자동차에 관심을 갖고 자료를 모으고 정보를 공유하는 사람은 지속적 관여를 가지고 있다고 말할 수 있으며, 자동차를 살 때는 높은 관심을 보이다가 구매가 끝나는 순간 자동차에 대한 관심도 함께 끝나는 경우는 상황적 관여에 해당된다.

(2) 제품 요인

소비자가 제품에 대해 갖고 있는 관여도의 수준은 소비자 개개인이 제품에 대해 인지하는 지각된 위험(perceived risk)에 의해 결정된다. 지각된 위험은 소비자가 제품을 구매한 후에 발생할 수 있는 위험에 대한 인지 수준을 말한다. 지각된 위험이 크다고 느낄수록 소비자는 고관여 상황의 행동을 할 것이다.

① 재무적 위험(financial risk)

제품구매를 하기 위해서 지불한 돈이 재무적 위험이다. 제품의 구매가 잘못된 것이었다고 판단하는 순간 제품 구매에 들어간 금액은 모두 소비자가 감수하는 위험이 된다. 그러나 금액 자체가 위험의 크기를 결정하는 절대적인 개념이라기보다는 개인의 재정 상태와 관계되어 있는 상대적인 개념이다.

② 기능적 위험(performance risk)

제품이 예상하는 기능을 제대로 하지 못할 경우에 발생할 수 있는 위험을 의미한다. 기능적 위험의 크기는 제품 자체의 특성과도 직접적으로 관계되어 있다. 파리약이 제 기능을 못했을 때와 자동차 브레이크가 제 기능을 못했을 때를 상상해 보면 된다.

③ 신체적 위험(physical risk)

제품이 잘못되었을 때 그것이 신체에 위해를 가할 수 있는 위험을 말한다. 아이들이 가지고 노는 장난감에 유해색소가 칠해져 있다는 뉴스를 접하거나, 부작용이 있을 수 있는 검증되지 않은 약을 고를 때 우리는 아주 신중해진다.

④ 심리적 위험(psychological risk)

자신의 자아 이미지(self-image) 손상에 관한 위험을 말한다. 아무도 보지 않는 속옷이라도 나를 표현하는 도구로 인지한다면 속옷도 구매 시 고려할 것이 매우 많은 품목이 된다.

⑤ 사회적 위험(social risk)

개인이 속단 사회나 집단의 구성원으로부터 받을 수 있는 부정적인 인식에 대한 위험이다. 과거 한국 사람이 다른 제품보다 유독 외국산 담배와 외제 자동차 구매를 꺼려했는데, 이는 제품이 가지고 있는 타인의 고정 관념이 강했기 때문이다.

⑥ 시간적 위험(time risk)

시간과 관련된 위험이다. 간단하게는 제품구매가 잘못되면 그동안 탐색하고 구매하는데 들어간 모든 시간, 그리고 다시 새로운 제품구매를 위해 들어가야 할 시간, 이 모두가 소비자에게는 시간적 위험이다. 또 다른 시간적 위험은 제품 사용과 관련한 위험이다. 구매한 프린터가 다른 프린터에 비해 출력이 매우 느리다면 소비자는 그 프린터 때문에 제품을 사용할 때마다 시간을 낭비해야할 것이다. 또 3D TV를 구매한 소비자가 3D로 TV를 보는 것이 너무 재미있어서 일반 TV를 볼 때보다 TV 시청 시간이 배로 늘었다면, 이것도 제품 구매로 감수해야하는 시간적 위험이다.

⑦ 기회비용적 위험(opportunity risk)

기회비용이란 내가 현재의 행위를 하는 것 때문에 하지 못하는 다른 기회를 말하고, 기회비용적 위험은 내가 놓치는 것에 대한 위험을 말한다. 만약 내가 스포츠카를 구매하게 된다면 주말마다 드라이브를 하려고 할 것이고, 그렇게 되면 집 청소를 하는 것, 책을 읽는 것 등을 희생해야할 것이다.

마케터는 소비자가 느끼는 위험적 요소를 파악하고, 이를 감소시키는 다양한 전략이 필요하다. 왜냐하면 소비자가 구매를 돌이킬 수 없는 상태라고 생각했고 그래서 느꼈던 위험요소를 자사 제품 구매를 통해 해소할 수 있다고 말한다면 소비자는 쉽게 우리 제품을 구매할 것이기 때문이다.

그림 Ⅲ-3 제품 환불 보장은 소비자가 느끼는 구매위험을 줄이는 중요한 마케팅 전략이다

출처: 불스원 블로그

대표적인 사례가 구매 이후라도 제품의 문제가 있는 경우, 환불이나 교환 또는 완벽한 수리를 무상으로 해주는 것이다. 이를 통해 소비자가 느끼는 위험 수준이 감소될 것이다. 그래서 묻지도 따지지도 않고 환불해준다는 'no question asked'가 미국에서 크게 유행하였다. 또한 유명인을 등장시켜 제품이 믿을만하다고 강조하게 하거나, 검증된 기관의 인증서를 제품에 부착하는 것, 구매 전에 제품의 일부 혹은 일정기간을 사용해보고 구매할 수 있는 제도를 도입하는 것도 소비자가 인식하는 제품의 위험을 줄일 수 있는 방법이다.

3) 상황적 요인

상황적 요인은 제품의 구매 상황과 밀접하게 관계되어 있다. 평소에 보양식품에 전혀 관심이 없던 소비자가 부모님이 갑자기 건강이 악화되어 건강에 도움이 되는 보양식품을 구매해야하는 상황에 처했다면 일시적으로 보양식품에 관여도가 높아질 것이다. 혹은 늘 구매하던 제품이

라도 선물을 하기 위해 제품을 고를 때는 평소와 달리 신중해질 것이다. 선물을 받을 대상이 중요한 사람일수록 더 그렇게 된다. 이처럼 상황적 요인은 구매의 목적 자체와 밀접한 관계가 있다.

* **품질보증서** 영어로는 warranty라고 한다. 기업에서 보장한 일정 기간 내의 모든 제품의 문제를 무상으로 수리해주는 것이다.

보충학습 **관여도와 소비자 행동 유형**

소비자 행동이론에 따라 소비자 의사결정 과정과 관여도 정도를 기준으로 2차원으로 소비자 행동 유형을 4가지로 구분 지을 수 있다.

	고관여	저관여
의사결정	**복잡한 의사결정** (Complex Decision Making) 신념 ⇨ 평가 ⇨ 행동 인지적 학습	**제한된 의사결정** (Limited Decision Making) 신념 ⇨ 행동 ⇨ 평가 수동적 학습
습관	**브랜드 충성** (Brand Loyalty) 신념 ⇨ (평가) ⇨ 행동 도구적 조건형성	**관 성** (Inertia) 신념 ⇨ 행동 ⇨ (평가) 고전적 조건형성

1) 복잡한 의사결정 유형(고관여 + 의사결정과정을 거침) : 소비자가 적극적으로 정보를 탐색하고 평가 후 구매행동에 옮긴다.
2) 제한적 의사결정 유형(저관여 + 의사결정과정을 거침) : 저관여 상황에서 최소한의 의사결정 과정을 거치는 유형으로 브랜드 평가보다는 새로운 것을 구매하는 경향이 있다.
3) 브랜드 충성 유형(고관여 + 습관적 구매 과정을 거침) : 과거 신중한 의사결정 과정을 거쳐 구매한 브랜드 중에 만족한 브랜드를 나중에 쉽게 반복 구매하는 것을 말한다.
4) 관성 유형(저관여 + 습관적 구매 과정을 거침) : 저관여 제품구매의 대표적 유형으로 의사결정을 신중하게 한 적이 없이 단순하게 습관적으로 구매하는 행동이다.

2. 소비자 구매의사결정 과정

소비자들은 구매하는 모든 제품에 높은 관여도를 보이지는 않는다. 예를 들어 우리는 껌 한통을 구매하기 위해 미리 정보를 수집하고 대안을 찾아서 가격과 품질을 비교하지는 않는다. 거의 대부분 슈퍼마켓이나 편의점에서 습관적으로 같은 브랜드를 고르거나 아니면 손에 집히는 대로 구매한다. 이처럼 관여 수준이 낮은 제품은 정보 수집 자체에 소극적이고 수동적으로 처리한다. 저관여 상황의 소비자의 구매 행동은 제품의 특성에 따라 습관적 구매행동과 다양성 추구 구매행동으로 나누어 볼 수 있다. 습관적 구매행동은 제품의 가격이 낮고 일상적으로 빈번히 구매하는 제품을 구매할 때의 행동이며, 보통 제품 정보를 얻기 위해 노력하지 않는다. 왜냐하면 정보 탐색에 투입되는 비용이 이로부터 얻게 되는 이익보다 작기 때문이다. 저관여 의사결정의 특징은 고관여 의사결정과 달리 제품의 구매가 대안평가보다 선행한다는 것이다.

습관적 구매행동은 특히 제품 간 차별성이 거의 없는 경우에 빈번히 일어난다. 다양성 추구행동은 같은 저관여 상태이지만 제품 간 차이가 뚜렷한 경우에 다양성을 추구하기 위해 상표전환을 빈번히 하는 경우에 일어난다. 예를 들어, 보통은 신라면을 구매했지만 오늘은 왠지 진라면을 구매하고 싶을 때 큰 고민 없이 상표 전환을 하는 것을 말한다.

그러나 소비자가 제품에 대해 관심이 클수록, 제품의 구매가 개인적으로 중요하고 지각된 위험이 높을수록 소비자는 고관여 구매의사결정을 하게 된다. 고관여 구매의사결정 과정은 [그림 Ⅲ-4]와 같이 문제인식, 정보탐색, 대안평가, 구매, 구매 후 행동의 5단계로 이루어져 있다.

그림 Ⅲ-4 저관여 의사결정과 고관여 의사결정 과정

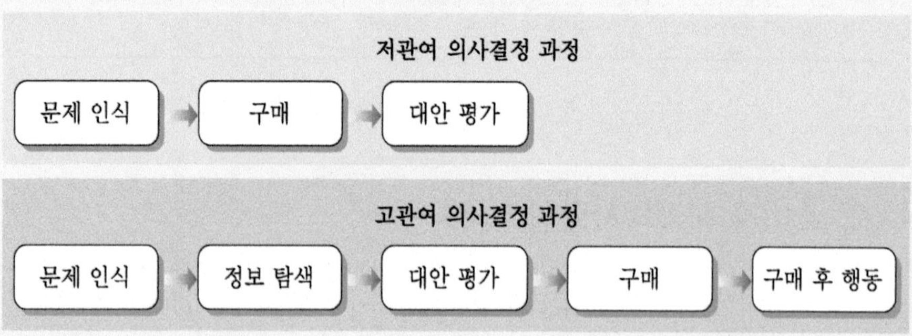

(1) 문제 인식

제품의 구매가 필요하다고 느끼는 단계이다. 이 단계에서는 소비자가 처한 현재의 상태가 자신이 원하는 이상적 상태와 차이가 있다는 것을 인지하는 단계이다. 그러나 문제 인식이 되었다고 해서 바로 구매 행동에 들어가는 것은 아니다. 문제의 크기와 비용부담과 같은 제약요인과 비교하여 인식하는 문제의 크기가 제약요인보다 크다고 판단이 들 때, 구매의사결정 과정을 시작한다. [그림 Ⅲ-5]는 등산복에 대한 소비자의 문제인식 단계를 설명하고 있다.

* **3C 분석** 마케팅 조사에서 중용한 자사(company), 경쟁사(competitor), 소비자(customer)에 대한 조사로 영어의 첫 자를 따와 3C분석이라고 한다.

그림 Ⅲ-5 등산복 구매의 소비자 문제인식 단계

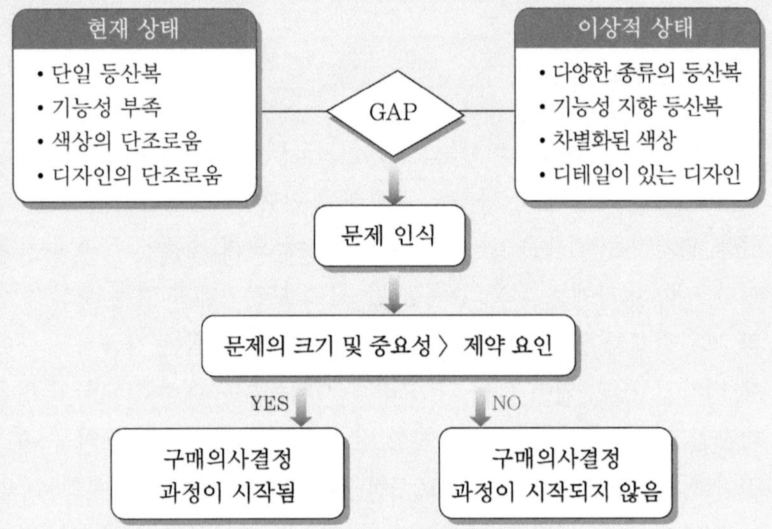

(2) 정보 탐색

소비지가 문제를 인식하게 되면 그 문제를 해결할 수 있는 대안을 찾기 위해 제품 정보를 탐색한다. 소비자의 정보 탐색에는 크게 내적 탐

색과 외적 탐색이 있다. 내적 탐색은 소비자의 기억 속에 있는 과거의 경험이나 기억에 의지하여 정보를 탐색하는 것을 말한다. 내적 탐색은 비용과 시간이 들지 않는다는 장점이 있다. 내적 탐색은 신속하게 이루어지기 때문에 만족스러운 선택 대안을 찾았다면 바로 구매로 이어질 수도 있다. 내적 탐색으로 충분한 정보를 얻을 수 없을 때는 외적 탐색을 한다. 대부분의 내적 탐색을 통해 얻어진 정보는 제한적이고 불충분한 경우가 많아서 고관여 상황의 제품은 추가적인 정보를 필요로 하는 경우가 대부분이다. 외적 탐색은 자신이 아닌 외부로부터 정보를 입수하는 것을 말한다. 외적 탐색에는 광고, 친지, 인터넷 검색, 영업사원의 조언 등이 있다. 외적 탐색의 범위는 탐색활동에 소요되는 비용과 그로 인하여 얻을 수 있는 이득에 대하여 소비자가 어떻게 지각하느냐에 따라 결정된다.

(3) 대안 평가

정보 탐색을 통해 고려하는 제품들을 선택했다면 이제는 이들 제품들 중 최종적으로 구매할 제품을 결정해야 한다. 대안평가는 선택된 대안들을 평가하는 기준을 설정하고 이 기준에 의해 제품을 골라내는 과정이다. 대안평가에는 제품의 속성 간 서로 보완관계가 있는 보상적 방식과 보완관계가 없는 비보상적 방식이 있다. 한 사람은 자동차를 구매할 때 디자인 가격, 연비 등을 다 고려해서 제품을 구매하였다면 이 경우는 디자인, 가격, 연비라는 제품 속성 간에 보상적 방식으로 대안을 평가한 것이다. 다른 한 사람은 절대로 3천만이 넘는 자동차는 구매할 수 없다는 기준으로 대안을 평가하였다. 이 경우는 비보상적 방식으로 디자인이나, 연비가 가격과 보완관계가 전혀 없었다.

대안 평가에 영향을 미치는 요인은 다음과 같다.

① **개인적 특성** 성격이 급한지 여부, 주어진 시간이 얼마인지, 제품의 관여도

② **구매 시점의 상황** 편안한 상황과 불편한 상황, 주변의 시선을 감안해야하는 상황
③ **대안의 숫자** 검토할 대안의 숫자
④ **대안의 질적인 차이** 비교되는 대안들의 질적인 차이

(4) 구매

대안 평가를 마치고 최종 제품이 선택되면 소비자는 그 제품을 구매하는 실제의 구매과정으로 들어간다. 구매과정은 특정 브랜드에 대한 구매결정 뿐만 아니라 대금 지불 형식, 구입 방법, 점포의 선택, 점포에서의 쇼핑과정이 포함된다. 소비자는 제품을 먼저 결정하고 구매점포를 결정하기도 하고 점포를 먼저 결정하고 제품을 구매하기도 한다. 특정 제품을 구매하고자 했으나 점포에 제품이 품절이 되었거나 경쟁사 제품이 갑자기 할인을 하면 구매하는 제품이 구매 단계에서 바뀔 수도 있다.

(5) 구매 후 행동

소비자는 자신의 욕구가 해결되기를 희망하여 제품을 구매한다. 그리고 자신이 갖고 있던 제품의 기대와 그 제품의 사용 후의 성과를 비교하게 된다. 구매 후 행동은 만족, 불만족, 불평행동 및 인지 부조화의 해소 등이다. 소비자는 자신의 기대보다 제품이 좋았을 경우 만족을 하게 되고, 그 반대의 경우 실망을 하게 된다. 만족한 소비자는 제품을 지속적으로 구매하는 충성고객이 될 것이고 다른 사람에게 추천을 하기도 한다.

불만족한 소비자는 불평행동을 하거나 인지부조화를 해소하고자 노력할 것이다. 불평 행동은 가까운 지인에게 험담을 하고 인터넷을 통해 그 사실을 대중에게 알리기도 한다. 그리고 소비자보호원과 같은 공공 기관에 호소하기도 한다. 불만족한 소비자는 또한 심리적인 불편함을 느끼게 된다. 심리적 부조화를 느낀 소비자는 이를 해소시키려 부단

* **인지부조화(cognitive dissonance)** 우리의 신념 간에 또는 신념과 실제로 보는 것 간에 불일치나 비일관성이 있을 때 생기는 불편함

한 노력을 할 것이다. 이때는 오히려 불평 행동과 정반대의 행동을 한다. 예를 들어, 구매 전에는 냉정하게 제품을 평가하던 사람도 일단 구매한 제품에 대해서는 장점만 보려고 하고 단점을 약화시키려하며, 또 자신의 선택을 지지하는 정보를 탐색함으로써 마음을 편하게 하고자 하는데 이것을 인지부조화의 해소라고 한다.

3. 소비자 구매의사결정에 영향을 미치는 요인

여러분은 자신만을 위해 특정 제품을 선택한 경험이 있는가? 그 이유는 무엇이었는가? 그 이유는 다른 제품을 살 때도 같은가? 다르다면 이유는 무엇인가? 소비자 구매의사결정은 여러 가지 요인에 의해 영향을 받는다. 이 책에서는 소비자 구매의사결정에 영향을 미치는 요인을 크게 개인적 요인, 심리적적 요인, 사회적·문화적, 상황적 요인으로 나누어 공부하기로 하겠다.

1) 개인적 요인

(1) 인구 통계적 특성

인구 통계적 특성은 남녀가 좋아하는 제품이 다르고, 연령대에 따라 좋아하는 음식이 다르듯이 과거 소비자행동을 유형화하는데 많이 사용되었던 개인의 특성요소이다. 인구 통계적 특성에는 나이, 성별, 소득수준, 교육수준 등이 있으며, 이러한 차이에 따라 소비자 구매행동에 차이가 난다.

(2) 개성

세상에는 수많은 사람들이 살고 있지만 외모는 모두 다르다. 그런데 겉모습만 다른 것이 아니라 내면적인 모습은 더욱 다르다. 이처럼 다른 사람과 구별되는 내면의 특성을 개성(personality)라고 한다. 개성은 외부 환경으로부터 받는 자극에 대해여 일관된 패턴으로 지속적인 반응을 일으키는 인간의 내면에 존재하는 심리적 특성을 말한다. 개성은 물론 절대적인 것이 아니다. 시간이 흐르거나 상황이 변하거나 새로운 경험에 의해 개성은 변화한다. 그러나 개성은 하루가 다르게 변화하는 것이 아니라 장기간 지속되는 일관성과 지속성의 특징을 가지고 있다. 그렇기 때문에 소비자의 독특한 개성을 파악할 수 있다면 소비자 행동을 미리 예측할 수 있고, 보다 효과적인 표적 시장을 선정하고 제품의 포지셔닝을 하는 등 효과적 마케팅 전략 수립에 도움이 된다.

보충학습 **페르소나**

출처 : 구글이미지

영어로 개성을 뜻하는 personality는 원래 그리스 어원의 '가면'을 나타내는 페르소나(persona)에서 온 말로 '외적 인격' 또는 '가면을 쓴 인격'을 뜻한다. 자아가 겉으로 드러난 의식의 영역을 통해 외부 세계와 관계를 맺으면서 내면세계와 소통하는 주체라면 페르소나는 일종의 가면으로 집단 사회의 행동 규범 또는 역할을 수행한다.

(3) 라이프스타일

개성은 인간의 내면의 차이를 반영하는 개념이지만 그 내면의 차이가 소비자 행동의 차이까지 충분히 설명해주지는 못한 면이 있다. 왜냐하면 개성이 소비자 행동의 부분적인 측면만을 묘사할 뿐 전체적인 모습을 그려내는 데는 한계가 있기 때문이다. 그래서 등장한 개념이 라이프스타일이다. 라이프스타일이란 특정 사회나 개인이 갖고 있는 독특한 생활양식을 말한다. 생활양식은 개인의 사회적인 활동, 관심분야, 여가활동, 취미 생활 등에 대한 것이다. 라이프스타일의 측정은 그래서 AIO 분석으로 한다. AIO분석은 개인이 어떤 활동(activity)을 하는지, 어떤 문제에 관심(interest)있는지, 그리고 정치·사회적 문제 등에 어떤 의견(opinion)을 갖고 있는지의 관점에서 라이프스타일을 측정하는 것이다. 라이프스타일에 대한 이해는 시장 세분화, 포지셔닝, 촉진전략에 유용하게 활용될 수 있다. 왜냐 하면 소비자는 라이프스타일 유형에 따라 구매행동과 선호하는 제품, 광고 매체 등에서 차이를 보이기 때문에 이에 맞는 마케팅 믹스를 개발할 수 있기 때문이다.

2) 심리적 요인

(1) 동기

우리는 배가 고프면 그 상태를 벗어나기 위해 무엇인가를 먹어야 한다 생각하고 구체적 행동에 옮길 것이다. 동기란 이처럼 욕구로부터 촉발된 긴장 상태를 해소하려는 목적지향적인 추진력이다. 동기에 대해 이해하려면 동기의 동인이 되는 욕구에 대해 먼저 알아야 한다.

매슬로우에 의하면 사람에게는 생리적, 안전, 사회적, 존경, 자아실현의 5단계의 욕구가 있다. 그리고 [그림 Ⅲ-6]에서 보듯이 가장 기본적인 욕구인 1단계의 생리적 욕구가 해소되면 그 다음 2단계의 안전, 안전의 욕구가 충족되면 3단계의 사회적 욕구와 같이 사람의 욕구는 선행의 욕구가 성취되면 좀 더 높은 단계의 욕구로 발전한다.

소비자의 구매 이유가 욕구의 해소에서 기인하기 때문에 마케터는 소비자의 욕구가 자사의 제품을 통해서 해소될 수 있다는 사실을 주지시켜야 한다. 일반적으로 동기는 여러 개가 복합적으로 작용하여 소비자

행동에 영향을 미친다. 경우에 따라 여러 개의 상충된 동기들이 동시에 발생하게 되면 소비자는 갈등을 느끼게 된다. 갈등이 일어나는 대표적 유형이 다음의 세 가지 유형이다. 마케터는 소비자의 갈등 유형을 잘 파악하여 갈등을 해소시킬 수 있는 방안을 제시하는 것이 중요하다. 갈등의 대표적 유형으로 긍정적 동기간의 갈등, 부정적인 동기간의 갈등, 그리고 긍정과 부정이 혼합된 갈등의 세 가지가 있다.

① 긍정적 동기간의 갈등

소비자가 두 가지 이상의 긍정적인 대안에 대해 모두 매력을 느끼는 경우를 말한다. 예를 들어 소비자가 자장면도 먹고 싶고 짬뽕도 먹고 싶은 경우이다.

마케터는 이러한 소비자의 갈등을 해소시킬 수 있는 방안을 제시함으로써 고객만족과 판매를 향상시킬 수 있다. 예를 들어 패키지 상품인 짬짜면을 개발하여 짜장면과 짬뽕을 한 번에 먹을 수 있게 하는 것이다.

그림 Ⅲ-6 매슬로우의 욕구 5단계

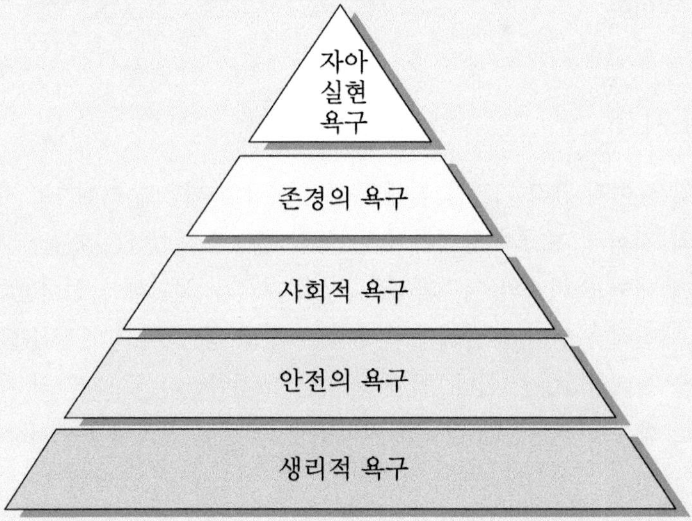

② 부정적인 동기간의 갈등

자동차가 고장이 나면 우리는 수리를 하거나 새 차를 구입해야 하는 두 가지의 부정적인 상황에 처하게 될 것이다. 수리를 하면 비용은 적게 들지 모르지만 언제 또 고장이 날지 모르는 위험이 있고, 새 차를 사면 비용이 많이 발생하게 될 것이다. 마케터는 소비자의 이러한 갈등 상황에서 할부나 대출로 새 차를 살 수 있는 방법을 제시한다면 효과적일 것이다. '지금 구입하시고 차 값은 나중에'와 같은 광고 문구를 사용해도 좋을 것이다.

③ 긍정과 부정이 혼합된 갈등

소비자가 한가지의 대상에서 긍정적인 동기 요인과 부정적인 동기 요인을 모두 인식하고 있는 경우이다. 콜라를 마시고 싶은데 살이 찔 것을 걱정하거나 커피를 마시고 싶은데 잠이 오지 않을까 걱정하는 것 등이 여기에 해당한다. 마케터는 부정적인 요소를 제거한 제품을 개발하여 소비자의 갈등 요소를 제거해줄 수 있다. 예를 들어 칼로리가 없는 제로 칼로리 콜라를 개발하거나 카페인이 없는 커피를 소비자에게 제안하는 것이다.

(2) 지각

지각은 여러 감각 기관을 통해 유입된 자극의 내용을 이해하고 자신의 과거의 지식과 경험과 융합하여 나름의 의미로 해석하는 것을 말한다. 자극에 대한 소비자의 지각과정은 첫째, 자극을 선별하여 선택한다. 이 말은 개인적 관심이나 인식에 따라 많은 광고 중에 자신이 관심을 갖는 광고를 선택한다는 것이다. 둘째, 자극을 조직화한다. 즉 각각의 자극을 하나로 합쳐서 불완전한 정보를 의미 있는 정보로 인식해가는 지각적 조직화 과정을 거친다. 그래서 제품, 브랜드, 기업 등의 각각의 자극을 인식하기 쉬운 통합된 이미지로 조직화하려는 경향이 있다. 셋째, 자극을 주관적으로 해석한다. 선택되어 조직화된 자극은 자신의 욕구, 희망, 흥미에 따라 재해석된다. 즉 유입된 자극을 기존의 기억 속의 어떤 대상에 대해 가지고 있는 정보단위와 연관시키는 과정을 거친다. 그리고 이러한 과정 때문에 개인적 관심이나 인식에 따라 동일한 자극에 대해서도 서로 다르게 이해할 수 있다. 따라서 마케터는 표적시장 소비자의 지각에 맞춘 프로그램을 개발하여야 한다.

(3) 학습

우리는 살아가면서 학교에서 배우지 않아도 어떤 것을 사면 안 되며, 어떤 상점이 서비스가 좋은지를 무의식적으로 배운다. 소비자들은 브랜드에 대한 신념과 가치 등 자신들의 구매와 소비에 영향을 주는 많은 것들을 학습을 통해 습득하며, 이러한 의미에서 소비자 행동은 본질적으로 학습된 행동이라고 할 수 있다. 즉 학습은 경험의 결과로부터 일어나는 어떤 대상에 대한 신념, 태도, 지각 및 행동의 변화를 말한다. 소비자들은 제품을 구매하고 소비하는 경험이 축적되면서 좋아하는 브랜드와 싫어하는 브랜드가 생기며 특정 브랜드의 특성이 학습된다.

학습에는 인간의 적극적 의지와 사고를 통한 문제해결 과정에 의해 일어난다는 인지적 학습과 단순한 자극과 반응의 연결에 의해 일어난다는 행동적 학습이 있다.

① 인지적 학습

인간 스스로가 문제를 인식하고 그 문제를 해결하기 위해 대안을 평가하고 사용하는 과정을 포함한다. 인지적 학습은 앞서 기술한 고관여 상황의 소비자 의사결정 모델과 동일하다.

② 행동적 학습

자극에 대한 노출의 결과로 반응이 일어나는 과정에서 이루어지는 학습을 말한다. 행동적 학습에는 고전적 조건화와 도구적 조건화가 있다.

Ⓐ 고전적 조건화 무조건 자극은 무조건 반응을 일으킨다. 이 때 무조건 반응과 관련이 없는 중립자극을 무조건 자극과 연결하면 조건 반응을 일으키는 조건 자극이 된다. 파블로프는 [그림 Ⅲ-7]과 같은 실험을 통해 개가 고기를 보면 무조건 침을 흘린다는 사실을 알았다. 여기서 침은 무조건 반응이고 무조건 반응을 일으키게 하는 고기는 무조건 자극이다. 종은 개에게 어떠한 반응도 일으키지 못하고 그래서 중립자극이라고 한다. 그러나 고기를 주기 전에 종을 먼저 치는 행위를 반복하였더니 나중에는 종만 쳐도 개가 침을 흘리게 되었다. 이는 중립자극인 종이 무조건 자극인 고기와 결합하여 조건 반응을 일으키는 조건자극이 된 것이다.

* **파블로프(Pavlov, I. Petrovich)** 러시아의 생리학자. 개가 주인의 발자국 소리만 들어도 침을 분비한다는 조건반사를 발견하여 실험적인 대뇌 생리학의 길을 열었다.

김연아를 등장시킨 광고는 김연아(무조건 자극)를 통해 중립자극(우유)를 연결시켜 나중에는 우유만 보아도 긍정적인 느낌이 나는 조건반응을 유도하고자 하는 것이다.

그림 Ⅲ-7 파블로프의 고전적 조건화 과정

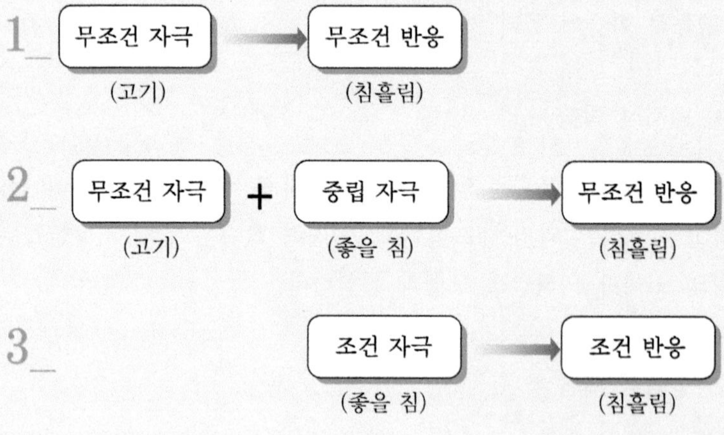

Ⓑ 도구적 조건화　도구적 조건화는 행동에 대한 보상이나 처벌로 특정 행동을 이끄는 것을 말한다. 쥐가 들어있는 상자에 지렛대와 발판을 장치해서 지렛대를 누르면 먹이가 나오고 발판을 누르면 전기충격이 기해지게 하였다. 여러 차례의 시행착오를 거치며 쥐는 이 상황에 대해 학습하게 되었다. 그래서 지렛대를 누르는 행위는 반복하였고 발판을 누르는 행우는 하지 않았다. 소비자가 만족한 제품을 계속 구매하는 행위와 실망한 제품을 구매하지 경우를 이와 같은 도구적 학습으로 설명할 수 있다. 가격할인과 같은 세일, 친절한 A/S 등은 소비자에게 있어 긍정적인 보상이 될 것이다. 이 같은 보상을 적절하게 활용하면 소비자의 반복된 구매 행동이 이어져 브랜드 충성도를 형성한다.

* **브랜드 충성도**　상표 애호도라고도 한다. 동일한 브랜드를 선호하고 반복적으로 구매하는 정도를 나타내는 것으로 브랜드 자산의 핵심적인 구성 요소이다.
* **스키너(Skinner, F. Burrhus)**　미국의 행동주의 심리학자. 쥐를 이용한 학습실험(스키너 상자)이 유명하며, 인간행동을 자극-반응의 관계로 설명하였다.

(4) 태도

태도는 어떤 대상에 대해 지속적이고 일관되게 호의적 또는 비호의적으로 반응하는 것을 말하는데 개인의 신념, 학습 등을 통해 만들어진 성향이다. 제품에 대한 태도는 그 제품에 대한 종합적인 소비자 평가라고 할 수 있다. 제품에 대한 태도가 좋은 소비자는 그 제품을 구매할 확률이 높기 때문에 기업은 태도를 통해서 소비자의 구매행동을 예측할 수 있다. 그리고 자사 제품에 대한 태도가 좋지 않다면 광고를 하거나 서비스를 개선하여 소비자 태도를 우호적으로 만들 수 있을 것이다. 소비자의 태도 조사는 수요, 시장 점유율 등의 선행 지표로 활용된다.

3) 사회적 요인

소비자 행동은 개인 요인인 내적 요인뿐만 아니라 소비자를 둘러싼 사회적 요인에 의해서도 영향을 받는다. 사회적 요인은 사회 계층, 준거집단, 가족으로 구성되어 있다.

(1) 사회 계층

같은 사회 계층에 속한 소비자들을 일반적으로 비슷한 필요와 욕구를 가지고 있으며 취향과 흥미 거리도 유사하다. 이들은 계층 간 구별이 분명한 제품을 선호하기 때문에 사회 계층 간에 구별이 되는 마케팅 전략을 수립하는 것이 중요하다. 사회 계층은 일반적으로 재산, 소득, 교육수준, 직업, 주택유형 등을 기준으로 사회의 구성원을 여러 계층으로 분류할 수 있다. 상류층, 중류층, 하류계층과 같은 분류가 여기에 속한다.

(2) 준거 집단

준거집단은 개인행동에 직간접으로 영향을 미치는 개인이나 집단을 말한다. 직장동료, 학교친구, 종교집단, 스포츠 동호회, 가족 동아리 등이 여기에 해당한다. 준거 집단은 소비자의 행위에 직접적으로 영향을 미치는 중요한 규범을 제공하기 때문에 소비자행동에 중요한 요인이 된다.

(3) 가족

구매의사결정의 대부분은 보통 가족 전체가 사용하는 제품일 경우가 많다. 따라서 소비자는 어떤 형태로든 가족의 영향을 받는다. 기업은 다양한 가족들이 어떤 방식으로 의사결정을 내리는지 이해하여야 한다. 보통 제품에 따라 남편 주도적, 아내 주도적, 그리고 공동결정의 세 가지 유형으로 나뉜다. 남편 주도적인 제품은 자동차, 공구류가 있고, 아내주도적인 제품은 부동산, 냉장고가 있다. 가족이 공동으로 결정하는 제품은 여행, 외식 등이 있다. 공동 결정은 부모와 자녀에도 나타나는데 부모의 연령이 높거나 자녀의 연령이 높아질수록 자녀의 영향력이 커지며 자녀가 남자인가 여자인가에 따라서도 차이가 난다.

4) 문화적 요인

문화는 여러 시대를 거치며 구축된 것으로 한 사회 구성원의 지식, 신념, 태도, 그리고 가치관을 포함하는 매우 포괄적인 개념이다. 문화적 가치는 한 사회에서 학습되고 답습되면서 일정기간 변하지 않기 때문에 그 사회의 소비자들의 행동에 영향을 미친다. 문화는 단어, 음식, 색깔, 상징물 등의 다양한 측면에서 차이를 보여준다. 예를 들어 붉은색으로 이름을 쓰는 행위는 우리나라에서는 금기시 되어있지만 중국에서는 행운을 의미한다. 우리나라 사람은 닭다리를 좋아하지만 미국에서는 닭가슴살을 좋아한다. 중동 국가에서는 술을 마시지 않으며 공공장소에서 여자는 얼굴을 가려야 할 때도 있다. 우리나라에서 레몬은 음료의 재료이지만 미국에서 레몬은 불량품이라는 말의 의미하며 자동차의 색상으로도 금기시 한다.

문화의 특성을 정리하면 다음과 같다.

① 문화는 행동의 기준이고, 규범을 제공한다.
② 문화는 학습된다.
③ 문화는 공유된다.
④ 문화는 보편적이면서도 다양하다.
⑤ 문화는 동태적이다.

5) 상황적 요인

상황적 요인은 특정한 시간과 장소이기 때문에 일어나는 일시적 조건이 소비자에 영향을 미치는 것을 말한다. 예를 들어 평상시에는 잘 먹지 않는 팝콘을 극장에서 영화 볼 때는 꼭 먹거나, 쇼핑을 싫어하는 사람이 좋아 하는 사람의 선물을 고를 때는 몇 날을 헤매도 즐거워하는 경우가 여기에 속한다. 상황적 요인에는 구매 상황, 소비 상황, 커뮤니케이션 상황이 있다.

(1) 구매 상황

소비자가 처한 구매와 관련된 특수한 상황을 말한다. 점포 내 구매 상황, 구매 목적, 예상치 못한 구매 상황 등이 여기에 해당한다. 점포 내 구매 상황은 편의점에서는 천원에 판매하는 팝콘을 극장에서는 3천원에 판매해도 구매하는 경우를 말한다. 구매목적은 선물용으로 사느냐 개인 소비용으로 사느냐에 따라 다른 경우를 말한다. 마지막으로 예상치 못한 구매 상황은 점포에 사고 싶은 물건이 떨어진 경우, 줄이 길게 늘어선 경우 등의 상황, 심지어 매장에서 흘러나온 음악도 예상치 못한 상황으로 비계획적인 충동적 구매를 할 수 있다.

(2) 소비 상황

제품을 사용할 때의 상황이고 이러한 소비 상황은 제품 선택에 영향을 미친다. 예를 들어 혼자 등산할 때 입는 등산복과 등산 동아리 회원과 함께 오를 때에 선호하는 브랜드가 다른 것과 같은 경우이다.

(3) 커뮤니케이션 상황

커뮤니케이션 상황은 소비자들이 정보에 노출되는 상황이다. 즉 소비자가 판매원과 같은 대인 접촉, TV, 인터넷과 같은 매체에 접촉하고 있는 상태를 말한다. 대리점에서 판매원과 제품의 설명을 장시간 들으면 미안해서 제품을 구매하는 경우가 많지만 인터넷과 같은 매체에서는 상담을 아무리 오래하였어도 편한 마음으로 제품 구매를 하지 않을 수도 있다. 이처럼 다양한 커뮤니케이션의 상황도 소비자의 의사결정에 많은 영향을 미친다.

정리 사례

'알잘딱깔센으로 추천해드릴게요!' 구독 시장은 큐레이션 열풍

정보 과잉의 시대에 양질의 정보로 선별된 큐레이션 서비스에 대한 수요가 갈수록 증가하고 있다. 큐레이션은 박물관이나 박물관이나 미술관에서 전문지식을 기반으로 전시회를 기획하고 작품을 설명해주는 '큐레이터(curator)'에서 파생된 말로, 뉴스, 콘텐츠뿐만 아니라 마케팅 분야에서도 큐레이션 서비스를 기반으로 한 마케팅이 각광받고 있다. 가장 대표적인 예로 넷플릭스, 왓챠와 같은 OTT 플랫폼을 들 수 있다. OTT 플랫폼들은 구독자들의 시청 내역, 평점 등 수집된 데이터를 기반으로 일명 취향 저격 콘텐츠를 추천해준다. 멜론, 플로와 같은 음원 스트리밍 플랫폼 역시 사용자들의 음원 감상 기록을 바탕으로 내 취향과 비슷한 스타일의 음악은 물론, 날씨와 상황 별로 어울리는 노래까지 추천해 준다. 그 외에도 큐레이션 기술을 사용하는 구독 서비스는 다양하다. 헬스케어 플랫폼인 '당신의영양제'는 전문 약 사진들이 수집하고 평가한 영양제 데이터에, 고객들의 상담 데이터를 학습시킨 빅데이터 알고리즘을 접목시켜 개개인에게 최적화된 영양제를 추천해 준다.

출처: 사례뉴스 2022.10.13.

실전 사례

✤ 내가 갖고 싶은 물건들을 구매할 때, 가장 영향을 많이 받는 요인들은 어떤 것들이 있는가? 여러분이 최근에 구매했던 고관여 상황의 제품을 떠올리며 구매의사결정에 영향을 주었던 '개인적', '심리적', '사회문화적', '상황적' 요인을 작성해 봅시다.

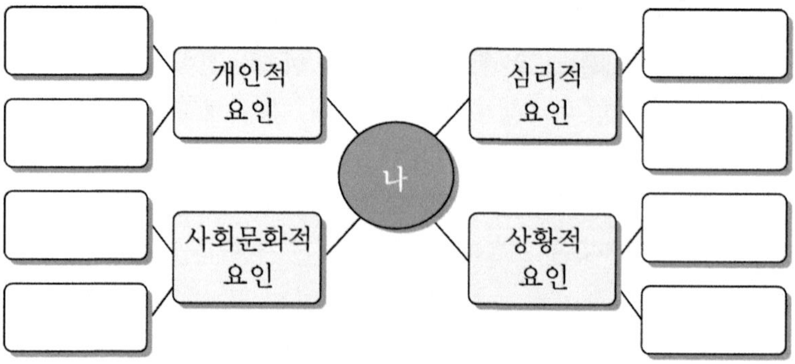

✤ 조원들과 위의 내용을 나누며 구매의사결정에 영향력이 있는 것들의 공통점과 차이점을 비교하여 봅시다.

공통점	차이점

✤ 여러분이 최근에 구매한 고관여 제품(예: 스마트폰, 헤드폰, 디지털카메라 등)을 쓰고, 해당 제품을 구매하는 과정을 '소비자 구매의사결정과정'으로 설명해 봅시다.

* 최근 구매한 고관여 제품은 무엇인가?

____

	구매의사결정과정에서 어떤 일이 있었는가?
1. 문제 인식	
2. 정보 탐색	
3. 대안평가	
4. 구 매	
5. 구매 후 행동	

Chapter 9

소비자 운동

학습목표

1. 소비자 문제에 대해 이해할 수 있다.
2. 소비자 보호의 중요성을 설명할 수 있다.
3. 소비자의 권리와 소비자 운동에 대해 설명할 수 있다.

도입사례

지난 2011년, 원인 모를 폐 손상으로 사망하는 사람들이 늘어나면서 무엇이 원인인지에 대해 많은 논의가 있었는데 결국 그 원인은 '가습기 살균제'로 결론 지어졌다. 가습기 살균제를 사용한 것이 폐가 섬유화 되는 상황을 만든 것이었다. 알고 보니 가습기 살균제의 원료는 선진국에서 분수대 세정용으로 쓰이는 화학물질이었다. 가습기로 인한 사망자 수만 1500여명이 넘으며 환자까지 고려하면 그 규모는 가히 심각하다. 공정거래위원회는 2017년 9월 가습기 살균제 사건처리와 관련해 '가습기 살균제 사건처리 평가 TF팀'을 운영하는데 TF팀은 2012년부터 2016년까지의 가습기 살균제 관련 사건처리 경위와 결과를 조사한다. 이를 통해 조사 절차와 내용의 적정성을 평가하고 문제점, 시사점 및 제도 개선 방안 등을 도출한다.

출처 : ohmynews, 2015.11.21.

1. 소비자 문제

제품을 구매하고 실망한 경험이 있는가? 그 때 여러분은 어떻게 했는가? 소비자는 왜 보호 되어야 한다고 생각하는가? 소비자 문제란 기업과 소비자 간에 거래를 함에 있어 불량품 판매, 부당한 가격, 불친절, 부적절한 애프터서비스 등과 관련하여 소비자의 권리를 침해당하는 것을 말한다. 그리고 소비자 문제는 제품의 안전, 디자인 결함, 인체에 유해한 첨가물 등 인지하지 못하는 제품의 문제도 포함된다.

1) 소비자 문제의 발생 요인

소비자 문제가 발생하기 시작한 것은 제품의 대량생산체제 이후부터이다. 소비자 문제가 발생하는 근본적인 이유는 다음과 같다.

① 소비자의 정보 부족

기술적으로 점점 발전하고 혁신적인 제품이 출시될수록 제품에 대한 소비자 지식은 한정일 수밖에 없다.

* **허위광고(false advertising)** 광고 표현에 의하여 명시적이든 암시적이든 소비자를 기만하고 또는 오해하게 하는 내용의 광고
* **과장광고(puffery advertising)** 내용을 과장 또는 과대하게 선전하는 광고
* **독과점** 어떤 상품의 공급에 있어서 경쟁자가 없는 경우(또는 한 회사가 시장 점유율을 50퍼센트 이상 차지하는 경우)인 독점과, 경쟁자가 있기는 하지만 소수인 경우(또는 셋 이하의 회사가 시장 점유율의 75퍼센트를 차지하는 경우)의 과점을 합친 용어

② 허위, 과장 광고

기업 간 경쟁이 심화되는 상황에서 허위, 과장 광고가 늘어나고 있고 그 피해를 소비자가 보고 있다.

③ 독과점 등 사업자 중심의 시장 구조

소수의 과점 시장에서 소비자의 선택의 폭은 줄어들고 선택의 여지가 없는 소비자는 문제가 있는 제품이라도 구입할 수밖에 없다.

2) 소비자 문제의 특징

① 피해의 광범위성

대량생산체제에서 다수의 소비자가 피해를 볼 수 있다.

② 피해원인 규명이 어려움

고도의 기술 집약적인 제품들이 많고 다수의 협력업체에 의해 만들어지기 때문에 원인 규명이 어렵다.

③ 피해의 심각성

소비자에게 경제적인 문제뿐만 아니라 심각한 정신적 육체적 피해를 미치게 된다. [그림 Ⅲ-8]에서 보듯 가습기 청소제로 인한 소비자 피해는 어린 아이의 생명을 빼앗아갈 정도로 심각하였다.

그림 Ⅲ-8 가습기 청소제 때문에 피해를 본 가족이 피켓 시위를 하고 있다

출처 : 프레시안, 2013.04.15.

④ 기업과 소비자 간의 불평등한 지위

법적, 지식적, 열등한 위치에 놓인 소비자의 피해 가능성이 크다.

2. 소비자 권리

우리나라의 소비자 기본법은 다음과 같은 소비자 8대 권리를 명문화하고 있다.

1) 안전의 권리

소비자가 제품이나 서비스를 구매한 다음 발생하는 소비자의 신체, 생명 및 재산상의 위해로부터 안전하게 보호 받을 수 있는 권리이다. 이를 위해 관련기관에 이를 건의 및 시정을 요구할 수 있다.

2) 정보를 제공받을 권리

정보를 제공받을 권리는 첫째, 소비자가 제품이나 서비스를 구매할 때 그 품질 성능, 성분 가격, 거래조건 등 필요한 사항에 대하여 충분한 정보와 지식을 제공받을 권리이다. 둘째, 허위, 기만 정보로부터 보호 받을 권리를 의미한다. 이 권리를 위해 기업은 적절한 정보를 소비자에게 제공하여야 하며 허위, 기만 광고는 규제할 수 있다.

3) 선택의 권리

이 권리는 소비자가 제품이나 서비스를 선택할 때 거래의 대상, 구입 장소, 가격, 거래조건 등을 자유롭게 선택할 수 있는 권리이며 자유롭고 공정한 경쟁시장에서 자유 경쟁 가격으로 구매할 권리를 의미한다.

4) 소비자 의견을 반영시킬 권리

소비자의 소비생활에 영향을 주는 사업자의 사업 활동과 국가와 지방자치 단체의 정책 등에 자신들의 의사를 반영시킬 수 있는 권리를 말한다.

5) 피해 보상을 받을 권리

이 권리는 소비자가 제품이나 서비스의 사용으로 인해 입은 피해를 신속하고 공정한 절차에 의해 보상을 받을 수 있는 권리를 말한다. 이 권리의 보장을 위해 소비자 피해 보상기구나, 소비자 단체, 한국소비자원 등에 신속한 피해보상과 구제를 요청할 수 있다.

6) 교육을 받을 권리

합리적인 소비자를 위해 필요한 내용을 교육받을 수 있는 권리이다.

7) 단체를 조직하고 활동할 권리

소비자가 스스로의 권익을 보호하기 위해 단체를 조직하고 조직된 단체에서 활동할 수 있는 권리를 말한다. 우리나라에는 소비자연맹, 소비자보호 단체협의회, 녹색소비자연대 등의 소비자단체가 있다.

8) 안전하고 쾌적한 곳에서 소비할 권리

소비와 연관된 환경오염과 관계되는 권리로 소비자는 단순히 재화와 용역을 제공받는 것을 넘어서, 소비 생활 환경의 근본적인 향상을 보장받을 권리를 말한다.

소비자 기본법 외에도 식품위생법, 약사법, 공산품 품질 관리법, 공중위생법 등의 다양한 법률이 소비자 보호를 위한 조항을 가지고 소비자를 보호하고 있다.

3. 소비자 보호

소비자 보호는 두 가지 의미가 있다. 첫째는 국가정책적인 입장에서 종속적인 지위에 있는 소비자를 기업과 대등한 관계를 유지하도록 소비자의 입장에서 그 이익을 보호한다는 것이다. 여기서 소비자 이익은 제품의 구입자의 측면에서가 아니라 현재의 경제구조, 사회적 관점에서 소비자의 지위를 명확히 하여 이익이 침해받을 때 '권리침해'로 파악하는 것이다. 둘째는 기업의 입장에서 소비자를 제품의 구입자로써 보호하는 것이다. 이것은 제품 서비스의 연장선상의 의미이다. 오늘날 소비자에게 외면 받는 기업은 생존할 수 없다. 그래서 기업마다 소비자 보호 조직을 마련하여 소비자의 불평, 불만 사항을 수취하고 해결하고자 노력하고 있다. 또한 소비자의 불만 사항을 토대로 제품을 개선하기도 하고 새로운 상품을 출시하기도 한다.

4. 소비자 운동

소비자 운동은 소비자의 입장에서 제조업자, 판매업자, 광고업자들의 제품, 서비스, 생산방식, 표준규격 등을 규제하는 운동 또는 정책이다. 소비자 운동의 궁극적 목적은 소비자의 권익 보호와 소비자생활의 질적 향상이라고 할 수 있는데, 그 구체적 의의는 다음과 같다.

1) 경제적 의의

소비자 운동은 저질, 불량상품을 추방하고 건전한 유통구조, 적정가격, 계량 및 표시의 적정화, 허위, 과장광고 규제 등을 통해 소비자의 합리적인 경제생활을 영위하게 한다. 기업에게도 공정한 기업 경쟁 환경에서 최선의 노력을 할 수 있는 기반이 마련되는 효과가 있다.

2) 정치적 의의

소비자 운동은 오늘날 대부분의 국가의 정당에서 중요한 정치 강령으로 세울 만큼 중요한 정치 문제가 되었다. 조직화된 소비자 운동은 정치권에 영향을 주어 소비자 보호법, 독과점 규제법, 공정 거래법, 소비자 보호 기구 설치 등 각종 소비자 보호 정책을 수립하고 실시하게 한다.

3) 사회적 의의

소비자는 제품을 구매하는 사람 이전에 행복할 권리가 있는 인간이다. 소비자 운동은 단순히 행정적인 소비자의 권익보호나 경제적 보상만을 의미하는 것이 아니라, 인간의 기본권을 보호하고 신장시키려는 인간보호운동이고 사회의 부정과 불법을 제거하려는 사회개혁운동이다. 따라서 소비자 운동은 경제적 약자인 소비자를 보호하고 악덕 기업의 부정한 상행위로 비롯한 기업윤리 및 도덕의 타락, 상호불신 요소를 제거하여 사회전체의 인간성 회복을 추구한다는 면에서 그 사회적 의의를 찾을 수 있다.

4) 교육·문화적 의의

기업의 지나친 광고는 불필요한 소비를 창출하고 물질만능주의를 조장하여 소비자의 행복과 불행이 제품을 소비하였느냐 그렇지 않느냐에 의해 결정된다고 믿게 만들기도 한다. 또한 무절제한 소비생활과 사치스러운 생활을 조장하고 천연자원의 고갈과 생태계의 파괴를 유발하기도 한다. 소비자 운동은 소비자에게 인간생활의 절제와 품위의 뜻을 이해하게 하며 건전한 소비생활을 영위하는데 필요한 지식, 태도를 교육시켜 올바른 가치관과 생활문화를 영위하도록 도움을 준다.

보충학습 **컴플레인 마케팅**

컴플레인 마케팅(complaint marketing)이란 고객의 불만을 적극적으로 청취하고 바로 시정에 나서거나, 이를 데이터로 만들어 전략으로 활용하는 마케팅 방식을 말한다. 컴플레인은 고객이 상품 구매 시 품질, 서비스 불량 등을 이유로 불만을 제기하는 것을 말한다. 고객이 제기하는 컴플레인은 기업이 시정해야 할 운영적·관리적 문제와 관련이 있는 경우가 많다. 따라서 많은 기업들은 고객의 불만을 처리할 수 있는 시스템들을 도입하기 시작하였는데 이것이 바로 컴플레인 마케팅의 시초이다. 이 컴플레인 마케팅은 고객평가단 위주로 운영하던 기존 프로슈머(prosumer) 마케팅에서 한 단계 진화한 것으로, 특정 평가단이 아닌 불특정 다수의 의견을 듣는다는 것이 특징이다.

이런 컴플레인 마케팅을 적극적으로 사용하고 있는 대표적인 곳이 바로 백화점이다. 예를 들면 매달 불만 고객을 확인하여 그들의 불만사항을 개선하고, 올바른 지적을 해준 고객들을 뽑아 상품권을 증정하는 등의 사례를 들 수 있다. 이러한 행위를 통해 서비스의 사각지대를 줄이고, 고객의 충성도도 높이는 것이다. 하지만 이런 마케팅은 블랙 컨슈머(black consumer ; 부당한 이익을 취하고자 고의적으로 악성 민원을 제기하는 소비자)를 양산하기도 한다.

출처 : 네이버 시사상식사전

실전 사례

✤ 소비자 보호기관인 한국소비자원(http://www.kca.go.kr/index.do)에 대하여 자세히 알아봅시다.

한국소비자원 Korea Consumer Agency

한국소비자원은 1987년 7월 1일 소비자보호법에 의하여 '한국소비자보호원'으로 설립된 후, 2007년 3월 28일 소비자기본법에 의해 '한국소비자원'으로 기관명이 변경되었다. 한국소비자원은 소비자의 권익을 증진하고 소비 생활의 향상을 도모하며 국민 경제의 발전에 이바지하기 위하여 국가에서 설립한 전문 기관이다.

✤ 한국소비자원의 주요 기능 9가지는 무엇인가?

1	
2	
3	
4	
5	
6	
7	
8	
9	

✤ 구입한 제품에 문제가 생겼을 때 제품 판매자는 보상을 꺼리거나 거부할 때가 있다. 이럴 때 소비자상담센터에서 상담받을 수 있는데, 소비자상담센터의 전화상담 번호는 몇 번인가?

전국 단일 상담 대표번호 국번없이 ☎ ____________________

학습정리

1. 소비자 행동은 소비자들이 어떻게 제품을 구매하고, 구매한 제품을 어떻게 사용하고 처분하는 가와 관련된 의사결정과정을 말한다.
2. 소비자 행동 이해는 새로운 시장기회 제공, 시장세분화와 표적시장 신정의 기준제공, 마케팅 전략수립, 소비자 보호 등의 측면에서 유용하다.
3. 노출은 광고물이 소비자 시야에 들어오는 것과 같이 자극물이 소비자의 감각기관과 만나는 것을 말한다.
4. 주의는 정보 처리 용량을 어떻게 처리할 것인가와 관련된 선택과 집중을 말한다.
5. 지각은 주어진 자극물을 이해하고 거기에 자신의 지식이나 과거 경험을 결합하여 주관적으로 새로운 의미를 부여하고 해석하는 것을 말한다.
6. 관여도는 특정 대상에 대한 개인적 연관성의 정도로 인한 개인의 관심 정도라고 할 수 있는데 개인적 요인, 제품적 요인, 상황적 요인에 의해 그 중요성이 결정된다.
7. 관여도 정도에 따라 저관여와 고관여 상황의 소비자 구매의사결정 과정으로 나눈다. 고관여 상황의 구매의사결정 과정은 문제인식-정보탐색-대안평가-구매-구매 후 행동의 과정을 거친다.
8. 구매의사결정 과정에 영향을 주는 요인은 개인적 요인, 심리적 요인, 사회적 요인, 문화적 요인, 상황적 요인이 있다.
9. 매슬로우는 인간의 욕구를 1단계 생리적 욕구, 2단계 안전의 욕구, 3단계 사회적 욕구, 4단계 존경의 욕구, 5단계 자아실현의 욕구로 설명하였다.
10. 라이프스타일이란 특정 사회나 개인이 갖고 있는 독특한 생활양식을 말한다.
11. 학습에는 인지적 학습과 행동적 학습이 있다.
12. 소비자 문제의 특징은 피해가 광범위하고, 원인규명이 어려우며, 피해가 심각하고 기업과 소비자 간의 불평등 하다는 것이다.
13. 소비자 운동은 경제적, 정치적, 사회적, 교육·문화적 의의가 있다.

종합문제

※ 다음 (   )안에 알맞은 용어를 써 넣으시오.

1. (   )란 개인의 동기, 가치 그리고 개인의 관심에 기초하여 느끼는 연관성의 정도를 말한다.

2. 소비자 의사결정과정에서 (   )단계란 소비자가 처한 현재의 상태가 원하는 상태와 차이가 있다고 느끼는 단계이다.

※ 다음 물음에 알맞은 답을 고르시오.

3. 다음의 보기에서 소비자 의사결정에 영향을 주는 심리적 요인끼리 짝지어진 것은?

ㄱ. 동기	ㄴ. 개성	ㄷ. 학습
ㄹ. 라이프스타일	ㅁ. 태도	

① ㄱ,ㄷ,ㅁ
② ㄱ,ㄴ,ㅁ
③ ㄴ,ㄷ,ㄹ
④ ㄱ,ㄴ,ㄹ
⑤ ㄴ,ㄹ,ㅁ

4. 다음 보기에서 소비자의 구매의사결정과정을 올바르게 연결한 것은?

ㄱ. 구매	ㄴ. 정보탐색	ㄷ. 문제인식
ㄹ. 구매 후 행동	ㅁ. 대안 평가	

① ㄴ-ㄷ-ㄱ-ㅁ-ㄹ
② ㄷ-ㄴ-ㅁ-ㄱ-ㄹ
③ ㄷ-ㄴ-ㄱ-ㄹ-ㅁ
④ ㅁ-ㄷ-ㄴ-ㄱ-ㄹ
⑤ ㄴ-ㅁ-ㄷ-ㄱ-ㄹ

5. 매슬로의 욕구 5단계에 해당하는 것이 아닌 것은?

① 생리적 욕구
② 쾌락적 욕구
③ 사회적 욕구
④ 존경의 욕구
⑤ 자아실현 욕구

6. 고관여 상황의 소비자가 특정 브랜드에 대해 만족하여 이후의 구매에서는 신중한 생각 없이 동일한 브랜드를 반복해서 구매하는 행위를 일컫는 말은?

① 복잡한 의사결정
② 관성적 구매
③ 브랜드 충성
④ 제한적 의사결정
⑤ 가시적 충성도

7. 우리나라 소비자 기본법에서 정하고 있는 소비자의 8대 권리에 해당하지 않는 것은?

① 의사를 반영시킬 권리
② 선택의 권리
③ 피해 보상을 받을 권리
④ 중재의 권리
⑤ 교육을 받을 권리

8. 늘 구매하던 휴지나 치약을 별다른 정보 탐색 없이 늘 사던 브랜드의 제품을 구매하는 것을 무엇이라고 하는가?

( )

9. 그림에서 보는 것처럼 파블로프의 실험으로 유명한 개를 대상으로 실험이다. 고기라는 무조건 자극과 종이라는 중립자극과의 결합을 통해 침이라는 조건 반응을 만들어 낼 수 있다는 행동적 학습을 무엇이라고 하는가?

( )

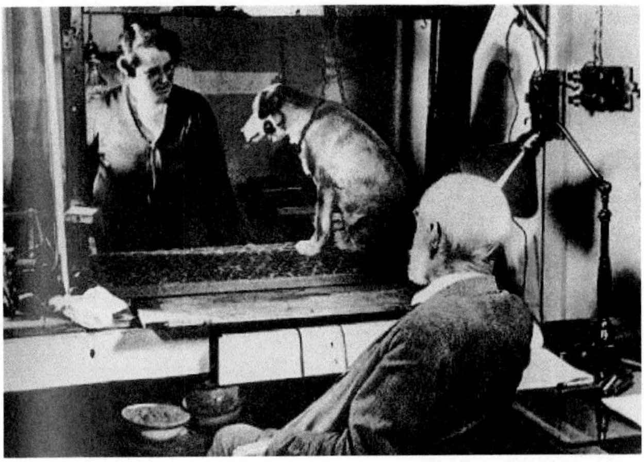

출처 : 구글이미지

10. 그림에서 보는 것처럼 설계된 실험 상자 안에서 쥐가 지렛대를 누르면 먹이를 주는 행위, 즉 보상을 반복하여 지렛대를 누르면 먹이가 나온다는 것을 쥐로 하여금 인지하게 하는 행동적 학습을 무엇이라고 하는가?

( )

출처 : 구글이미지

진로탐색 해외관광 기획자란?

1. 주로 하는 일

관광기획자는 여행사에 소속되어 관광상품을 기획하고 개발하는 일을 하는 사람이다. 해외여행과 관련된 모든 상황을 총감독하는 지휘자의 역할을 한다. 관광기획자는 해외여행을 원하는 사람들의 전화상담과 방문상담을 받고 10~15명으로 이루어진 단체가 꾸려지면 이들이 출국해서 돌아올 때까지 모든 활동들을 책임진다. 항공사 스케줄을 근간으로 2달쯤 전에 코스를 기획하면 사전답사를 하여 코스를 확정짓고, 호텔, 식당 등을 자세히 확인하는 일도 직접 수행한다. 관광 일정이 시작되면 공항에서 출국할 때 필요한 수속은 물론 비행기 안에서의 질병이나 사고 등에 대해 적절한 조치를 취하며, 현지에 나가서는 호텔의 체크인·아웃부터 각종 프로그램의 진행을 관장하고, 기타 비상사태가 발생했을 때에도 최대한 순조롭게 여행을 마치고 귀국할 수 있도록 한다.

2. 요구되는 적성 및 흥미

관광기획자는 외부와의 교류업무가 많으므로 활동적이고 말주변이 좋아야 한다. 외국어 능력 역시 필수적이다. 현재 여성들의 진출이 늘어나고 있는데, 이는 결혼 여부와도 상관없고 남녀 차별이 적은 데서 비롯된 것으로 보인다. 해외 여행지에서 관광가이드를 따로 고용해 일하기 때문에 외국어능력과 해당 여행국의 관광정보 보다는 실무적인 차원에서 스케줄을 작성하는 능력과 2년마다 바뀌는 각 항공사의 비행기 노선, 시간, 요금 등을 계속 인지해야 한다. 또 항공사와 좋은 관계를 유지하기 위해서 원만한 대인관계와 융통성이 필요하다. 직업의 특성상 여행을 좋아해야하는 것이 가장 중요한 요건 중에 하나이다.

3. 진로 및 전망

해외여행을 즐기는 이들이 꾸준히 늘어나고 있으며, 해외에서 우리나라를 찾는 관광객도 점차 증가하고 있다. 이런 상황에서 새로운 관광 상품의 개발은 매우 중요하며, 이 분야에서 일할 관광 전문인력에 대한 수요와 중요성은 꾸준히 늘어나고 있다. 또한 정부에서 발표한 '경제혁신 3개년 계획'에서 5대 유망 서비스산업으로 관광시장을 조명하고 있다. 관광산업뿐만 아니라 관광인력 양성 및 전문 직업 훈련제도의 확충 등 전반에 걸쳐 관광산업 활성화 및 경쟁력 제고를 모색하는 등 미래 전망이 밝다.*

* 위의 내용은 커리어넷 직업 정보(www.career.go.kr)에서 발췌한 내용입니다.

기업은 소비자가 원하는 가치를 찾아내고 그 가치를 만족시킬 수 있는 제품(product)을 개발하고 기업이 이익과 소비자의 가치를 고려하여 가격(price)을 정한다. 그리고 그렇게 생산된 제품을 소비자에게 전달하기 위한 유통(place)과 유통체계를 구축하는 동시에 소비자에게 제품을 적극적으로 알리는 촉진(promotion)활동을 한다. 이와 같은 제품, 가격, 유통, 촉진은 기업의 마케팅 활동의 대표적인 수단이며 네 가지 수단들의 결합을 마케팅 믹스(marketing mix) 혹은 마케팅 4P라고 부른다. 효과적인 마케팅 전략이란 마케팅목표에 입각하여 마케팅 믹스 요소들을 상호보완적으로 시너지를 발휘할 수 있도록 운용하는 것이 필요하다. 이 단원에서는 마케팅 4P 믹스에 대해 공부하고 이를 활용할 수 있는 구체적인 방법을 소개한다.

PART

Ⅳ

마케팅 믹스 관리

Chapter 10

제품 전략

학습목표

1. 제품의 개념과 제품 계획의 중요성에 대해 이해할 수 있다.
2. 제품 수명주기에 대한 주기별 제품전략을 이해할 수 있다.
3. 신제품 개발 전략에 대해 학습한다.
4. 브랜드에 대한 개념과 전략에 대해 이해할 수 있다.

도입사례

미국과 서유럽 지역에 수출로 유명한 한국 제품을 말하라면 스마트폰, 자동차, 반도체 등을 떠올리지만 의외의 제품도 많다. 그 중에는 육아용품인 포대기와 이태리 타월, 한국 할머니 담요가 있다. 포대기는 중산층 이상과 고학력 엄마들 사이에서 유행하고 있는데 아이와 엄마를 밀착시켜서 애착관계를 잘 형성해 준다고 알려져 있다. 상품명도 우리말을 그대로 발음으로 표기한 'Podaegi'로 불리운다. 원래 이태리와는 아무 관계가 없는 이태리 타월도 미국 최대 전자상거래 사이트인 아마존(Amazon)에서 'Asian Exfoliating Bath Washcloth'라는 이름으로 팔리는데 평점이 아주 높다. 한국 할머니들의 방에서 흔히 볼 수 있어 일명 '할머니 담요', '호랑이 담요'로 불리는 이 담요는 미국 최대 쇼핑몰인 아마존에서 'Korean Mink Blanket'이라는 이름으로 판매되며 미국 소비자들을 사로잡고 있다.

출처 : (위, 아래 우)_amazon.com,
(아래 좌)_hipababy.com

1. 제품의 개념

제품이나 서비스를 구매할 때 제일 중요하다고 생각하는 것이 무엇인가? 제품을 통해 우리는 무엇을 얻고자 하는가? 그리고 제품을 구매하는 사람의 욕구는 모두 같은가? '소비자는 쥐덫을 원하지 않는다. 쥐가 없어지기를 원할 뿐이다'라는 말은 소비자에 있어 제품의 의미를 잘 설명해주는 말이다. 소비자는 물리적인 형태의 제품을 구매하는 것이 아니라 제품이 제공하는 효용(utility)을 구매한다. 효용이란 인간의 욕망을 만족시켜주는 재화의 효능이란 뜻으로 소비자의 욕구를 충족시켜주거나 필요한 과업의 수행을 도와주는 정도에 따라 결정된다. 그렇기 때문에 마케팅에서 제품이란 소비자의 필요 또는 욕구를 충족시키기 위해 시장에 나온 모든 것을 말한다. 책, 화장품, 자동차와 같은 유형의 제품뿐만 아니라 게임, 학원, 영화 관람처럼 눈에 보이지 않지만 시장에서 거래될 수 있는 모든 대상을 포함한다.

기업의 입장에서 보면 제품은 마케팅 믹스에서 가장 중요한 요소이다. 왜냐하면 가격이나 유통, 촉진은 제품이 개발되고 출시된 이후에 순차적으로 진행되는 마케팅 믹스인 반면에 제품은 소비자의 욕구를 충족시켜 기업의 이윤을 창출할 수 있는 가장 기본적인 마케팅 믹스이기 때문이다. 오늘날 아무리 제품의 기술력이 평준화 되었다고 해도 유통이나 광고 등에 비해 경쟁자의 제품 모방은 쉽지 않다. 특히 특별한 기술이나 품질은 특허권과 같은 법적 보호도 가능하기 때문에 잘 만들어진 제품은 아주 오랜 기간 동안 소비자의 사랑을 받고 기업을 지속가능하게 한다. 또한 잘못 만들어진 제품은 한순간에 기업의 생존을 위협할 수 있기 때문에 어떤 제품을 언제 어떻게 어떤 방식으로 출시하고 유지하느냐와 같은 제품의 기획과 계획은 기업에 있어서 매우 중요한 의사결정이다. 마케팅 학자인 코틀러(Philip Kotler)는 고객이 인식하는 가치 수준을 기준으로 제품의 구성요소를 핵심제품, 유형제품, 확장제품으로 분류하였다.

그림 Ⅳ-1 고객이 인지하는 편익 기준의 제품 분류

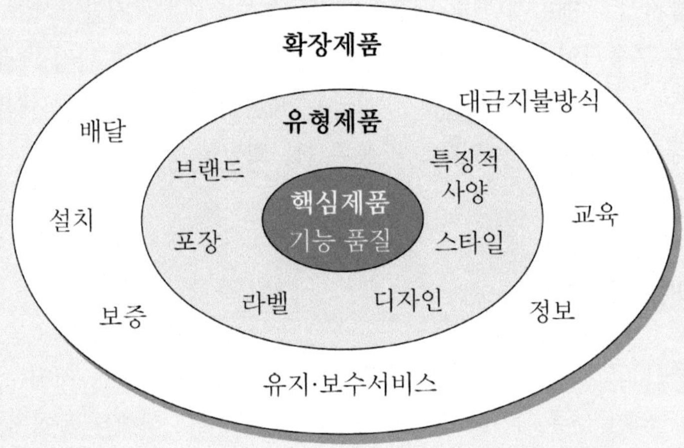

1) 핵심제품

가장 기본적인 수준에서 인식되는 제품으로 소비자에게 제공되는 본질적 편익 또는 그 편익과 관련된 속성을 의미한다. 소비자들이 자동차를 구매하면서 얻는 것은 이동할 수 있는 수단이다. 자동차 엔진, 음향시설, 브레이크 및 에어컨 등을 말한다.

2) 유형제품

핵심제품은 유형 제품에 의해 구체화된다. 소비자는 목적지에 도착하기 위해 다양한 유형적 특징이 결합된 자동차를 선택하게 될 것이다. 즉 소비자는 제품의 본질적인 기능 외에 자동차의 디자인, 브랜드 등 실제적인 형태가 부수적으로 따라오게 되는데 이것을 유형 제품이라고 한다. 유형제품의 구성요소는 브랜드, 포장, 디자인, 라벨 등이 있다.

3) 확장제품

자동차를 구매하게 되면 배송이나, 품질 보증, 대금 지불방식, A/S 등 제품의 부수적인 서비스도 함께 따라오게 되는데 이것을 확장 제품이라고 한다. 치열한 경쟁시장에서 기업은 제품의 본질적인 핵심제품뿐만 아니라 확장제품의 차별화로 경쟁우위를 확보하고 있다.

2. 제품의 분류

제품은 크게 3가지 기준에 의해 구분된다. 3가지 기준은 첫째는 사용목적에 의한 분류, 둘째는 구매 행동에 의한 분류, 셋째는 물리적 특성에 의한 분류이다.

1) 구매목적에 의한 분류

(1) 소비재

소비재는 소비자가 직접 사용하기 위해서 구매하는 제품이다.

(2) 산업재

산업재는 기업이 제품생산이나 관리 과정에 사용할 목적으로 구매하는 제품을 말하고 사용 용도에 따라 다시 3가지로 나눈다.

① 자재와 부품

자재와 부품은 제조업자가 완전한 제품을 생산하기 위해서 투입하는 제품의 부분품이다. 자재는 목재, 원유, 철광석 등 가공처리 되지 않은 원자재와 철광석을 가공한 강철, 원유에서 추출한 가솔린유와 같은 구성원자재로 구분된다. 부품은 자동차의 엔진, 브레이크 페달 등과 같이 완성 단계에 있는 제품에 투입되어 최종 제품을 만드는 것을 말한다.

② 자본재

자본재는 제품의 일부분을 구성하지는 않지만 제품생산을 위해서 반드시 필요한 설비품이나 보조 장비를 말한다. 설비품은 공장, 사무실, 대형 컴퓨터 등 구매단가가 높고 이동하기 쉽지 않은 고정 장비와 책상과 같은 이동할 수 있는 사무실 집기 등의 이동장비가 있다.

③ 소모품

소모품은 완제품에 투입되지 않고 공장이나 회사의 운영을 위해 소비되는 제품을 말한다. 소모품에는 컴퓨터 요지, 볼펜, 잉크 등의 운영소모품과 청소도구, 페인트와 같은 수선소모품이 있다.

그림 Ⅳ-2 사용자의 구매목적에 의한 제품 분류

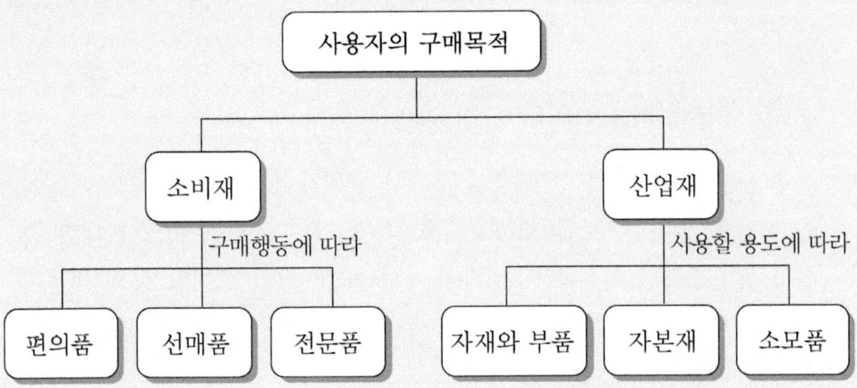

2) 구매행동에 의한 분류

구매행동에 의한 분류는 소비재를 구매하는 일반 소비자의 구매행동에 의한 분류로 마케팅 전략을 수립하는데 효과적인 분류 방법이다.

(1) 편의품(convenience goods)

편의품은 사전 지식이 많고 자주 구매되는 제품으로 소비자가 제품 구매를 위해 최소한 노력과 시간을 투입하는 제품이다. 편의품은 구매 욕구가 일어날 때 별다른 노력을 하지 않고도 소비자가 구매할 수 있는 제품이기 때문에 대량유통과 판매시점의 판촉 전략이 중요하다.

(2) 선매품(shopping goods)

선매품은 소비자들이 구매하기 전에 제품의 질, 디자인, 포장 등 제품 특성을 비교하여 구매하는 제품들은 말하는데 자동차, 카메라, 냉장고 등의 제품을 들 수 있다. 선매품은 대체로 고가이며 편의품에 비해 구매 빈도가 높지 않다. 제품 구매를 위해서 사전 구매계획을 세우고 신중한 정보탐색을 한다.

(3) 전문품(specialty goods)

전문품은 소비자가 그 제품을 구매하기 위해서 특별한 노력을 기울이는 제품을 말한다. 보통 제품 간 품질차가 크며 특정 브랜드에 대한 충성고객이 존재한다. 디자이너 의류, 스포츠카, 고급 오디오 등의 제품이 여기에 해당한다. 전문품을 구매하는 소비자에게 특화된 광고나 판촉 활동과 유통전략이 필요하다.

이상의 내용을 정리하면 〈표 Ⅳ-1〉과 같다.

표 Ⅳ-1 구매행동에 의한 제품 분류

마케팅 믹스	편의품	선매품	전문품
제품 예시	탄산음료, 우유, 치약	의류, 전자제품, 가구	명품
소비자 태도	• 낮은 관여도 • 구매노력/시간 최소화	• 중간 내지 높은 관여도 • 이미지와 속성/가능성의 균형적 고려	• 높은 관여도 • 속성보다 이미지와 브랜드에 매우 큰 비중
소비자 구매 행동	• 빈번한 구매 • 비계획 구매 • 일상적 구매 결정	• 빈번하지 않은 구매 • 계획 구매 • 여러 차원에 걸친 비교	• 드문 구매 • 구매에 특별한 노력 • 브랜드 비교 거의 안 함
유통	편리한 입지, 집중적 유통	다수의 선택적 유통	• 한정된 전속적 유통 • 한 상권에 극소수 점포
가격	비싸지 않음, 저가격	다소 비쌈, 중간 가격	매우 비쌈, 고가격
촉진	가격, 이용가능성, 인지도 초점 대중광고	대중광고 및 인적 판매 속성 중심의 차별화	표적 커뮤니케이션, 브랜드와 지위 강조

3) 물리적 특성에 의한 분류

(1) 내구재

내구재는 내구성을 가지고 장기간 사용에 견딜 수 있는 재화로 주택, 자동차, 냉장고 등을 말한다. 내구재는 초기에 일시적으로 거액의 지출을 필요로 하지만, 그 후

* **재화(goods)** 인간 생활에 효용을 주는 유형의 상품을 재화라고 한다.

에는 소액의 유지비 이외에 지출할 필요가 없다는 특징을 가진다. 그러나 내구재와 비내구재의 구분은 반드시 획일적으로 가려지는 것이 아니며, 다분히 편의적이다. 가령 의류, 서적은 상당 기간의 사용에 견딜 수 있는 것이지만 비내구재로 분류된다. 내구재는 내구성이 있기 때문에 불황 때에는 구매를 삼가는 경향이 크며, 수요의 변동이 심한 성격을 가진다.

(2) 비내구재

비내구재는 사용기간이 비교적 단기인 재화로 식료품·의류·의약품, 화장지 등이 있다. 사용기간은 보통 3년 이내로 규정하고 있지만, 의류나 서적 등 비교적 장기간의 사용에도 견딜 수 있는 것도 비내구재로 분류된다. 일반적으로 비내구재에 대한 지출은 내구재에 비하면 경기변동에 대한 탄력성이 적다.

(3) 서비스재

서비스재는 호텔, 식당, 카운슬링 등 무형의 제품을 말한다. 서비스재에 대해서는 Chapter 16에서 좀 더 자세히 알아보기로 한다.

3. 제품 믹스 전략

수많은 소비자들의 욕구를 충족시키기 위해서는 다양한 제품을 출시해야한다. 기업이 판매하는 제품을 얼마나 많은 종류를 출시할까를 정하는 것을 제품 믹스 전략이라고 한다. 제품 믹스는 제품의 폭, 길이, 깊이로 구성된다. 마케터는 제품의 수익성, 매출, 경쟁력 등을 고려하여 결전한다. 제품수가 많으면 수익성 악화가 될 수 있고 너무 적으면 시장 점유율이나 매출이 정체될 수도 있기 때문에 신중하게 결정해야 한다. [그림 Ⅳ-3]은 국내 유제품 회사의 제품 믹스 사례이다.

그림 Ⅳ-3 국내 유제품 기업의 제품 믹스 사례

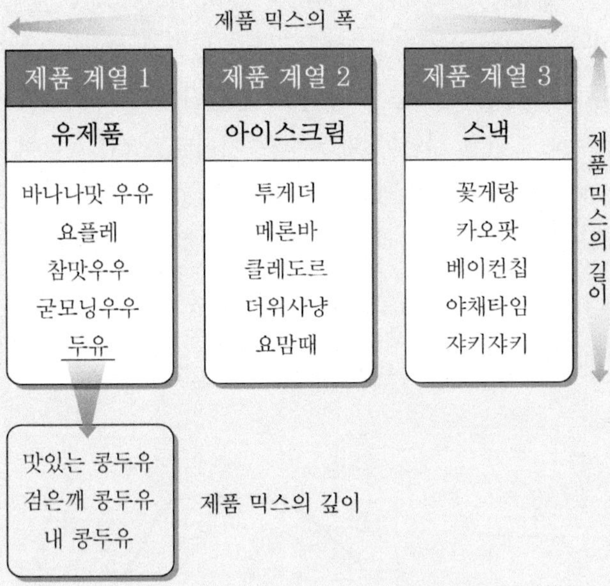

기업의 입장에서 보면 마케팅 믹스에서 가장 중요한 것은 제품이다. 왜냐하면 소비자의 욕구를 충족시켜 기업의 이윤을 창출할 수 있는 가장 기본이기 때문이다. 가격이나 유통, 판촉은 제품이 개발되고 출시된 이후에 순차적으로 진행되는 마케팅 믹스라고 볼 수 있다. 또한 기술력이 평준화 되었다고는 해도 여전히 유통이나, 광고 등에 비해 경쟁자의 모방이 쉽지 않고, 특별한 기술이나 품질은 특허권과 같은 법적 보호도 가능하다.

* **제품 믹스의 폭** 제품 믹스 안에 들어 있는 제품 계열의 수
* **제품 믹스의 길이** 제품 계열 안에 들어 있는 제품의 수
* **제품 믹스의 깊이** 개별 제품 내에 있는 품목의 수
* **제품 계열** 물리적 특징이나 용도가 비슷해 동일한 마케팅 전략이 가능한 제품의 집합

잘 만들어진 제품은 아주 오랜 기간 동안 소비자의 사랑을 받고 기업을 생존케 하며 한순간 기업을 도태시킬 수도 있다. 그렇기 때문에 어떤 제품을 언제 어떻게 어떤 방식으로 출시하고 유지하느냐와 같은 제품 계획은 기업에 있어 매우 중요한 의사결정이다.

4. 제품 수명주기(product life cycle)에 따른 제품관리

신제품이 출시되고 시간이 경과하면 소비자와 경쟁상황도 변화하게 된다. 소비자 집단이 변화하고 경쟁자 수도 달라질 뿐만 아니라 경쟁 방식도 변화하게 된다. 신제품 도입 후에 진행되는 시장과 경쟁의 패턴을 이해하기 위해 도입된 개념이 제품수명주기이다. [그림 Ⅳ-4]에서처럼 제품수명주기는 마치 사람이 태어나서 일생을 살아가는 과정처럼 제품이 시장에 출시되어서 폐기될 때까지의 과정을 보여준다.

그림 Ⅳ-4 전형적인 제품 수명주기의 매출액과 이익의 변화

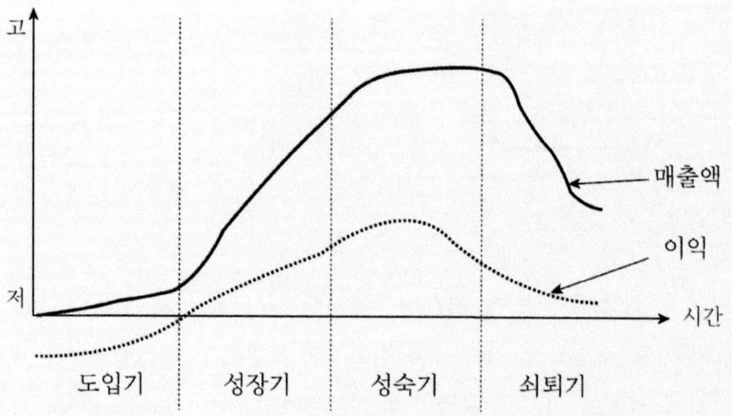

제품수명주기는 도입기, 성장기, 성숙기, 쇠퇴기의 4단계로 나누어져 있으며 시간경과에 따른 매출액과 이익의 곡선이 큰 S자 모양을 띄고 있다. 물론 제품에 따라 유행이 왔을 때 급격히 상승하였다가 일찍 시장에서 사라지는 제품도 있고 세월이 흘러도 꾸준히 판매되는 제품도 있다. 전자의 경우 급격한 S자의 모양의 제품 수명주기가 될 것이고, 후자의 경우는 매우 완만한 형태를 S자를 띄운다.

1) 도입기의 제품관리

도입기는 제품이 시장에 처음 출시되는 단계이다. 〈표 Ⅳ-2〉에서 보듯이 도입기의 특징은 제품에 대한 소비자의 인지도가 거의 없지만 그간의 연구개발, 유통망 구축 등으로 비용이 많이 발생한다.

표 Ⅳ-2 제품수명주기의 특성에 따른 마케팅 전략

구분		도입기	성장기	성숙기	쇠퇴기
특성	판매량	적음	급격증가	정점	적음
	비용	많음	보통	적음	적음
	이익	손실	증가	많음	감소
	수용 단계	혁신 수용층	조기 수용층	다수 수용층	후발 수용층
	경쟁자 수	적음	증가	경쟁 안정/감소	감소
마케팅 목적		인지 및 사용구매	시장점유율 확대	점유율 방어	비용 축소/상표 철수
전략	제품	기본제품	제품 확대	상표/모델 다양화	단계적 철수
	가격	원가가산	시장 침투	경쟁대응	인하
	유통 경로	선택적	집중적	좀 더 집중적	선택적
	광고	인지형성	대량시장 인지도 제고	상표차이/이점 강조	충성소비자 유지
	판매 촉진	사용 확보	매출증대로 촉진 감소	상표전환 유도, 판촉 증대	최저 수준

소비자는 신제품 구매에 따른 위험부담이 있기 때문에 구매를 꺼리고 일부 혁신층을 중심으로만 제품 구매가 이루어진다. 마케터는 소비자의 수요를 유발시키기 위해 광고나 기타 판촉 활동을 통해 제품의 인지도와 유용성을 알려야 한다. 도입기에는 많은 비용이 발생하고 그에 따른 즉각적 매출은 이루어지지 않기 때문에 도입기의 기업은 손실을 보거나 이익이 나더라도 극히 미비한 수준이다.

2) 성장기의 제품관리

신제품이 소비자의 만족을 이끌어내면 기업은 급속한 판매성장을 이루게 되며, 이를 주시하던 경쟁자가 동일 시장에 뛰어들어 경쟁이 발생한다. 도입기에 제품을 사용하였던 혁신층의 구전과 지속적인 광고, 그리고 판촉활동으로 인하여 매출액이 지속적으로 증가한다. 성장기에는 대량생산이 이루어지고 규모의 경제가 실현되어 이익이 발생한다. 판매량에 비한 비용도 줄어들어 지속적인 수익증대가 실현된다. 성장기 마케팅 전략의 목표는 시장 점유율 확대이다. 도입기의 마케팅 목표가 제품사용 유도였다면 성장기에는 경쟁사의 제품과 대비하여 자사 제품을 구매하도록 선택적 수요를 유발하는데 있다. 때문에 브랜드에 대한 소비자의 충성도를 높이고 기존 소비자와 새로운 잠재적 소비자의 구매를 유도하여 시장 점유율을 확대하는 동시에 소비자의 특징에 따라 시장 세분화를 하는 전략이 필요하다.

3) 성숙기의 제품관리

성숙기에는 성장기에 진입한 많은 경쟁자들과 자사의 높은 판매량 덕분에 그 제품을 사용할 의향을 지닌 소비자의 대부분이 그 제품을 수용한 상태로 제품의 판매량이 감소하거나 정체되어 있다. 성숙기는 도입기나 성장기에 비해 오래 지속되는 것이 보통이나 신규 수요는 적다. 수요는 대부분 대체 수요이거나 반복 수요이다. 성숙기에는 초기 혁신층 및 후기 다수 층까지 모두 제품을 구매하였기 때문에 산업 전체의 매출은 어느 단계보다 높지만 제품 성장률은 점차 감소하고 안정적인 형태를 유지한다. 이 단계의 마케팅 목표는 이익의 극대화와 경쟁기업 대비 시장 점유율 유지에 있다. 치열한 경쟁에서 생존하기 위해 기업은 적극적인 브랜드 차별화 전략과 새로운 마케팅 믹스전략이 필요하다.

4) 쇠퇴기의 제품관리

쇠퇴기는 새로운 기술의 등장으로 인해 소비자의 욕구를 충족시켜 주는 새로운 제품이 등장했거나 소비자 욕구의 변화, 사회적 가치의 변화 등으로 기존 제품에 대한 판매량이 감소하고 시장에서의 경쟁력도 떨어지는 단계를 말한다. 이 단계는 산업 전체의 매출이 떨어지며 소비자의 대부분은 최종 수용층이다. 이 때 많은 기업들은 철수하거나 제품의 수를 축소시켜 비용절감 혹은 투자비를 회수하려고 한다. 경쟁력을 위해 새로운 투자보다는 가격인하를 통해 충성 고객을 유지하고 수익성이 적은 유통경로는 폐쇄하여야 한다. 그러나 대분의 기업이 철수하는 상황에서 남은 기업이 시장에서 독점적인 지위를 구축할 수 있다면 새로운 제품개발, 기존 제품의 개량 등 투자를 통해 성장기나 성숙기 못지않은 이익을 낼 수도 있다.

그림 Ⅳ-5 제품 수용 계층과 분포

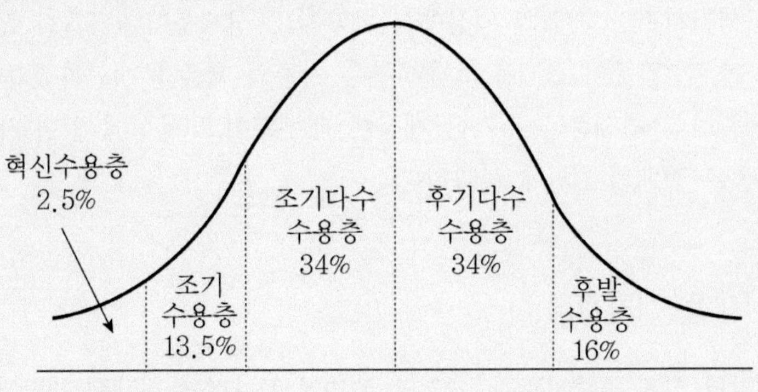

그림 Ⅳ-6 시장에 출시된 신제품 유형

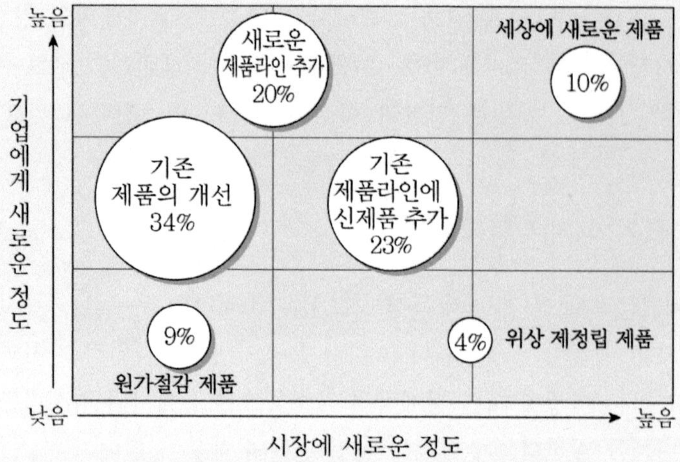

5. 신제품의 개발

기업의 경쟁력은 소비자의 욕구창출과 고객만족을 위해 경쟁력있는 자사의 신제품을 지속적으로 개발하여 출시하는 것이다. 여기서 새롭다(new)는 개념은 두 가지 의미를 지닌다. 하나는 시장에서 처음 등장한 전혀 새로운 제품이라는 의미와 해당 기업의 입장에서만 생산해보지 않았던 제품이라는 의미이다. 소비자의 입장에서는 신제품이라고 하면 전자를 생각하지만 기업의 입장에서는 후자도 신제품이다. [그림 Ⅳ-6]에서도 볼 수 있듯이 신제품의 대부분은 기존의 제품을 개선하였거나 기존 제품라인에 제품을 추가한 제품이 대부분이고 세상에 없던 새로운 신제품은 전체의 10%에 불과하다.

1) 신제품 개발과정

기업의 신제품 출시과정은 [그림 Ⅳ-7]에서 나타난 신제품 개발과정을 통해 출시된다.

① 아이디어 창출

신제품을 개발하기 위해 수많은 아이디어를 수집하는 단계이다. 아이디어는 소비자 조사, 내부 직원, 표적고객과의 면접 등을 통해서 얻을 수 있고 심지어 경쟁자의 제품을 통해서도 아이디어를 얻을 수 있다.

② 아이디어 평가

아이디어 창출이 가능한 많은 아이디어를 수집하는 것이었다면 아이디어 평가는 실현 가능한 아이디어를 선별하는 것이다. 그리고 선별기준은 기업의 강점과 약점, 기업목표와의 일치성 등이 된다.

그림 Ⅳ-7 신제품 개발 과정

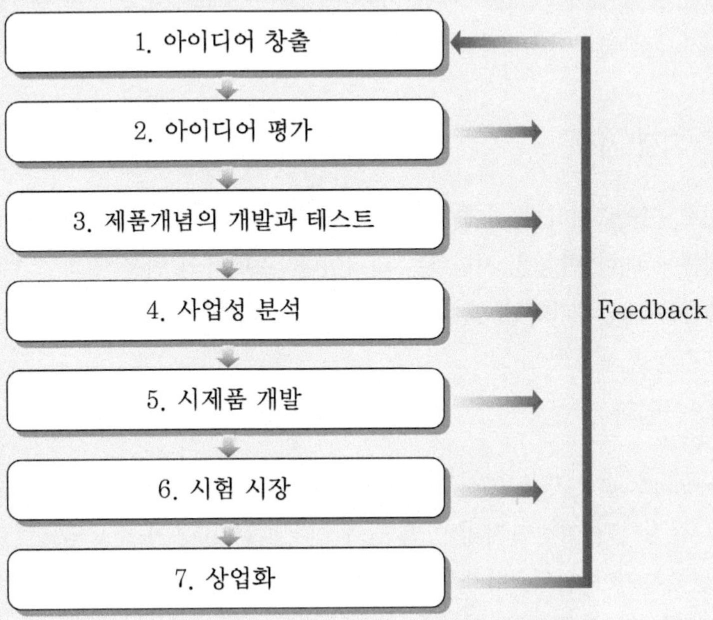

③ 제품개념의 개발과 테스트

선별된 아이디어를 제품개념으로 구체화하는 과정으로 고객의 관점에서 의미를 부여하는 것이다. 이 단계에서는 제품 개념을 설명하고 소비자의 반응을 평가한다.

④ 사업성 분석

신제품의 개발비용을 포함한 생산비용과 예상되는 판매량과 수익을 추정하고 이것이 기업의 마케팅 목표를 달성시킬 수 있는지 여부를 판단한다.

⑤ 시제품 개발

사업성 분석을 통해 신제품이 사업성이 있다고 판단되면, 제품 개념이 연구개발 부서로 보내지고 본격적인 제품으로 개발되는 단계이다. 이 단계에서는 그동안의 개발과정에서 발생되었던 기술적인 문제를 해결해야 한다. 시제품 개발 단계부터는 막대한 비용과 시간이 소요되며 보다 구체적인 생산원가가 산출되어 이 자료를 근거로 사업성 분석을 다시 할 수도 있다.

⑥ 시험 시장

신제품을 출시하기 전에 통제된 상황에서 잠재적인 소비자를 대상으로 신제품에 대한 반응을 시험하는 과정이다. 소비자의 반응 결과를 토대로 신제품을 개선하거나 실제로 시장에 출시할 것인지 여부를 결정하게 된다.

⑦ 상업화

최종적으로 신제품을 시장에 출시하는 단계이다. 일단 시장에 출시하기로 결정하면 이전까지의 어떤 단계보다 많은 비용이 소요되므로 특별히 신중하여야 한다. 신제품의 출시 시에는 시기, 장소, 표적시장에 대한 의사결정이 중요하다.

2) 신제품의 성공과 실패

신제품의 성공 기준은 그 제품이 출시되면서 계획하였던 시장점유율, 매출액, 고객만족과 같은 마케팅 목표에 이르렀는가 여부이다. 신제품의 성공확률은 매우 낮은 반면에 신제품을 개발하고 출시하기까지 기업에서 투자되는 비용은 매우 크다. 그렇기 때문에 신제품의 실패를 줄이고 성공확률을 높이는 것이 기업에 있어서 매우 중요한 과제이다. [그림 Ⅳ-8]에서 볼 수 있듯이 신제품의 성공 요인은 기본적으로 제품 그 자체에 있다. 기술적 우월성을 확보하고 있는가 그리고 그것이 적절한 표적고객에게 받아들여졌는가가 성공과 실패의 핵심요인이라고 할 수 있다. 그리고 시장의 성장성과 경쟁 강도 및 최고 경영진을 비롯한 기업 내 협조 여부도 신제품 성공의 중요한 변수가 될 수 있다.

그림 Ⅳ-8 신제품 성공과 실패 요인

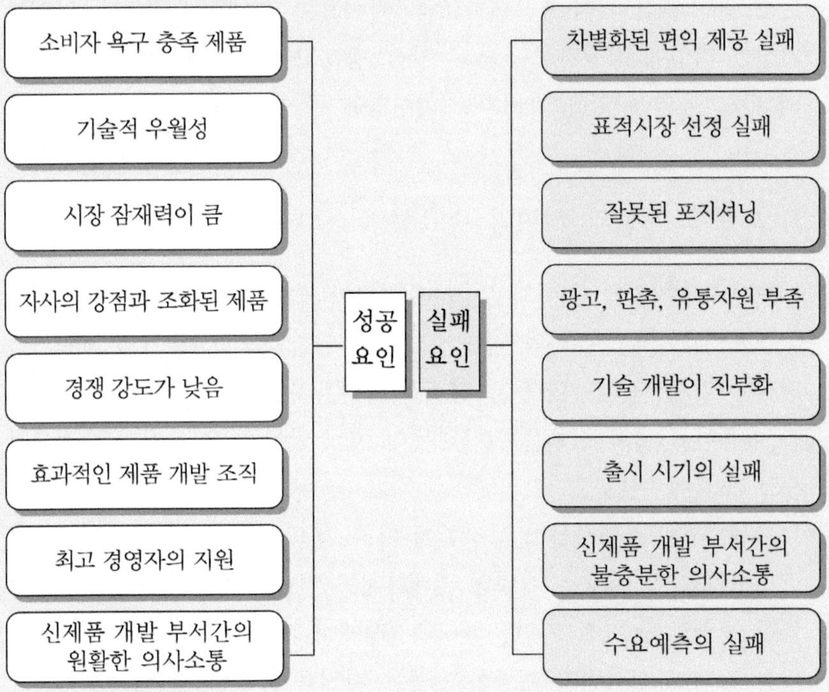

6. 브랜드 자산 관리

브랜드(brand)라는 단어의 어원은 노르웨이의 Brandr(굽다)에서 파생한 것으로 가축 등에 소유주를 표시하기 위해 찍던 낙인, 즉 자기의 소유를 확인하기 위한 수단의 의미로 사용되었다. 하지만 피라미드의 벽돌에서도 벽돌공의 이름을 의미하는 상형문자가 발견된 사실에서도 알 수 있듯이 브랜드의 개념은 훨씬 오래 전부터 존재해 왔다. 미국의 마케팅 학회는 브랜드를 '판매자가 자신의 상품이나 서비스를 다른 경쟁자와 구별해서 표시하기 위해서 사용하는 명칭, 용어, 상징, 디자인 혹은 그의 결합체'라고 정의하고 있다.

과거에는 기업이 보유하고 있는 자산을 부동산이나, 공장설비, 기계 등의 유형 자산으로 인식하였지만 이제는 기업 그 자체가 아닌 기업 외부, 즉 기업을 향하는 소비자의 마음이라고 인식하게 되었다. 그래서 브랜드 인지도와 강한 연상 작용에 의해 형성된, 소비자의 가치를 담고 있는 브랜드 자산이 더 중요한 기업의 자산으로 인식하게 되었다. 브랜드 자산은 기업에 경쟁자보다 높은 가격, 충성고객의 확보, 안정적인 매출의 확보 등의 이익을 가져와 기업경영에 큰 기여를 하고 있다.

1) 브랜드 자산의 의미와 중요성

브랜드가 기업에 주는 의미는 아래와 같이 크게 4가지로 정리할 수 있다.

첫째, 정보의 공유화와 기술의 발달로 인한 경쟁 상품간의 차별화가 점점 어렵게 되자, 기업들은 경쟁적 차별화의 도구로 브랜드의 이미지를 이용한 차별화 정책을 모색하는데 이에 있어 브랜드 자산은 절대적으로 도움이 된다.

둘째, 많은 경쟁사들이 등장함에 따라 가격 경쟁이 일어나게 되었고 소모적인 가격 경쟁은 기업의 존폐마저도 위협하게 되었다. 그러나 강력한 브랜드를 가진 기업은 가격 경쟁에서 자유로우며, 충성고객으로 인한 가격 프리미엄이 가능하여 높은 마진을 유지할 수 있다.

그림 Ⅳ-9 해마다 브랜드 라이센싱 수입으로 큰 수익을 올리는 선키스트 브랜드

출처 : 자사 홈페이지

셋째, 브랜드 구입을 통해 심리적 만족과 사회적 욕구가 충족되기를 바라는 소비자의 요구를 충족시킬 수 있다.

넷째, 강력한 브랜드를 가진 기업은 브랜드를 임대해 줌으로써 수입을 올릴 수 있다.

* **브랜드의 기능** 제품 식별, 제품 관리, 품질 보장, 제품 차별, 가격 차등, 시장 세분화, 법적 보호

2) 브랜드의 구분

브랜드를 나누는 방법에는 소유권을 기준으로 분류하는 방법, 기업의 마케팅 정책에 의한 분류, 지역에 의한 분류가 있다.

(1) 소유에 의한 구분

소유에 의한 구분은 ① 제조업자 브랜드(manufacturer's brand), ② 판매자 브랜드(distributor's brand), ③ 도매업자 브랜드(wholesaler's brand), ④ 소매업자 브랜드(retailer's brand)로 크게 나눌 수 있다. 제조업자 브

랜드를 제외한 판매자 브랜드, 도매업자 브랜드, 소매업자 브랜드는 유통업자 브랜드란 의미에 PB(private brand)라고도 한다. 제조업자의 브랜드의 경우 제품의 제작자와 상표의 소유자가 같고 브랜드에 대한 가격 통제가 가능한 반면, 그 외 판매자 브랜드, 도매업자 브랜드, 소매업자 브랜드의 경우는 제품의 제작자와 브랜드의 소유자가 다르고, 따라서 독자적인 가격정책이 가능하다.

(2) 기업의 마케팅 정책에 따른 구분

기업의 마케팅 정책에 의한 분류는 ① 개별 브랜드(individual brand), ② 기업브랜드(corporate brand), ③ 공동 브랜드(family brand), ④ 브랜드 수식어(brand modifier)로 나눌 수 있다. 개별 브랜드는 기업에서 생산하는 제품마다 각각의 브랜드를 갖는 경우이고 기업브랜드는 기업명 브랜드를 말한다. 공동 브랜드는 제품군을 아우르는 제품군 브랜드를 말하고 브랜드 수식어는 제품의 수준, 품질, 내용 등의 설명을 담고 있는 브랜드를 말한다.

그림 Ⅳ-10 글로벌 편의점 체인인 세븐 일레븐의 소매업자 브랜드

출처: 자사 홈페이지

(3) 브랜드가 적용되는 지역을 중심으로 한 분류

지역별 분류는 크게 ① 국제 브랜드(international brand), ② 전국 브랜드(national brand), ③ 지역 브랜드(regional brand)로 나눌 수 있다. 국제 브랜드는 브랜드를 생산하는 곳과 상관없이 전 세계적으로 통용되는 브랜드를 말하며 전국 브랜드는 외국에는 없지만 브랜드를 생산하는 자국에서만 판매되는 브랜드를 말한다. 그리고 지역 브랜드는 한 나라 중에서도 특정지역에서만 판매되는 브랜드를 말한다. 과거 우리나라의 소주 시장이 좋은 예가 될 수 있다

3) 브랜드 자산의 구성

브랜드 자산은 특정 브랜드가 고객의 마음 속에 어떤 가치로 인식되고 있는가에 의해 결정된다. 그래서 브랜드 자산의 관리는 우선 브랜드를 알리는 것과 강력하고 차별화된 독특한 연상을 하게 하는 두 부분으로 진행된다. 그러므로 브랜드 자산은 크게 [그림 Ⅳ-11]에서처럼 보면 브랜드 인지도와 브랜드 연상의 두 부분으로 구성되어 있다.

(1) 브랜드 인지도

모르는 것을 좋아할 수는 없다. 그렇기 때문에 브랜드 자산의 구축에서 브랜드 인지도의 구축은 브랜드 자산의 가치를 높이기 위해 반드시 선행되어야 한다. 브랜드 자산형성에 있어서 브랜드 인지도가 중요한 이유는 첫째, 고려대상 상표군에 우선 포함되는 이점이 있다. 그리고 둘째, 브랜드 상표친숙성이 높아야 브랜드에 대한 선호도와 선택가능성이 증가한다.

인지도를 높이는 방법은 첫째, 기억하기 쉽도록 브랜드 네이밍을 하고 둘째, 자사 브랜드를 접할 기회를 많이 제공하고 기억을 오래 유지시킬 수 있도록 반복 노출을 한다. 셋째, 브랜드를 제품정보와 함께 단어보다 그림과 함께 제공한다. 넷째, 자사브랜드에

* **브랜드 인지도** 소비자가 한 제품 범주안에서 특정 브랜드를 경쟁 기억할 수 있는 능력. 보통 도움 없이 기억하는 비보조 인지와 도움을 주면 기억하는 보조인지로 인지도를 측정한다.

대한 기억을 쉽게 떠올릴 수 있는 암시 또는 단서를 제공한다. 광고에 이용했던 광고문구나 슬로건을 점포 내에 크게 부착하거나 자사제품의 패키지에 광고 모델을 인쇄하는 방법으로 브랜드암시를 제공하면 브랜드에 대한 기억이 보다 쉽게 이루어진다.

(2) 브랜드 연상

강력한 힘을 가지 브랜드의 공통점은 모두 그 브랜드를 생각하면 연상이 있다는 것이다. 브랜드에 있어 연상이라는 것은 아이덴티티가 뚜렷하다는 것과 같은 의미이다. 아이덴티티는 자기 자신의 존재를 나타내는 것이다.

그림 Ⅳ-11 브랜드 자산 구성 요소

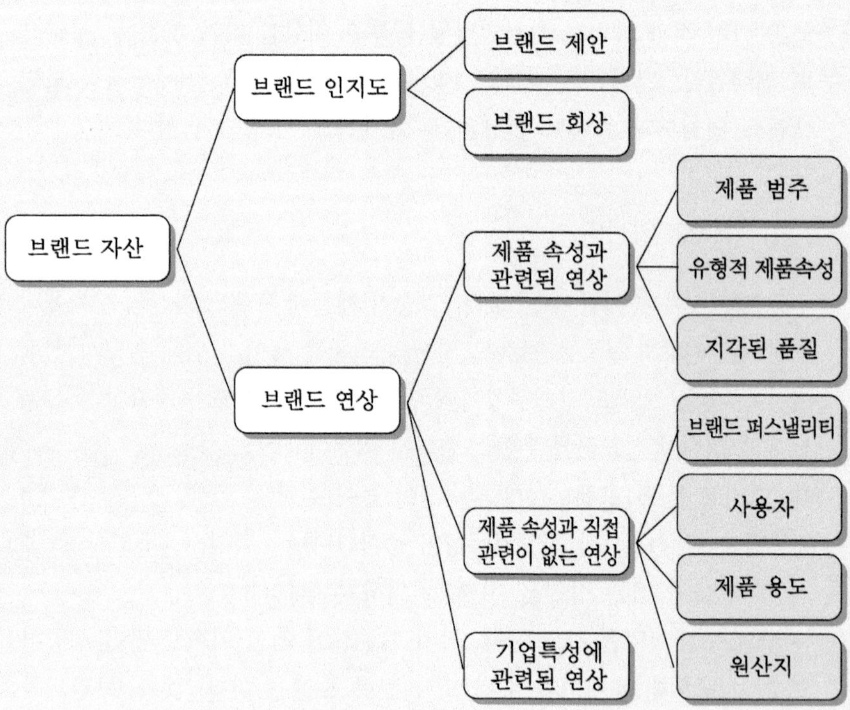

국가나 사회, 개인 모두 나름의 아이덴티티를 가지고 있으며 이러한 아이덴티티를 제품의 관점에서 가장 집약적으로 표현한 것이 바로 브랜드이다. 브랜드 아이덴티티를 수립한다는 것은 소비자들로 하여금 그 브랜드에 대해서 궁극적으로 어떤 연상을 하게 할 것인가를 결정하는 것으로 브랜드에 대한 비전을 수립하는 것이다.

흔히 브랜드 아이덴티티는 브랜드 이미지와 동일한 의미로 인식되는 경우가 많지만 둘의 큰 차이가 있다. 브랜드 이미지는 소비자들이 과거의 경험이나 주변에 이야기를 들어서 갖게 된 과거 지향적인 브랜드에 대한 연상을 의미한다.

반면 브랜드 아이덴티티는 기업이 전략적으로 소비자가 인식했으면 하는 의지로 정한 연상으로 소비자가 앞으로 갖게 될 브랜드의 모습과 비전을 의미하고 고객과의 약속을 의미한다. 기업의 입장에서 이미지는 수동적인 반면 아이덴티티는 적극적이고 능동적이며 미래 지향적인 기업의 연상을 의미한다.

* **브랜드 연상의 구축 조건** 강력하고 독특하고 호의적일 것

그림 Ⅳ-1 아이보리 비누는 초창기 제조상의 결함으로 물에 뜨게 되었는데 소비자가 이것을 순수하기 때문이라고 오해하게 되었다. '99% 순수하다'는 브랜드 슬로건은 이렇게 탄생하였다.

출처 : manforyou22 네이버블로그

4) 브랜드 네이밍

브랜드에 대한 전략적 이해가 부족하던 시절에는 브랜드 전략 자체가 네이밍이라고 오해하였을 정도로 브랜드 자산에 있어 네이밍은 중요하다. 네이밍은 유행을 따라 하기보다는 기업의 비전과 미션을 담을 수 있는 장기적인 목표를 가지고 해야 한다. 네이밍의 원칙을 정리하면 아래와 같다.

① 그 제품만이 가지는 핵심, 독특한 면, 정신 등을 표현할 수 있어야 한다.
② 소비자의 주목을 끌 수 있어야 하고 분명한 이미지가 있어야 한다.
③ 제품의 품질이 뛰어나다는 인상을 심어줄 수 있어야 한다.
④ 단순하게 만들어야 한다.
⑤ 시청각적인 요소를 활용하여 브랜드가 고객의 마음 속에 각인되게 만들어야 한다.
⑥ 브랜드가 겨냥한 목표 집단의 이미지에 일치하여야 한다.
⑦ 제품의 성능에 대해 주장할 때는 신뢰가 생기게 해야 한다.
⑧ 외국어로 표현했을 때 어감이 좋아야 한다.

5) 브랜드 전략 매트릭스

사회는 복잡해지고 소비자의 욕구도 매우 다양하게 변하고 있다. 과거의 기업은 한두 가지의 브랜드로 대다수의 소비자를 설득할 수도 있었지만 이제는 기업마다 수많은 브랜드와 다양한 의미를 지닌 브랜드를 동시에 생산하고 있다. 따라서 브랜드에 대한 전략적인 이해가 이루어지지 않는다면 같은 기업의 브랜드끼리 충돌하는 경우도 있으며, 무수히 많은 브랜드로도 소비자에게 어필하지 못하는 경우가 자주 발생하게 된다. 브랜드 전략 매트릭스(matrix)란 다양한 브랜드의 조합으로부터 어떻게 브랜드의 가치를 극대화 할 수 있을 것인가에 대한 전략적 틀이다. [그림 Ⅳ-13]에서 보듯이 매트릭스 전략은 시장의 유사성과 소비자가 추구하는 효익의 유사성 정도에 따라 시장을 4사분면으로 나누어 전략을 구사한다.

그림 Ⅳ-13 브랜드 전략 매트릭스

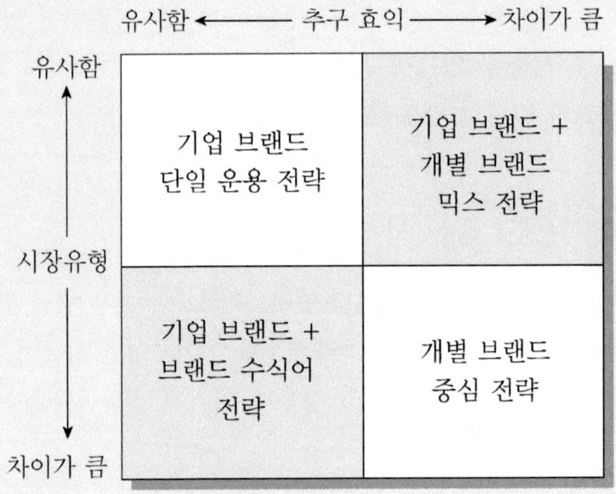

(1) 기업 브랜드 단일 운용전략

기업 브랜드 단일 운용전략은 제품 브랜드 간 차별화가 별로 없이 유사하며, 소비자의 욕구 또한 다양하지 않아 시장 세분화의 의미가 특별히 크지 않은 경우에 사용하는 전략이다. 기업 브랜드 단일 운용전략을 쓰고 있는 기업 중에 우편물 배송에 세계적인 이름을 갖고 있는 'Fedex'가 있다.

(2) 기업 브랜드 + 개별 브랜드 믹스전략

기업 브랜드와 개별 브랜드를 혼합해서 사용하는 경우는 각각 브랜드의 차별적 소구점이 많지만 그것을 사용하는 소비자가 같은 시장의 고객인 경우에 사용한다. 예컨대 컴퓨터, 프린터로 유명한 HP의 경우는 잉크젯 프린터, 레이저 프린터, 스캐너, 노트북, PC 등 다양한 용품을 생산한다. 프린터 시장의 경우를 예를 들면, 레이저 프린터와 잉크젯 프린터에서 볼 수 있는 것처럼 제품 간의 차이는 아주 크지만 사무용품이라는 시장으로 보면 이들은 비교적 유사한 소비자를 공략하고 있다. 그래서 사무용품 시장을 잉크젯 프린터는 HP + Deskjet, 레이져 프린터는 HP + Laserjet과 같은 브랜드 전략으로 공략하고 있다.

(3) 개별 브랜드 중심 전략

매우 차별성이 큰 제품을 생산하면서 고객 또한 매우 달라 같은 시장이라고 말하기 곤란할 정도로 시장 세분화가 이루어진 시장에서는 개별 브랜드 전략을 사용한다. P&G의 경우가 여기에 해당한다.

(4) 기업 브랜드+브랜드 수식어 전략

기업 브랜드와 브랜드 수식어를 쓰는 경우는 제품 간 차별적인 소구점이 어렵지만 소비자층은 매우 다양하게 나누어진 시장으로 이루어진 상황에서 의미가 있는 브랜드 전략이다. 이와 같은 전략을 구사하고 있는 대표적인 기업이 바로 BMW다. 자동차는 그 용도에 있어 차별화를 이루기란 쉽지 않다. 특히 기술이 발달한 요즘에는 특정 자동차에만 소구할 수 있는 차별성이 거의 없다고 할 수 있다. 그러나 같은 자동차라도 그들의 소득 수준이나 욕구를 기준으로 하면 결코 같은 시장이라고 할 수 없을 정도로 다양한 시장이 형성되어있다. BMW는 이러한 시장을 기업 브랜드 + 수식어 전략을 구사하고 있다. 기본적인 BMW의 슬로건 'ultimate driving machine'이라는 것에 소구를 하면서 일체감을 가져가지만 소비자층에 따른 시장은 300, 500, 700, 800과 같은 엔진 크기로 구분한다. 또한 자동차의 스타일에 따라 Z, M으로 나누기도 하며 사용 연료에 따라 I, d, 등으로 표기한다.

6) 브랜드 확장 전략

기업이 신제품을 출시할 때 새로운 브랜드를 사용하지 않고 기존에 이미 성공한 브랜드를 사용하여 마케팅 비용을 줄이고 신제품의 성공 가능성을 높일 수 있는데, 이를 브랜드 확장 전략이라고 한다. [그림 Ⅳ-14]처럼 브랜드 확장 전략은 적은 비용으로도 쉽게 신제품의 인지도를 높이는 효과적인 마케팅 커뮤니케이션 방법으로 수익성을 높일 수 있다. 그러나 신제품이 실패할 경우 기존의 성공한 브랜드에게 악영향을 끼쳐 브랜드자산 가치의 손상을 줄 위험성도 있다.

그림 Ⅳ-14 성공한 브랜드로 신품 출시를 하는 브랜드 확장 전략

출처: 헬스경향, 2020.07.23.

정리 사례

건강에 관심이 많은 요즘, 가공하지 않은 원물을 그대로 얼린 시원한 간식이 인기다. 이른바 '프로즌 스낵(frozen snack)', '얼린'이라는 뜻의 '프로즌(frozen)'과 '스낵(snack)'의 합성어로 우유나 크림이 주원료인 아이스크림과는 다른 간식이다. 망고, 파인애플, 바나나, 오렌지 등 4종의 과일의 100% 과즙을 그대로 담은 '후룻팝'은 주스로 마시거나 시원한 아이스바로 즐길 수 있는데 Dole(돌)이 한국에서만 판매하는 제품이다. 한국야쿠르트의 '얼려먹는 야쿠르트'는 전통적인 패키지 모양을 그대로 살려 고유의 아이덴티티는 살리되 수저로 떠먹는 제품이며 동원F&B의 '자연한입 ICE 고구마'는 100% 국산 고구마를 오븐에 구운 뒤 냉동한 제품이다.

출처: 서울경제TV, 2020.09.03.

출처: 글로벌경제신문, 2019.05.24.

출처: 식품음료신문, 2017.05.11.

실전 사례

✤ 나의 인생 곡선을 그려보며 과거와 현재를 돌아보고, 미래를 계획해 봅시다.

[진행방법]

- 나의 인생을 제품수명주기(PLC)에 대입해 생각해본다.
- 도입기에서부터 쇠퇴기에 이르는 단계별 연령분포를 계획해본다. (예: 도입기는 0세~8세)

✤ 제시된 그래프 위에 여러분의 인생 곡선을 그려보고 각 시기에 있었던 중요한 일과 미래에 일어날 일들을 예상해서 중요도 순으로 적어 봅시다.

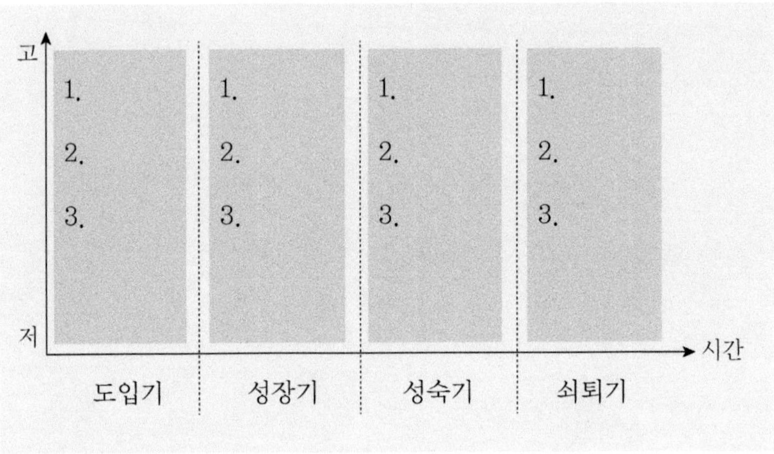

Chapter 11

가격 전략

학습목표

1. 제품의 가격결정과 가격전략을 학습한다.
3. 가격의 결정 요인과 결정 방법을 설명할 수 있다.
4. 다양한 가격정책을 실제로 활용할 수 있다.

도입사례

보통 유통업계의 자체브랜드(PB: private brand)는 유통업의 강점을 활용한 저가 제품을 연상하지만 자체브랜드의 가격도 기업의 전략에 따라 얼마든지 다양해질 수 있고 가격 정책을 통해 다양한 전략적 접근을 할 수 있다. 예를 들어 롯데백화점은 매스마케팅 전략을 강화하면서 가격 경쟁력에 의지하는 반면 신세계백화점은 준프리미엄급 PB 브랜드를 육성하는데 초점을 맞춘다. 이와 같은 이유는 롯데는 현재 아웃렛과 전문점 등을 포함해 모두 60여 곳으로 백화점과 아웃렛을 합해 20여곳인 신세계백화점에 비해 매장수가 상대적으로 많기 때문에 대중에게 어필할 수 있는 저가 상품을, 매장에 많지 않은 신세계는 스스로 고객이 찾아오기를 기대하는 충성고객 전략을 쓰기 때문이다.

▲ 롯데백화점의 남성 정장 PB브랜드 '맨잇슈트' 매장

출처 : 파이낸셜투데이, 2017.02.12.

▲ 신세계백화점의 웨딩주얼리 PB브랜드 '아디르' 매장

출처 : 연합뉴스, 2017.02.16.

1. 가격의 개념

비싼 가격의 제품을 보면 어떤 생각이 드는가? 가격이 매겨지는 과정에 대해 생각해 본 적이 있는가? 기업에서 제품의 가격을 결정할 때 가장 중요하게 생각하는 것이 무엇일까? 가격이란 시장에서 소비자가 원하는 제품이나 서비스의 가치를 돈으로 환산한 것을 의미한다. 특정 판매자의 제품이나 서비스를 이용하기 위해서는 우리는 돈을 지불해야 한다. 이 때 얼마를 지불해야 하는가? 그것이 바로 가격이다. 즉 가격은 제품의 교환가치로서 소비자들이 제품과 서비스를 구매함으로써 얻게 되는 효용에 부가된 가치라고 할 수 있다. 경제학적 관점에서 합리적인 소비자는 제품이나 서비스가 주는 가치가 지불해야하는 돈보다 높다고 판단되면 제품을 구매한다. 그래서 시장의 수요는 제품의 가격을 어떻게 책정하느냐에 따라 변화된다.

그러나 소비자는 제품이나 서비스의 가치를 완벽하게 파악하기 어렵기 때문에 가격을 정하는 것이 쉽지 않다. 예를 들어 김연아 선수의 아이스 댄싱 쇼 공연을 생각해 보자. 소비자는 이 공연을 여러 가지 선택할 수 있는 서비스 상품 중의 하나의 대안으로 생각한다. 어떤 사람에게는 영화 한편과 비슷한 시간 동안 즐거움을 주는 상품에 불과 할 수도 있고 어떤 사람에게는 평생 다시 못 볼 마지막 기회라고 생각할 수도 있다. 이처럼 실체에 대한 가치의 평가는 소비자마다 다를 수 있기 때문에 가격전략 수립에 어려움으로 작용한다. 그럼에도 불구하고 가격은 기업의 손익에 직접적인 영향을 주기 때문에 실무자에서부터 최고경영자에 이르기까지 매우 중요한 기업의 의사결정 영역이다.

2. 가격의 중요성

가격을 제외한 제품, 유통, 판촉은 모두 비용을 발생시키는 반면 가격은 수익과 이익에 직결되는 유일한 마케팅 믹스이다. 가격은 수익률과 시장 점유율과 같은 기업 마케팅 목표를 달성하는데 매우 중요한 요소로 작용한다. 뿐만 아니라 제품, 유통, 판촉과 같은 마케팅 믹스활동은 환경변화에 즉각적으로 대처하는데 많은 시간과 노력이 들지만 가격은 즉각적인 대응이 가능하다. 그리고 가격은 기업의 존립의 원천이 되는 요소이다.

가격이 마케팅 활동에 특히 중요한 의미는 첫째, 가격은 소비자 구매 행동에 기준이 된다. 소비자들은 특정 제품군에 대한 준거가격이 있다. 생필품, 가전제품, 명품, 혹은 백화점 구매품, 홈쇼핑 구매품 등 다양한 제품의 특성과 판매되는 장소에 대한 각각의 소비자 준거가격이 있고 그것에 의지하여 제품 구매를 결정하게 된다. 둘째, 유통에 대한 기준 지표가 된다. 새로 신제품이 출시되면 할인점, 백화점 등 유통업체를 대상으로 한 가격이 결정되고 그 가격은 상당기간 지속된다. 유통업체 등은 그 가격을 보고 입점 실행 여부를 결정한다. 셋째, 가격은 사회 전체의 경제 활동을 위한 효율적인 자원 배분의 기능을 가지며 정부 정책 방향을 결정하는 기준이 된다. 그래서 가격이 물가에 영향을 줄 정도라고 생각하면 정부 차원의 가격 통제를 하기도 한다.

* **준거 가격(reference price)** 소비자의 마음 속에 가격이다. 기존의 경험이나 기억 또는 정보 등에 의해 어떤 상품에 대한 생각하고 있는 가격으로 가격이 비싼지 싼지를 판단하는 기준이 된다. 예를 들어 광고 등에서 제시된 가격이 이를 기억하는 소비자에게 구매 시점에서 비교할 수 있는 준거 가격이 될 수 있다. 소매점에서 판매가격이 광고 가격보다 쌀 경우 낮은 가격이라고 판단하고 반대의 경우는 비싸다고 생각한다.

3. 판매가격의 결정요인

같은 종류의 제품이라고 하더라도 가격은 천차만별이다. 파티용 드레스를 예로 들면 몇 만원에서 심지어 수억 원에 달하기도 한다. 가격의 차이가 발생하는 원인은 여러 가지가 있지만 [그림 Ⅳ-15]에서 보는 것처럼 다음의 5가지 요인으로 정리할 수 있다.

그림 Ⅳ-15 가격 결정에 영향을 주는 요인

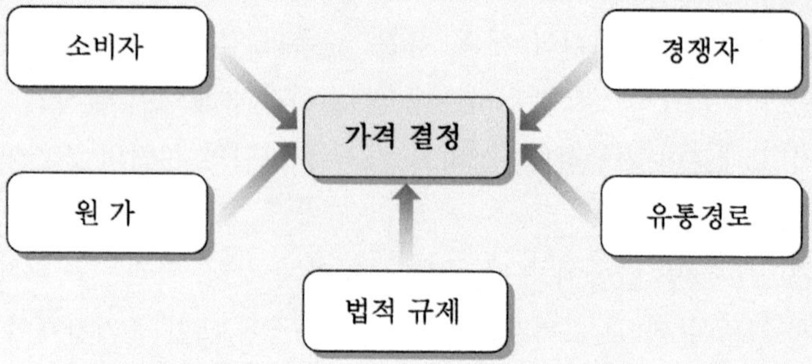

1) 해당기업 요인

해당 기업 요인은 첫째, 해당 기업의 목표에 의해 가격이 결정되는 것이다. 기업의 시장 침투전략, 브랜드 이미지 전략, 제품의 수명주기 전략 등 기업의 전략적 목표에 따라 가격을 결정한다. 둘째, 해당 기업의 비용중심적인 측면에서 가격이 결정된다. 이 방법은 제품과 서비스의 생산과 판매에 소요되는 모든 비용을 기준으로 해당 기업이 이익을 낼 수 있는 수준에서 가격을 결정하는 방식이다. 이익을 낼 수 있는 가격의 기준을 제품 원가라고 하고 생산비용, 판매비용, 관리비용 등이 포함되어 있다.

2) 경쟁자 요인

[그림 Ⅳ-16]에서처럼 가격은 소비자들이 지불하고자 하는 가격을 제품의 상한 가격으로, 제품의 원가를 하한 가격으로 책정한다. 그리고 이 범위 내에서의 구체적인 가격결정의 요소가 경쟁사의 가격과 원가, 품질이다. 경쟁사와 유사한 제품의 품질을 가지고 더 높은 가격을 책정한다면 소비자의 외면을 받을 것이고 반대의 경우 가격에서의 경쟁우위를 확보할 수 있게 될 것이다. 그러나 경쟁사간의 가격경쟁은 궁극적으로 기업의 수익구조에 악영향을 줄 수도 있다.

그림 Ⅳ-16 가격결정의 범위와 고려사항

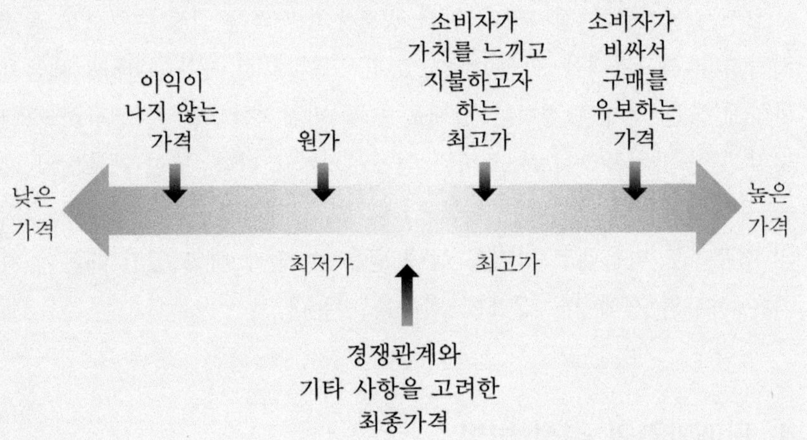

3) 소비자 요인

소비자가 인지하는 제품의 가치에 맞춰 제품가격을 결정하는 방법이다. 이 방법은 자사의 표적 소비자가 자사 제품에 대해 어느 정도의 가치를 부여하는지를 조사하여 이에 상응한 제품가격을 목표가격으로 정하는 것이다. 대체로 명품 브랜드의 경우 일반 브랜드에 비해 소비자가 인지하는 가치가 높아서 제품 원가에 비해 높은 가격을 책정할 수 있다.

4) 유통경로 요인

제품을 생산하는 기업이 동시에 제품을 유통과 판매까지 담당하는 경우는 많지 않다. 제조업자들은 제품 판매의 유통 경로에 포함되는 협력사에 발생하는 보관비용이나 판촉비용 등을 보상해줘야 하는 경우가 발생한다. 이러한 유통경로에서의 지원 비용이 제품 가격에 반영될 수 있다.

5) 법적 규제 요인

정부는 물가를 안정시키기 위해 생필품의 가격을 일정 수준으로 동결시키거나 최고가격을 설정할 수 있다. 또한 특정 제품에 대해 세금을 과하게 혹은 낮게 책정하는 정책을 통해 바람직한 소비는 권장하고 그렇지 못한 사치품과 같은 소비는 억제시키기도 한다. 또한 제조업자 혹은 유통업자간의 가격담합 등을 법적으로 규제하고 있다. 심지어 독점의 경우라도 마음대로 가격을 높여 받을 수 없게 하고 있기 때문에 가격은 정부의 정책이나 규제에 영향을 받는다.

4. 판매가격의 결정 방법

1) 원가 가산법

원가 가산법은 제품원가에 일정 비율의 이익을 붙여서 가격을 결정하는 방법이다. 여기서 원가는 제품의 생산 및 운영에 들어가는 변동비와 고정비를 포함한 모든 비용을 말한다.

다음 기업의 예를 들어 원가 가산법을 살펴보기로 하자.

- 단위당 변동비 : 500원
- 고정비 : 300만원
- 예상판매량 : 5만개
- 예상 판매 수익률 : 20%
- 단위원가 = 단위당 변동비 + $\frac{\text{고정비}}{\text{예상판매량}}$ = 500 + $\frac{3000000}{50000}$ = 560원
- 판매가격 = $\frac{\text{단위당원가}}{(1-\text{예상판매수익률})}$ = $\frac{560}{1-0.2}$ = 700원

원가 가산법은 해당 기업의 비용만 고려할 뿐 경쟁 상태나 소비자 수요를 고려하지 못한다는 단점이 있지만 가격결정이 매우 간단하다는 장

점이 있다. 원가를 가격결정의 근거로 한다면 수요가 변할 때마다 가격을 바꾸지 않아도 되기 때문에 가격결정 업무를 단순화할 수 있다. 또한 소비자는 수요가 증가하더라도 가격을 올리지 않기 때문에 공정한 가격이라고 생각할 수 있다.

2) 목표 수익률기준 가격산정법

이 방법은 기업이 목표수익률을 정하여 기준으로 가격을 산정하는 방법이다. 이 방법은 기업이 투자에 대한 일정 수익률(ROI)을 정하고 이를 달성할 수 있도록 가격을 결정하는 방법이다. 목표 수익률에 의한 가격산정의 예를 살펴보기로 하자.

* ROI(return of investment) 미국 GM에 의해 최초로 사용된 목표수익률의 개념

- 목표 수익률 기준 가격 = 단위원가 + $\frac{\text{투자액} \times \text{목표수익률}}{\text{예상판매량}}$ 이고
- 여기서 단위원가 = 단위당 변동비 + $\frac{\text{고정비}}{\text{예상판매량}}$ 이므로
- 가격 = 단위당 변동비 + $\frac{\text{고정비}}{\text{예상판매량}}$ + $\frac{\text{투자액} \times \text{목표수익률}}{\text{예상판매량}}$ 이다
- 투자금액: 100,000,000
- 단위당 변동비 : 500, 고정비 : 300만원, 예상 판매량 5만개
- 목표수익률: 20%로 가정하면
- 목표수익률기준 가격 = $500 + \frac{3000000}{50000} + \frac{100,000,000 \times 0.2}{50000}$ = 960원

목표수익률의 문제점은 원가 가산법과 마찬가지로 소비자의 수요와 경쟁 상태를 고려하지 못하였다는 것이다. 또한 예상 판매량을 달성하지 못했을 경우, 목표로 한 판매 수익에 이르기 위해서는 결과적으로 가격을 올려야만 할 것이다.

3) 경쟁 중심 가격산정법

경쟁 중심 가격 산정법은 경쟁사의 가격을 기준으로 가격을 정하는 방법이다. 자사의 시장 지배력이 상대적으로 낮은 경우나 후발업체가 시장에 진입할 때 쓰는 방법이다. 이 방법은 경쟁사의 가격을 파악하여 전략적으로 경쟁사보다 높거나 낮게 혹은 비슷하게 책정한다. 경쟁사보다 가격을 낮게 정하는 이유는 소비자의 수요를 늘려 시장 점유율을 높이기 위해서다. 시장에 선도적이거나 브랜드 파워가 있는 기업의 경우는 경쟁사보다 가격을 높게 책정하여 고급스러운 제품이미지를 유지 할 수도 있다.

이 방법은 경쟁자의 가격만을 기준으로 하면 되기 때문에 가격결정이 쉽고, 목표 수익을 이루지 못하더라도 그 산업의 적정이윤이 확보되고 업체간 과열 경쟁을 막을 수 있다는 장점이 있다. 그러나 경쟁사의 가격결정에 따르기 때문에 독자적인 마케팅전략의 실행이 어렵다는 것은 단점이다.

4) 소비자 기대수준 가격산정법

소비자의 제품에 대한 평가와 평가한 상품의 지각된 가치에 의해 가격을 결정하는 방법이다. 소비자들의 구매의도, 가격변화에 대한 가격 탄력성, 표적 시장의 특성 등을 고려하여 가격을 결정한다. 소비자가치 중심의 마케팅개념에 가장 잘 맞는 가격산정법이 될 수 있으나 현실적으로 소비자가 느끼는 가치나 구매의도를 정확하게 파악하는 것이 어렵다는 단점이 있다.

$$* \text{가격탄력성} = \frac{\text{판매량의 변화율}(\%)}{\text{가격의 변화율}(\%)} = \frac{\dfrac{\text{변화후 판매량} - \text{변화전 판매량}}{\text{변화전 판매량}}}{\dfrac{\text{변화후 가격} - \text{변화전 가격}}{\text{변화전 가격}}}$$

5. 판매가격 정책

가격전략은 앞선 가격결정방법을 통해 가격의 범위가 결정된 후 마케터가 최종적으로 시장에서 실제 집행되는 가격을 결정하는 과정으로 들어간다. 판매가격 정책이란 마케터가 개별 제품 가격을 결정하거나 이미 결정된 가격을 관리하는 것을 말한다.

1) 심리적 가격정책

심리적 가격정책은 최종 가격의 선정에 있어 소비자 지각을 반영하는 것이다.

(1) 단수가격(odd pricing)

가격단위를 1,000원, 10,000원 등이 아닌 990원, 9900원 등으로 설정해서 소비자들이 심리적으로 싸게 느끼게 가격을 책정하는 것이다.

(2) 준거가격(reference pricing)

소비자들이 특정 제품을 구매할 때 심리적으로 적정하다고 생각하는 가격이다. 예를 들어 콜라는 얼마정도 할 것이다 혹은 국산 자동차는 얼마 이상일 수는 없다 등으로 생각하는 것이다.

(3) 권위가격(prestige pricing)

소비자가 품질과 가격이 연상관계를 생각할 때 가격이 높을수록 품질이 좋다고 인식하고 제품의 가격과 자신의 권위가 비례한다고 경우에 적용된다. 이런 제품의 경우 가격이 떨어지면 초기에는 수요가 증가하지만 나중에는 오히려 수요가 감소한다.

2) 판매 촉진을 위한 가격정책

판매 촉진을 위한 가격정책은 주로 기업의 단기적인 가격정책이다. 판매촉진을 위한 가격정책은 단기적으로 소비자의 구매를 유도하고 재고를 소진시킬 목적으로 활용된다.

(1) 유인가격(loss leader pricing)

소비자를 매장으로 유도하기 위해 잘 알려진 제품을 매우 싸게, 때로는 원가 이하로 광고하고 판매하는 가격이다. 소비자는 유인 가격의 제품을 사러 왔다가 다른 제품도 함께 사고, 해당 점포는 모든 제품의 가격이 다 저렴한 곳이라는 식으로 인지를 하기 때문에 결과적으로는 이익이 발생한다.

(2) 특별행사가격(special event prciing)

세일과 같이 특정 상품을 할인해서 판매하는 것을 말한다. 단기적으로 매출을 증대시키고 재고를 감소시키는 효과가 있다.

(3) 계절할인(seasonal pricing)

성수기 비수기와 같이 계절에 따라 수요가 다를 때의 가격 정책이다. 겨울에 냉장고를 싸게 여름에 겨울 외투를 싸게 판매하는 것들이 좋은 예가 될 수 있다.

(4) 공제(allowance pricing)

기존제품과 신형제품을 교환할 때 기존의 제품의 가격을 책정하여 신제품 가격에서 공제해주는 가격을 말한다.

(5) 리베이트(rebate pricing)

제품 구매를 입증하는 서류를 기업에 보내면 환급해주기로 약속한 금액만큼 현금으로 돌려주는 가격을 말한다.

3) 제품 결합에 의한 가격정책

제품결합에 따른 가격 정책은 둘 이상의 가격을 정책적으로 함께 고려하는 것으로 제품결합에 의한 가격정책은 제품들이 상호보완적인 성격일 때 더욱 효과적이다.

(1) 노획가격(captive pricing)

기본 제품의 가격을 낮게 책정한 후 그 제품을 사용하는데 필요한 소모품이나 부속품을 비싸게 판매하여 수익을 올리는 것을 말한다. 프린터와 잉크 토너, 정수기와 필터 교체 등이 좋은 예이다.

(2) 묶음가격(price bundling)

기본적인 제품과 선택사양, 서비스를 등을 함께 묶어서 파는 묶음 가격을 말한다. 보통 각각의 제품을 따로 구매하는 것 보다 저렴한 경우가 많지만 반드시 그런 것은 아니다. 햄버거 세트메뉴, 추석 선물 세트 등이 좋은 예이다.

(3) 2부제가격(two part pricing)

2부제 가격은 휴대폰의 사용료처럼 매달 똑같은 금액을 지불하는 기본료와 사용량에 따라 매달 달라지는 사용요금으로, 가격을 이중으로 책정하는 가격을 말한다. 택시요금도 좋은 예이다.

(4) 가격계열화(price lining)

가격계열화는 제품이나 디자인의 차이에 따라 가격대를 결정하고 그 가격대에서 구체적인 가격을 결정하는 것이다. 예를 들어 여성 정장을 저가, 중가, 고가 군으로 나누고 저가는 5~10만원, 중가는 10~20만원, 고가는 20만원 이상으로 결정하는 것을 말한다.

4) 가격 차별화에 의한 가격정책

가격차별화는 수요를 기초로 최종 가격을 결정하는 방법으로 오늘날의 대부분의 기업은 표적 시장 소비자들의 특성에 맞춰 차별화된 가격을 제시한다.

(1) 시간에 따른 차별화

시간에 의한 가격 차별화는 주로 서비스 상품에서 많이 쓰이는 전략이다. 서비스는 생산과 동시에 소비가 이루어지기 때문에 수요가 많은 시간과 그렇지 않은 시간에 각각 다른 가격을 매긴다. 시간에 의한 차별화는 이용시간에 따른 차별화와 구매 시간에 따른 차별화로 구분된다. 이용 시간에 다른 차별화의 예는 영화 조조 가격, 여행 비수기의 항공료 가격, 야간 시간의 전기료 가격 등이다. 구매 시간에 따른 차별화의 예는 미리 예약한 가격이 저렴한 경우다. 예를 들어 사전 예약을 미리하면 예약 없이 투숙하는 고객보다 할인해주는 호텔의 객실료 등이 여기에 해당한다. 호텔의 입장에서는 예약을 미리 받음으로 불확실한 미래의 수요에 대한 대처를 할 수 있기 때문에 할인을 해주어도 큰 소실이 없다.

(2) 구매 장소에 따른 차별화

같은 제품이라고 하더라도 수퍼마켓에서 구입하는 과자와 놀이공원에서 구입하는 과자의 가격이 다른 것은 구매 장소에 따라 가격을 다르게 책정하였기 때문이다.

(3) 소비자의 특성에 따른 가격 차별화

* 유보가격(reservation price) 구매자가 특정 상품에 대하여 지불할 용의가 있는 최고 가격으로 최고 수용 가격이라고도 한다.

소비자의 특성에 따른 가격 차별화는 소비자가 제품을 구매하는 유보가격(reservation price)을 고려하는 것이다. 같은 제품이라고 해도 싸다고 느끼는 소비자가 있고 비싸다고 느끼는 소비자도 있을 것이다. 이때 그들이 생각하는 유보가격 혹은 가격 민감도에 맞게 가격을 책정하는 방법이다.

(4) 구매량에 따른 가격 차별화

구매수량에 따라 할인을 해주는 방법이다. 그렇게 되면 소비자는 더 많은 소비를 할 것이다. 대량구매자는 보통 경쟁사의 가격을 비교하고 구매하기 때문에 이 방법이 매우 효과적이다.

(5) 제품라인에 따른 가격 차별화

제품라인에 따른 가격차별화는 제품 라인을 이용하는 방법이다. 같은 제품이라고 해도 품질이나 디자인, 기능, 색상 등에 차이를 두고 가격을 정하는 방법이다.

5) 신제품 출시를 위한 가격정책

기업이 시장에 처음 제품을 출시할 때 활용할 수 있는 가격 정책은 초기 고가 전략과 시장 침투 가격 전략이 있다. 초기 고가 전략은 가격을 높이 책정했다가 시간이 경과하고 어느 정도의 소비가 이루어지면 가격을 점차 내리는 것을 말하고, 시장 침투 전략은 가격을 낮게 책정하는 것을 말한다.

(1) 초기 고가 전략(skimming pricing)

초기 고가 전략은 보통 시장의 선도 기업의 가격정책이다. 단기간에 신제품 생산에 들어간 비용을 회수하고 이윤을 확보하기 위해 높은 가격을 매긴다. 이와 같은 전략은 특허에 의해 제품이 보호되거나 대체품에 비해 제품이 가치가 높고 경쟁자의 진입이 쉽지 않은 경우에 활용할 수 있으며 제품이 비싸고 새로운 제품 구입에 망설임이 없는 혁신소비자층이 표적 고객이다.

(2) 시장침투 가격(penetration pricing)

시장침투 가격 전략은 보통 기존 신제품을 모방하는 후발 진입자가 주로 사용하는 가격 전략이다. 가격에 민감한 초기 혁신소비자층의 구매가 모두 이루어지고 구매를 하지 않은, 가격에 민감한 다수의 소비자층의 구매를 유도하기 위한 방법이다. 때로는 선도 기업 중에서도 빠른 시간에 목표하는 수요량을 달성하여 규모의 경제를 이루고자할 때 시장 침투가격 정책을 쓰기도 한다.

정리 사례

같은 이코노미 좌석으로 미국 샌프란시스코로 나란히 앉아서 가는 3명이 지불한 항공요금은 같을까? 정답은 아마도 '아니다'이다. 왜냐하면 항공권은 구입시기와 조건, 구입처에 따라 가격차가 크게나는 대표적 상품이기 때문이다. 같은 날, 같은 곳으로 가는 같은 항공사, 같은 등급의 비행기 좌석이더라도 항공권의 가격은 티켓의 유효기간, 환불 규정에 따라 다르다. 저가의 항공권은 보통 유효기간이 짧기 때문에 항공사의 입장에서는 고객관리비용이 적게 든다. 또한 저가의 항공권은 보통 취소 환불수수료가 비싸고 일정 변경이 어려우며 마일리지 적립에 제한이 많다. 그리고 언제 구입했는가도 가격에 영향을 주는데 보통 일찍 구매할수록 항공권의 가격은 저렴하다.

출처: 구글이미지

실전 사례

✤ 홍대 앞 놀이터에서 열리는 프리마켓(자선바자회 혹은 벼룩시장)에 물건을 팔기위해 참여하는 상황이라 가정해 봅시다.

▲홍대 앞 프리마켓, 출처: 일상예술창작센터

✤ 전제: 팔 수 있는 물건에 제한은 없으며, 가격은 내가 정한 가격으로 팔 수 있다. 여러분은 어떤 물건을 얼마의 가격에 팔 것인가? 다음의 물음에 답해보고, 다른 친구들의 의견도 봅시다.

생각해 볼 문제	나의 생각
1. 어떤 물건을 팔 것인가?	
2. 그 물건을 구매했을 때의 가격은 얼마였나?	
3. 플리마켓에 얼마에 내놓을 계획인가?	
4. 그 이유는?	

Chapter 12

유통 전략

학습목표

1. 유통경로의 개념과 종류를 학습한다.
2. 유통경로의 구성원에 대해 알아보고 수직적 마케팅 시스템을 활용할 수 있다.
3. 물류의 개념과 물류산업, 국가 경쟁력의 요소에 대해 학습한다.

도입사례

인터넷 쇼핑이 일상화되자 쇼루밍족(showrooming)이 등장했다. 쇼루밍족이란 오프라인 매장에서 상품정보와 치수 등을 보고 인터넷 검색을 통해 물건을 구매하는 사람들이란 뜻으로 영어 showrooming과 족(族)이 합쳐진 신조어다. 말 그대로 오프라인 매장은 쇼룸이 되는 공간이다. 오프라인 매장에서 치수 정보와 상품 코드 번호를 찍어 인터넷에 검색해 최저가로 물건을 구매하는 사람들을 일컫는 말이다. 그러나 최근에는 온라인으로 제품 정보를 확인한 후 오프라인 매장에서 구매하는 '역(逆)쇼루밍'이 매장의 다변화에 따라 오히려 확산되고 있다. 성수동에 입점한 이케아 코리아의 '이케아랩'은 인테리어, 가구 체험과 커피를 함께하는 곳으로 MZ 세대와의 긴밀한 소통을 위한 사례가 있다.

출처: 이뉴스투데이, 2020.10.21.

1. 유통 경로의 이해

제품을 생산자와 소비자가 직거래를 하면 저렴하게 파고 살 수 있을 것 같은데 왜 그렇게 하지 않는 걸까? 온라인 쇼핑몰이 오프라인 백화점에 매장을 여는 이유는 무엇일까? 직거래 장터의 농산물이 대형 마트에서 파는 것보다 비싼 이유는 무엇일까? 이 장에서는 유통 경로의 개념과 그 필요성에 대해 함께 공부하도록 하자.

1) 유통 경로의 개념과 필요성

유통 경로란 제품이나 서비스가 생산자로부터 중간상 및 최종 소비자에게 전달되는 과정에 참여하는 조직이나 개인을 의미한다. 기업들은 소비자에게 자신들이 생산한 제품을 직접 판매하는 경우도 있지만 대개는 생산자와 최종 소비자 사이에 도매상(wholesalers) 혹은 소매상(retailer)을 통해 제품을 판매한다. 도매상은 최종 소비자에게 제품을 판매하지 않고 주로 다른 도매상 혹은 다른 소매상에게 판매하며, 소매상은 최종 소비자에게 판매를 하는데 도매상과 소매상을 합하여 중간상(intermediaries)이라고 부른다.

2) 유통의 존재 이유

인터넷과 같은 새로운 유통 경로를 통해 생산자와 소비자가 직접 거래를 수월하게 할 수 있게 되었지만 대다수의 기업들이 중간상을 이용하는 이유는 다음과 같은 이점 때문이다.

첫째, 중간상이 거래에 개입함으로써 거래횟수를 줄일 수 있다. 거래횟수가 준다는 것은 유통 거래로 생기는 비용을 줄일 수 있다. [그림 Ⅳ-17]에서 보면 제조업체가 직접 소비자와 직거래를 할 때 보다 중간상이 개입하게 되면 거래 횟수가 40건에서 14건으로 줄어든다.

둘째, 유통경로에서 소비자에게 제품을 알리고 구매를 유도하는 활동이 이루어지기 때문에 소비자에게 제품에 대한 정보를 집약된 장소에서 손쉽게 전달 할 수 있다.

셋째, 유통 과정의 규모가 커지면 대량매입을 통한 규모의 경제가 실현되어 비용을 절감할 수 있다.

넷째, 제품 및 서비스의 생산과 최종 소비의 사이에는 물량의 격차를 효율적으로 줄여줄 수 있다. 생산자가 생산하는 제품은 대량이지만 소비자가 소비하는 제품은 소량이다. 중간상이 이 물량을 조절하여 물량적 격차를 줄일 수 있다.

그림 Ⅳ-17 중간상 개입에 의한 거래의 단순화

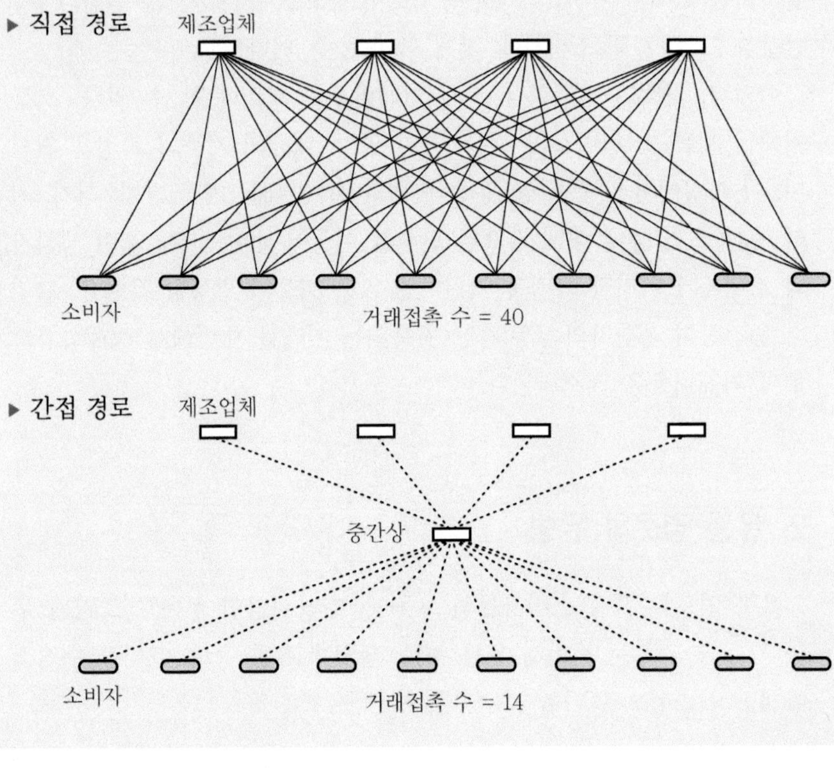

다섯째, 제품 및 서비스의 생산과 최종 소비의 사이에 구색의 격차를 효율적으로 줄여줄 수 있다. 축구공, 축구화, 유니폼을 생산하는 업체는 다르지만 소비자에게 그 제품들은 축구를 할 때 다 필요한 제품이다. 중간상을 이러한 제품을 한 곳에서 판매해 소비자에게 구색의 격차를 줄여준다.

여섯째, 제품 및 서비스의 생산과 최종 소비의 사이에 시간과 공간의 격차를 효율적으로 줄여줄 수 있다. 생산자가 제조하는 시점에 소비자가 모두 소비하는 것이 아니기 때문에 시간적 격차와 공간적 격차가 존재한다. 중간상은 재고관리, 금융부담 등을 통해 그 격차를 줄여준다. 또한 중간상이 개입함으로써 생산자가 각각 따로 보관하는 것보다 재고비용이 줄어든다.

일곱째, 제품 및 서비스의 생산과 최종 소비의 사이에 형태상의 격차를 효율적으로 줄여줄 수 있다. 예를 들어 쌀의 생산자는 쌀을 대량 생산하지만 소비자는 5kg, 10kg 등으로 소량으로 구매하기를 원한다. 중간상을 그 격차를 소비자에 맞게 줄여줄 수 있다.

여덟째, 거래의 정례화를 통해 거래비용을 최소화 할 수 있다. 모든 거래는 제품 및 서비스의 주문, 가치 평가, 대금의 지불의 과정을 거치며, 이 과정에서 제품의 양, 운송 방법과 시기, 대금 지불 방법, 시기, 기타 교환 조건 등에 대해 필요한 합의를 이끌어 내야 한다. 매번 생산자와 소비자가 이러한 과정을 거친다면 많은 비용이 발생할 것이다. 그러나 중간상이 생산자와 소비자간 반복되는 거래를 대신해서 정례화함으로써 거래비용은 최소화된다.

2. 유통 경로의 유형

유통 경로는 표적 소비자들의 욕구에 따라 다양한 형태로 조직될 수 있다. 유통 경로는 소비재 유통 경로, 산업재 유통 경로, 그리고 수직적 마케팅 시스템으로 나눌 수 있다.

그림 Ⅳ-18 소비재 유통 경로

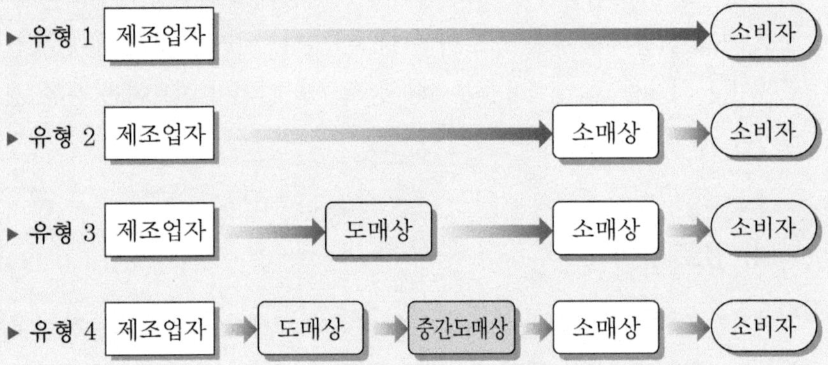

1) 소비재 유통 경로

소비재는 유통 경로에 개입하는 중간상의 수에 따라 [그림 Ⅳ-18]에서 보는 것과 같이 네 가지 형태로 분류될 수 있다.

(1) 경로 유형 1

제조업자가 소비자에게 직접 판매하는 형태로 직접 마케팅 경로라고 부른다. 주로 방문판매, 통신 판매, 전자 상거래 등이 이 경우에 해당하며 정수기, 학습지, 화장품 판매가 종종 이 경로 유형을 통해 유통 된다.

(2) 경로 유형 2

제조업자와 소비자 사이에 하나의 중간상이 개입하는 경우로 주로 백화점, 대형 할인점과 같은 대형소매업자가 생산자로부터 제품을 직접 구매하여 판매한다.

(3) 경로 유형 3

이 유형은 제조업자와 소비자 사이에 도매상과 소매상이 개입되는 형태로 가장 전형적인 유통 경로라고 할 수 있다. 이러한 경로 유형은 식료품이나 의약품 등 소비용품분야에서 소규모 기업이 선호하는 유통 경로이다.

(4) 경로 유형 4

마지막 유형은 도매상과 소매상 사이에 중간 도매상이 존재하는 경로 유형이다. 중간 도매상은 대형 도매상이 직접 공급하기 어려운 소규모 소매상에게 제품을 공급한다. 주로 우유, 육류 등 농수산물 유통에 이용된다.

2) 산업재 유통 경로

산업재 유통경로는 조직 구매자에게 주로 판매되는 제품의 유통 경로를 말하며 직접 유통경로를 선호한다. 즉 산업재는 제품이 복잡하고 전문성이 필요하기 때문에 자사의 영업사원이나 전자상거래와 같은 직접 마케팅 기법을 이용하여 기업체 고객들에게 판매되는 경우가 많다.

그림 Ⅳ-19 산업재 유통 경로

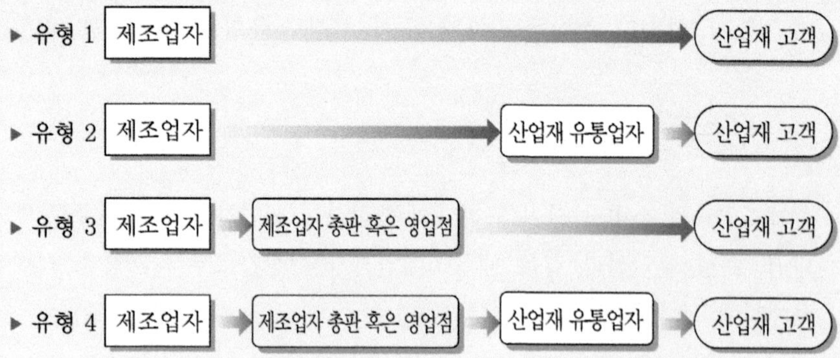

[그림 Ⅳ-19]에서 보듯이 산업재는 제조업자가 제품을 직접 혹은 자체 영업점을 통해 판매하거나 전문적인 산업재 유통업자를 통해서 제품을 판매한다. 그러나 판매단위가 작고 구매자가 분산되어 있거나 제품이 표준화되어 있지 않는 경우에는 경로유형 2, 경로유형 4처럼 산업재 유통업자를 이용하는 경우가 효과적이다.

3. 유통 경로 구성원의 관리와 유통 경로 대안의 선택

1) 유통 경로 구성원의 관리

유통 경로가 시스템으로 제 기능을 하기 위해서는 유통 경로상의 구성원과의 관계가 매우 중요하다. 유통 경로는 상호의존적인 관계를 가지고 있으므로 경로 구성원의 행동이 다른 구성원의 성과에 영향을 미치지만 구성원의 목표가 서로 달라 수직적 혹은 수평적 경로 갈등이 발생할 수 있다.

경로상에서 발생하는 갈등은 구성원간의 불만족을 유발하고 상호간의 신뢰를 깨뜨릴 수 있다. 따라서 갈등을 사전에 예방하고 갈등의 구조적 요인을 제거하는 것이 필요하다. 이러한 갈등을 해소할 수 있는 유통 경로상의 힘이 있어야 한다. 유통 경로상의 힘의 원천은 다음과 같다.

* **수직적 갈등** 유통 경로상의 서로 다른 단계(가령 제조업자와 도매상, 혹은 도매상과 소매상)에 있는 구성원들 간에 발생하는 갈등
* **수평적 갈등** 유통 경로상의 동일한 단계에 있는 중간상들 간의 갈등

(1) 보상적 힘

경로 리더가 경로 구성원에게 긍정적인 보상을 제공할 수 있는 경우 발생하는 힘이다. 일반적으로 제조업자가 도매상에게 높은 마진이나 특별할인, 계속적인 거래 유지 등을 제공할 수 있을 때 발생한다.

(2) 강압적 힘

경로 리더가 사용하는 부정적 동기 부여의 수단으로서 경로 구성원의

잘못된 행동에 대해 처벌을 할 권한을 가진 경우 발생하는 힘이다. 마진폭 인하와 판매 독점권 회수 등의 강압적 힘이 대표적이 예이다.

(3) 전문적 힘

리더가 상대방이 갖고 있지 않은 전문적 지식, 경험, 정보보관능력 등을 가지고 있는 경우에 발생한다. 일반적으로 전문적인 업종이거나 전문품을 취급하는 경우, 전문적 힘을 행사하는 경우가 많다.

(4) 준거적 힘

시장에서 경로 리더의 명성으로 인해 경로 리더와 연계를 하고자 하는 힘이다. 일반적으로 도매상이나 소매상이 시장에서 높은 명성을 가진 상품을 취급하는 것을 자랑스럽게 생각하는 경우 발생한다.

(5) 합법적 힘

경로 리더가 계약 또는 규범에 의해 경로 구성원이 경로 리더의 요구를 따르는 것이 합당하다고 인지할 경우 발생하는 힘이다. 예를 들어 계약형 VMS(vertical marketing system)의 경우 계약 본부가 가지는 힘의 원천이 이에 근거한다.

그리고 무엇보다도 중요한 것은 협력적 관계를 우지하기 위해 평소에 지속적인 커뮤니케이션을 통해 상호간의 신뢰를 구축하고 평소의 진실성 있는 거래 관행을 유지하는 것이 중요하다.

2) 유통 경로 대안의 선택

표적 시장 결정되면 마케터는 각 표적 시장 별로 최소의 경로 비용으로 표적 소비자의 기대를 충족시킬 수 있는 최적으로 경로 대안을 선택해야 한다. 경로 대안들은 직접성, 집약정도, 다양성, 관리패턴의 네 가지요소를 고려하여 결정한다.

표 Ⅳ-3 유통 경로의 길이와 직접성 선택

구분		직접경로	긴 유통경로
시장 특성	최종 사용자의 수	작음	큼
	고객이 지역적 범위	낮음	높음
	고객 밀집도	높음	낮음
	평균 주문의 크기	큼	작음
	거래완결 시간	장시간	단시간
	고객의 서비스 요구	높음	낮음
제품 특성	배분단위의 크기	높음	낮음
	부패 가능성/소멸성	높음	낮음
	표준화 정도	낮음	높음
	기술적 복합성	높음	낮음
	단위 가치	높음	낮음
	마진 폭	낮음	높음
기업 특성	통제의 필요성	높음	낮음
	규모	큼	작음
	자금 능력	높음	낮음
	관리적 숙련도	높음	낮음
	고객에 대한 정보력	높음	낮음

첫째, 직접성은 생산에서 소비자에게 전달되기까지 몇 단계를 거쳐서 가는가와 관련된 유통의 길이를 의미한다. 유통 경로의 길이를 결정하는 것은 〈표 Ⅳ-3〉에서 보듯이 기업특성, 제품특성, 시장 특성 등을 고려해야한다. 기업특성의 경우 자본이 많은 기업은 비용이 들더라도 통

제가 가능한 직접경로를 선호할 것이고 경영자원이 부족한 중소기업은 제품의 통제력을 잃더라도 중간상을 필요로 할 것이다. 제품 특성은 제품의 부패 가능성, 기술의 복잡성, 등이다. 제품의 부패가능성이 높은 제품이거나 고도의 복잡한 기술을 채택한 복잡한 기술 제품일수록 경로가 짧아야 할 것이다. 마지막으로 시장특성은 일반적으로 최종 소비자가 많을수록, 지역적으로 넓게 분산될수록 경로의 길이가 길어진다.

둘째, 집약정도는 기업이 원하는 상품의 시장 노출을 달성하는데 필요한 중간상의 수를 결정하는 것을 말하는데 〈표 Ⅳ-4〉에서처럼 집약적 유통 경로, 선별적 유통, 전속적 유통의 세 가지로 나누어진다.

표 Ⅳ-4 유통경로 전략의 비교

구 분	집약적 유통 (intensive distribution)	선별적 유통 (selective distribution)	전속적 유통 (exclusive distribution)
전 략	가능한 많은 점포들로 자사제품을 취급하도록 함	한 지역에 제한된 수의 점포들에게 판매권을 줌	한 지역에 하나의 점포에게 판매권을 부여함
점포 수	가능한 많은 점포	소수	하나
통 제	제조업자의 통제력이 낮음	제한된 범위에서 제조업자의 통제가 가능함	제조업자의 통제력이 매우 높음
제품 유형	편의품	선매품	전문품
제품의 예	비누, 치약, 샴푸, 세제 등의 생활 용품 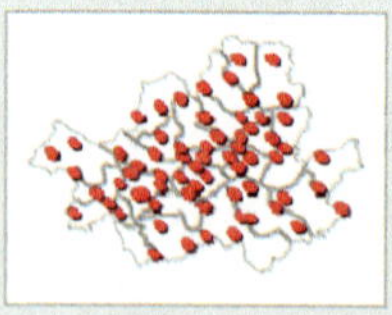	가전제품 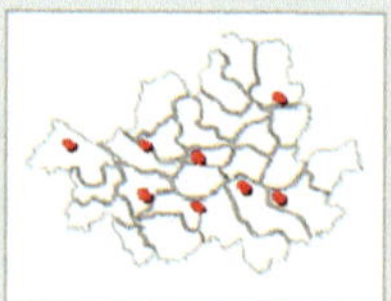	향수, 화장품, 패션 의류 등 

① **집약적 유통** 집약적 유통은 한 지역에서 제품이나 서비스를 가능한 한 많은 중간상이 판매하는 경로 커버리지 형태이다.

② **선별적 유통** 선별적 유통은 집약적 유통과 전속적 유통의 중간 형태로 자격을 갖춘 소수의 제한된 중간상을 활용하는 경로 커버리지 방법이다.

③ **전속적 유통** 전속적 유통은 특정 지역에서 하나의 중간상에게만 상품 판매를 할 수 있도록 허용하는 경로 커버리지 방식이다.

셋째, 다양성 경로 선택의 결정을 위해서 반드시 고려해야 할 주요 요인이다. 다양성은 복수 유통경로의 사용 문제를 의미한다. 과거에는 대부분의 기업들이 단일의 표적시장을 목표로 하나의 유통경로를 이용하였다. 하지만 시장 세분화가 가속되고 소비자의 욕구가 다양해지면서 다양한 유통경로를 활용하는 복수 유통경로를 채택하는 기업이 늘고 있다. 복수 유통경로를 이용하는 대표적인 예로는 컴퓨터 판매가 있다. 일반 소비자의 경우는 백화점이나 유통점 등을 통해 컴퓨터를 구입하지만, 기업체 고객의 경우에는 영업사원이 직접 찾아가서 컴퓨터를 판매하는 방식을 사용하고, 해외의 소비자에게는 인테넷을 통해 직접 주문을 받거나 인터넷 판매 대행 업체를 통해 주문을 받는 형식을 취한다.

마지막으로 유통경로 관리 패턴 역시 유통 경로 대안의 선택에 있어서 반드시 고려해야할 중요 요인이다. 유통경로 관리패턴은 크게 경로 구성원들에 대한 조정과 관리가 이루어지지 않는 전통적 유통경로(conventional channel)와 경로 구성원을 하나의 시스템으로 조정하고 관리하는 수직적 마케팅 시스템(VMS: vertical marketing system)으로 구분된다. 전통적 유통경로는 제품을 생산하고 판매하는 과정에서 자연스럽게 형성된 것으로 유통경로의 참여기관은 각각이 모두 독립적인 기관이다. 그렇다 보니 경로 구성원들 간의 결속이 매우 약하다. 그리고 철수와 진입이 자유스럽기 때문에 시간과 상황의 변화에 따라 전체 유통시스템이 매우 불안정해 질 수 있다. 이들 경로 구성원들은 공동의 목표가 없기 때문에 개인의 이익을 추구하게 되고 이해가 상충되었을 때,

이를 조정하기 어려운 상황으로 발전할 가능성이 높다. 이러한 전통적 유통 경로의 단점을 해결하기 위한해 등장한 것이 수직적 마케팅 시스템(VMS: vertical marketing system)이다. 수직적 마케팅 시스템은 유통 경로의 모든 생산과 유통 기능이 하나의 기업에 의해 관리가 되기 때문에 강력한 경로 기능의 조정 및 통제가 가능하다. 수직적 마케팅 시스템은 [그림 Ⅳ-20]과 같이 크게 세 가지 종류로 구분된다.

(1) 관리형 수직적 마케팅 시스템

관리형 수직적 마케팅 시스템은 법적 소유나 계약에 의지하지 않고도 경로 리더의 규모, 경영지원에 의해 조정되는 유통 경로 유형이다. 예를 들어 제조업체가 유통업체에 제품 진열, 가격책정 프로그램, 회계 시스템, 입지 선정 등 프로그램을 지원해주면서 유통업체와의 상호 협력 관계를 구축하는 경우이다. 상호 협력 관계가 형성되면 계약관계가 아니어도 경로 구성원 간에 신뢰가 형성되어 장기적 거래관계가 구축될 수 있다.

(2) 계약형 수직적 마케팅 시스템

계약형 수직적 마케팅 시스템은 유통 경로 구성원이 각자 독립성은 유지하지만 공식적인 법적 계약에 의해 구성원의 역할과 기능이 조정, 통제되는 유통 경로 유형이다. 이 유통 경로 유형은 다시 세 가지 유형으로 분류된다.

첫째 유형은 도매상이 주도하여 희망하고 소매상들이 수직적으로 통합된 체인점을 말한다. 연쇄점으로 가입한 소매상들은 공동 구매들을 통해 규모의 경제를 실행하여 대규모 기업과의 가격경쟁도 가능하다.

둘째 유형은 소매상들이 자발적으로 결성하여 공동 구매, 공동촉진 등을 통해 규모의 경제가 가능한 도매기능을 수행하는 소매상 협동조합이다.

그림 Ⅳ-20 수직적 마케팅 시스템

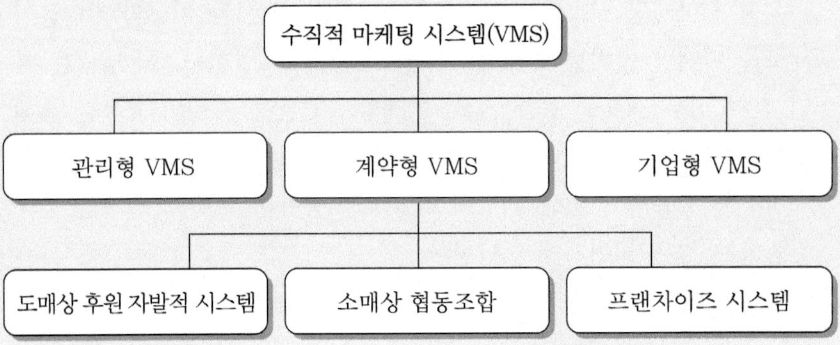

셋째 유형은 우리가 잘 알고 있는 프랜차이즈 시스템이다. 프랜차이즈 시스템은 프랜차이즈 계약을 통해서 가맹본부와 가맹점이 하나의 강력한 네트워크를 형성하는 유통 경로 시스템이다. 프랜차이즈 시스템에서는 계약을 통해 가맹점에게 브랜드, 노하우, 기업경영방식을 사용하여 제품을 판매할 수 있게 해주고 가맹점은 가입비, 로열티 등 금전적 대가를 지불한다. 프랜차이즈 시스템은 가맹본부와 가맹점이 독립적인 사업체이면서도 계약에 의해 하나의 자본으로 운영하는 것과 같은 경영효과를 창출하며 소비자들에게도 동일 사업체로써의 이미지를 제공한다는 강점이 있다.

(3) 기업형 수직적 마케팅 시스템

기업형 수직적 마케팅 시스템은 한 경로 구성원이 다른 경로 구성원을 법적으로 소유, 관리하는 경로유형이다. 이 경로유형에는 제조업자가 도소매업체를 소유하고 운영하는 전방통합과 도매상이나 소매상이 제조업체를, 혹은 제조업체가 부품업체를 소유하는 후방통합이 있다. 이 유통경로유형은 유통경로를 한 기업이 통제한다는 장점이 있지만 많은 자본이 소요된다는 단점이 있다.

4) 수평적 마케팅 시스템

수평적 마케팅 시스템은 같은 경로 단계에 있는 둘 이상의 기업들이 새로운 마케팅 기회를 위해 서로 협력하는 것을 말한다. 이 방법은 기업 간의 업무 제휴를 통해 자본, 마케팅, 기술 등 자원의 공유를 통해 경쟁 우위를 확보하고 더 높은 경로 성과를 확보할 수 있다. 같은 표적 소비자를 공유하고 있는 기업이 유통망을 공유하고 광고 판촉을 공동 진행하는 경우가 여기에 해당한다.

4. 도매업과 소매업

도매업(wholesaling)은 공급업체로부터 제품과 서비스를 구입하여 기업체 고객, 중간 도매상, 소매상, 소매상 등에게 재판매하는 사업 활동을 의미한다. 따라서 도매업의 구매자는 최종제품의 소비자가 아니다. 도매상의 유형은 크게 ① 공급업체로부터 제품 또는 서비스를 구입하여 소유권을 갖는 독립된 도매업체인 상인도매상(merchant wholesaler), ② 제품이나 서비스에 대한 소유권을 가지지는 않지만 고객 접촉과 협상을 통해 거래를 촉진하는 역할을 수행함으로써 상품 거래가격의 일정비율을 수수료로 받는 대리 도매상(agents and broker), ③ 독립적인 도매상은 아니지만 영업지점이나 영업사무소와 같이 제조업체의 하부조직 단위로서 도매업체로서의 기능을 수행하는 제조업체 도매업(manufacturer wholesaling)으로 구분할 수 있다. 소매업은 유통 경로 과정의 마지막 단계로서 소매업에서 구매자는 개인 또는 가정과 같은 소비자(consumer)를 의미한다. 소비자의 욕구가 다양해짐에 따라 소매업의 형태도 다양한 유형으로 변화하고 있다. 소매업의 유형은 크게 점포의 유무에 따라 다음과 같이 분류할 수 있다.

1) 유형의 점포

(1) **재래시장(traditional market)** 일상잡화에서 쌀, 생선, 의류, 내구재에 이르기까지 다양한 구색을 갖춘 전통시장으로 남대문 시장과 동대문 시장이 대표적인 전통시장이다.

(2) **슈퍼마켓(supermarket)** 식료품, 세탁용품, 가정용품 등을 취급하는 소매점으로 규모가 크고, 원가 마진이 낮으며, 많은 물량과 셀프서비스를 특징으로 한다.

(3) **편의점(CVS : convenience store)** 소규모 매장으로 재고 회전이 빠른 음료, 식료품과 생활용품, 문구류 등 한정된 계열의 제품을 취급하는 소매점으로 세븐일레븐, GS25 등이 대표적 편의점이다.

(4) **전문점(speciality store)** 특정 계열의 제품 또는 서비스를 전문적으로 판매하는 소매점, 유형재의 경우 화장품, 가전제품, 운동기구, 가구, 그리고 서비스의 경우 커피전문점, 미용실, 차량정비업소 등이 여기에 해당한다.

(5) **백화점(department store)** 제품 계열의 폭과 깊이에서 모두 대량의 상품 구색을 갖추어 놓은 소매점이다.

(6) **할인점(discount store)** 박리다매를 원칙으로 일반 상점보다 할인된 가격으로 판매하는 소매점으로 월마트나 이마트가 대표적이다.

(7) **대형소매점(general merchandising store)** 의류 및 생활용품을 다품종 대량 판매하는 곳으로 점포의 형태 및 상품 구성은 백화점과 유사하지만 대량매입으로 가격면에서 저렴하다는 특징이 있다. 하이마트가 대표적이다.

(8) **카테고리 킬러(category killer)** 이 점포의 특징은 특정 제품군의 많은 구색과 저렴한 가격에 있다. 완구 전문점, 집수리용품 전문점, 사무용품 전문점 등이 있다. 미국의 토이저러스(toy R us), 홈디포(home depot), 스테이플즈(staples)가 여기에 해당한다.

2) 무점포

① **인터넷쇼핑몰** 인터넷을 기반으로 소비자 구매가 이루어지는 소매업 형태다.

② **TV홈쇼핑** TV 로 제공되는 상품 프로그램을 통해 고객이 직접 주문하는 방식의 소매 업태이다.

③ **방문판매** 판매원의 접촉을 통하여 판매가 이루어지는 소매방식이다.

④ **자동판매기** 동전이나 신용카드를 이용하여 상품을 구매할 수 있는 기계장치를 말한다.

5. 물류의 개념과 중요성

1) 물류의 의미

물류는 물적 유통의 줄임말로 시장 로지스틱스(market logistics)라고도 한다. 물적 유통은 제품원료를 공급하는 공급업체에서부터 생산자, 최종소비자에 이르기까지의 원자재, 부품, 완제품의 물리적 흐름과 관련된 운송, 보관, 조달, 배송, 정보 처리 등 제반 활동의 과정을 말한다.

그림 Ⅳ-21 물류의 흐름

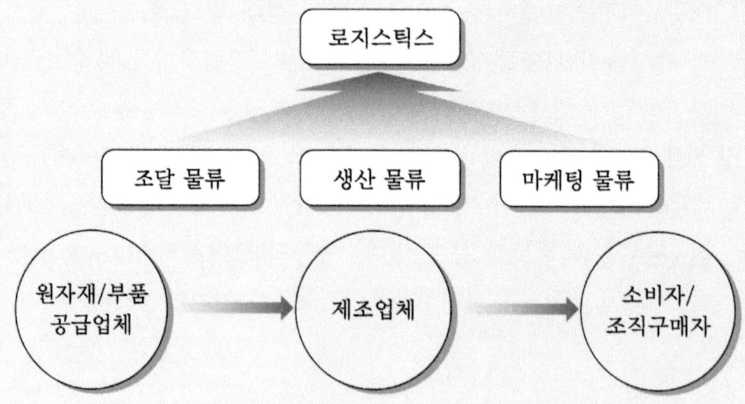

물적 유통은 [그림 Ⅳ-21]에서 보듯이 수직적 가치 체인(vertical value chain)에 따라 조달 물류, 생산물류, 마케팅 물류로 구분한다.

2) 물류의 중요성

극심한 교통 체증 등의 영향으로 기업에서 물류 비용이 차지하는 비용은 해마다 증가하고 있다. 그러나 물류는 단순히 비용만의 문제가 아니라 기업에 전략적인 의미로서의 중요성이 점차 증가하고 있다. 그 이유는 다음과 같다. 첫째, 기술의 평준화와 고객 욕구 수준의 증가는 제품 자체에서의 차별화의 한계를 보이고 있다. 이러한 상황에서 물류는 단순한 수송과 보관의 문제가 아니라 마케팅의 차별적 경쟁우위를 의미한다. 둘째, 기술발전과 물류관리는 매우 밀접한 관계를 가지고 있다. 정보처리의 전산화, 자동화된 물류설비의 발전은 기업이 물류활동을 원활하게 수행할 수 있는 기반이 된다. 셋째, 물류는 비용절감의 문제가 아니라 소비자 만족차원에서 더욱 중요하게 되었다. 즉 물류는 단순히 투자해야 하는 비용이 아니 적시 적소에 신속하고 안전한 물류를 통해 소비자의 다양한 욕구를 충족시켜주어야 하는 전략으로 인식되어야 한다. 이와 같은 물류의 중요성 때문에 기업은 물류를 단순한 유통 개념으로 접근할 것이 아니라 마케팅 목표, 더 나아가 기업목표와 일관성을 가져야 하는 중요한 마케팅 전략이라는 인식을 가지고 관리해야 할 것이다.

3) 물류의 구성

(1) 주문 처리

물적 유통은 주문으로부터 시작된다. 주문 처리는 물류 구성원간의 주문과 관련된 활동이다. 신속하고 효율적인 주문 처리를 통해 기업의 이익과 소비자의 만족 수준이 증가할 수 있다. 기업에서 특히 중요하게 생각하는 부분은 주문시점과 수요시점을 잘 파악하여 재고를 줄이는 것이다.

(2) 재고 관리

소비자에게 판매되지 않은 재고를 관리하는 활동이다. 모든 재고를 문제없이 저장시설에 보관할 수 있다면 완벽한 재고관리라고 할 수 있을 것이다. 그러나 재고 극대화는 많은 비용이 발생하기 때문에 최소의 재고 비용으로 소비자를 기다리지 않게 하고 만족시킬 수 있는 재고 관리가 필요하다.

(3) 운송 관리

운송 관리는 자동차나 기차, 선박, 비행기 등과 같은 운송 수단을 이용하여 제품을 지정한 장소로 이동시키는 활동을 말한다. 어떤 운송 수단을 선택하느냐에 따라 상품 가격, 인도시의 상품 상태 등이 달라질 수 있으며 이는 소비자 만족과 직접적인 영향을 줄 수 있다.

(4) 창고 관리

창고 관리는 창고의 유형, 소유 여부, 숫자, 규모, 입지, 배치 등의 의사결정을 하는 것으로 제품의 보관, 취합, 분할 배송, 혼합이라는 네 가지 기능을 할 수 있다.

(5) 포장 활동

포장 활동은 제품의 수를 재구성하거나, 배송이나 하역을 위해 제품을 적절한 용기를 이용하여 보호하는 활동이다.

(6) 정보 활동

정보 활동은 물류 구성원 간의 정보 교류를 말한다. 물적 유통의 각 기능은 지속적인 상호연관 관계를 유지하면서 효율을 발휘하기 때문에 유통 과정에서 발생하는 각종 정보를 신속하게 공유할 수 있도록 해야 한다.

(7) 유통 가공 활동

유통 가공 활동은 유통 과정에서 이루어지는 단순한 가공, 조립 등 물류에 효율을 향상시키기 위한 보조적 활동이다. 제품에 라벨이나, 바코드를 부착하기도 하고 물류 효율화를 위해 절단, 조립을 통해 형태를 변화시키는 활동을 말한다.

4) 물류정보시스템

물류정보시스템은 물류관리에서 중요한 재고관리, 운송관리, 창고관리를 효과적으로 시행하기 위해 이들 기능들이 유기적으로 통합되어 체계적으로 작동할 수 있게 구축한 정보공유 시스템을 말한다. 물류정보시스템은 [그림 Ⅳ-22]처럼 주문관리시스템, 창고관리시스템, 운송관리시스템의 세 부분으로 구성된다.

(1) 주문관리 시스템(OMS)

고객의 주문 시점에 작동하며, 제품의 소재, 수량 배달 가능시간 등의 정보를 제공하고 동시에 고객의 신용 상태가 파악 된다.

(2) 창고관리 시스템 (WMS)

창고 관리 시스템에는 입고 상품의 정보입력, 입고 상품의 저장 위치, 창고 위치별 재고 수준 등의 정보를 확인할 수 있다.

그림 Ⅳ-22 물류정보시스템

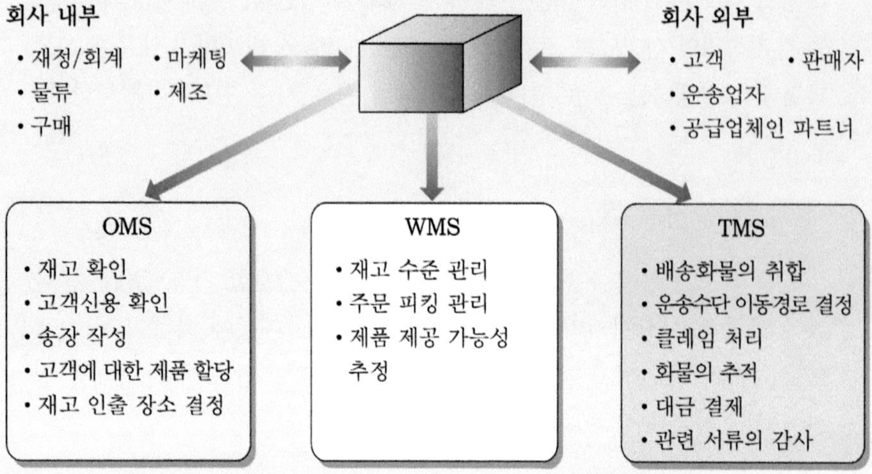

(3) 운송관리 시스템(TMS)

운송관리 시스템에는 운송 활동의 계획, 통제를 가능하게 해주는 정보를 포함하고 있다. 즉 운송 수단의 선택, 화물의 취합, 운송 경로 선택, 운송 상품에 대한 추적, 결제 및 요금 정산에 필요한 정보를 확인할 수 있다.

4. 물류산업의 변화와 국가경쟁력의 기반요소

정치적, 경제적, 국제 환경이 변화하고 글로벌 경쟁이 격화되고 있다. 이러한 환경 변화 속에서의 물류의 환경도 과거 대량생산과 수송의 개념에서 다원화하고 있으며, 점차 기업의 경쟁력 및 더 나아가 국가 경쟁력의 기반 요소로 인식되고 있다. 다음에는 이러한 물류에서의 인식 전환을 이끈 이유에 대해 알아보기로 하겠다.

1) 제품 중심에서 고객만족의 개념으로 전환

현대 마케팅의 개념은 고객이 느끼는 가치에서 출발하는 고객 만족이 핵심이며, 경쟁자에 비해 고객이 느끼는 차별적인 이점을 제공해야 한다. 그리고 가치를 느끼는 고객을 통해 부가가치를 창출할 수 있다. 기술적인 평준화가 이루어지고 가격 경쟁이 치열한 현재의 경쟁 상황에서 물류 관리는 궁극적으로 고객 서비스이며 단순히 상품을 운송하고 보관하는 제품 중심에서 고객 서비스의 시작이라는 고객 중심의 개념으로 전환되고 있다. 즉 제품의 비용적인 측면에서의 관리가 아니라 고객의 가치 창조를 통한 수익성에 대한 개념으로 바뀌고 있다.

2) 판매 수익에서 수익성 개념으로 전환

기업은 많이 파는 것보다 많이 남기는 것이 중요하다. 그리고 과거 이익에 대한 개념은 판매 수익에 초점을 맞추어 왔다. 그러나 수익성의 개념으로 접근하면 자원관리와 자산 활용이 판매 못지않게 중요하다는 사실을 알 수 있다. 수익성 개념의 전환은 물류 관리의 중요성이 수익적인 측면에서 매우 중요하다고 인식하게 된 계기가 되었다.

3) 재고관리에서 정보 관리의 개념으로 전환

오늘날 정보 기술의 혁명은 물류시스템을 실시간으로 운영하는 것을 가능케 하였다. 실시간정보처리가 가능하다는 것은 불확실성을 줄여 재고를 최소화할 수 있기 때문에 물류 관리자는 단순한 재고 관리자가 아니라 정보 관리자가 되어가고 있다. 특히 물류 정보는 판매시점관리(POS : point of sales), 새로운 형태의 바코드인 무선 인식기술(RFID : radio frequency identification) 등의 유비쿼터스(ubiquitous)를 실현하는 핵심 기술의 등장으로 물류환경을 급속하게 변화시키고 있다.

4) 기능 관리에서 프로세스 관리로 전환

물류관리는 기업과 소비자 그리고 공급자를 연결한다. 과거의 물류는 구성원의 기능적 관리에만 머물러 있었다. 그러나 지금은 전체 과정을 기업의 프로세스 관리로 인식하여 기업이 자신의 핵심경영 프로세스를 통해서 제품 개선을 하는 것처럼 물류도 전체 흐름을 통해 고객 만족을 달성하고 기업에게 이익을 가져다 둘 수 있는 프로세스로 인식, 전체구조를 설계하고 있다.

정리 사례

국내 햄버거 업체와 커피 전문점의 매장 형태가 진화하고 있다. 기존 단독 매장에서 벗어나 주유소, 가전제품 판매장 등과 손잡은 새로운 복합매장이 등장했다. SK에너지는 글로벌 패스트푸드 체인점인 맥도날드와 제휴하여 주유소와 드라이브 스루 매장을 운영한다. 이 곳에서 운전자는 차에서 내리지 않고 메뉴를 주문할 수 있으며 음식을 테이크아웃으로 즐길 수 있다. 뿐만 아니라 주유소를 SK그룹의 상징인 '행복날개'를 형상화한 건물로 디자인하여 야간에 빛을 발하는 조명 때문에 SK의 상징인 큰 나비 속에서 주유하는 느낌을 준다.

출처 : 포토뉴스 2015.02.06.

실전 사례

✤ 어떤 유통점을 이용하는 것이 좋을까?

조원들은 5개의 구매목록을 정해서 유통점별로 가격에 차이가 있는지 조사해봅시다.

		비교제품 1	비교제품 2	비교제품 3	비교제품 4	비교제품 5
제품명						
소비자 가격		원	원	원	원	원
가격 비교를 위해 방문한 유통점	유통점명	시 장 가 격				
	①	원	원	원	원	원
	②	원	원	원	원	원
	③	원	원	원	원	원
	④	원	원	원	원	원
	⑤	원	원	원	원	원

1. 각 아이템별로 가장 저렴한 가격으로 판매하는 유통점은 어디였는가? 가장 저렴한 가격의 유통점은 다른 제품의 가격도 저렴했는가?

2. 각 아이템별로 가장 비싼 가격으로 판매하는 유통점은 어디였는가? 다른 제품의 가격은 어떠했는가?

3. 방문한 각 유통점의 장단점에 대해 토론하여 봅시다.

Chapter 13

촉진 전략

학습목표

1. 촉진의 의미와 중요성에 대해 학습한다.
2. 광고와 PR의 차이를 학습한다.
3. 다양한 촉진 믹스와 특징을 이해하고 활용할 수 있다.

도입사례

스티브 잡스는 항상 자신이 직접 신제품을 소개하는 것으로 유명했다. 애플은 당일 전까지도 어떤 신제품을 발표할지 전혀 알려주지 않았지만 사람들은 스티브 잡스가 과연 무엇을 보여줄지에 대해 많은 기대를 하고 기다렸다. 스티브 잡스는 애플이 만든 신제품을 처음 공개할 때마다 '마케팅이 이런 것이다'라는 것을 제대로 보여주기 위해 부단히 노력하였다. 스티브 잡스의 고민은 늘 어떻게 하면 사람들에게 애플의 제품을 제대로 알릴 것인가? 어떻게 하면 사람들이 감동을 받을 것인가? 어떻게 하면 제품의 장점을 부각하고 단점을 장점처럼 받아들이게 할 것인가? 등에 대해 고민하였다. 오늘날 스티브 잡스를 계기로 경영자가 직접 자사의 제품을 소개하는 것은 하나의 트렌드가 되어 가고 있다.

▲애플의 스티브 잡스

▲테슬러의 일론 머스크회장

출처 : (좌)_Zum 허브, 2019.09.18., (우)_머니투데이, 2021.01.12.

1. 촉진의 개념

아이폰 하면 스티브 잡스가 떠오른다. 갤럭시 하면 누가 떠오르는가? 스티브 잡스는 왜 몸이 성치 않은 상태에서도 중요한 신제품을 직접 소개하는 발표회를 빠지지 않았을까? 촉진(promotion)은 포괄적인 의미로 제품이나 서비스의 판매활동을 원활하게 하며, 매출을 증가시키기 위해 행하는 모든 마케팅 활동을 말한다. 촉진은 광고(advertising), PR(public relation), 판매촉진(sales promotion), 인적판매(personal selling)의 네 가지 촉진 수단으로 구성되어 있다. [그림 Ⅳ-23]에서 보듯이 광고는 소비자의 인식을 도와 제품을 인지하고 좋아하게 교육시키는 기능을 한다. PR은 소비자에게 신뢰감을 줌으로써 기업의 사회적 위치에 영향을 주는 활동이다. 판매촉진은 단기적인 매출 증가를 목표로 이루어지는 활동으로, 장기적인 효과는 거의 없다. 인적 판매는 전문성이 있는 직원의 일대일 소비자 접촉을 통해 전문성으로 고객을 설득하는 것을 말한다. 산업이 복잡해짐에 따라 인적 판매의 중요성이 강조되는 추세에 있다.

그림 Ⅳ-23 촉진의 구성 요소

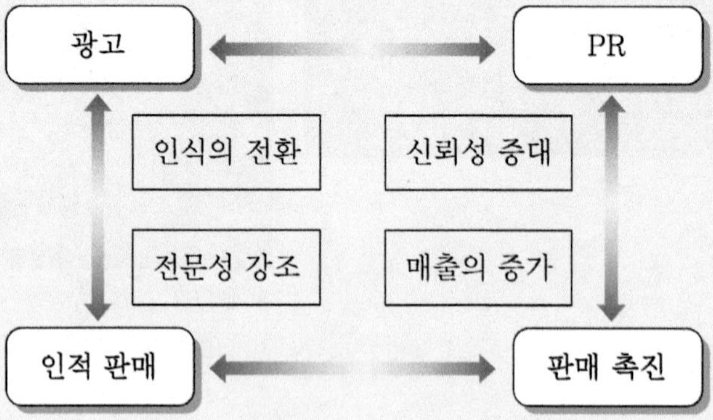

광고와 PR, 판매촉진이 풀(pull)전략이라면 인적 판매는 대표적인 푸시(push)전략이라고 할 수 있다. 풀 전략은 최종 구매자들이 자사의 제품을 찾게 만들어 유통업자들이 그 상품을 취급하게 만드는 데 있는 반면에 푸시 전략의 목적은 최종 소비자에게 찾아가 제품을 권하는 전략을 말한다.

보충학습 푸시(push)전략과 풀(full) 전략

푸시 전략이란 최종 소비자에게 제품을 밀어 넣는 것, 제조업자가 유통업자들을 상대로 인적 판매 수단을 동원하여 최종 소비자에게 촉진 활동을 펼치게 하는 것을 말한다. 풀 전략은 제조업자가 직접 소비자에게 광고와 판촉 수단을 펼쳐서 이들로 하여금 유통업자를 움직이게 하는 것을 말한다.

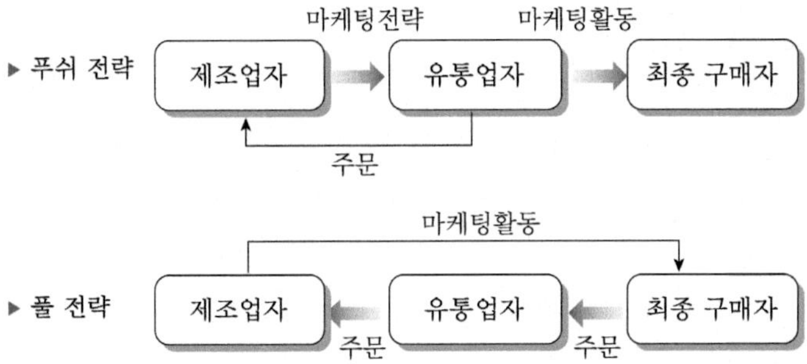

2. 촉진의 구성요소

1) 광고

(1) 광고의 의미와 기능

한국광고학회의 정의에 의하면 광고는 광고주가 청중을 설득하거나 영향력을 미치기 위한 목적으로 유료의 대중 매체를 이용해서 실행하는 비대면적인 의사전달 방법이다. 다시 말하면 광고는 기업, 정부기관, 비영리단체, 개인 등이 그들의 제품이나 서비스, 조직 등을 표적 청중에게 알리고 설득하기 위해 유료 매체에 비용을 지불하고 그들이 원하는 메시지를 전달하는 행위이다. 우리는 하루에 약 평균 3천개의 광고에 접하고 산다고 한다. 그래서 로벨 게론이라는 학자는 "현대인이 숨 쉬는 공기 속에는 산소, 질소, 광고가 존재한다"고 하였고 미국의 광고인 오길비는 "이세상은 공기와 물과 광고로 이루어져있다"라고 한 바 있다.

광고는 문화 사회적 현상을 반영하고 개인의 가치관과 사회 트렌드를 이끌기도 한다. 불필요한 소비를 조장하고 물질만능사회를 만들고 성적 광고나 대부업 광고와 같이 광고 자체로 사회적 지탄을 받기도 하지만, 광고는 소비자에게 올바른 제품정보를 제공하고자 하는 목적을 가졌다. 또 광고는 유효 수요를 창출하여 대량생산을 가능케 하여 궁극적으로 제품단가를 낮춰 물질적으로 풍요한 사회와 기업간 건전한 경쟁풍토를 조성하는 등의 긍정적인 기능을 수행한다. 특히 환경 캠페인 광고나 이웃사랑과 같은 보편적 정서를 담은 공익광고나 기업 광고는 사람의 인식을 변화시키는 등의 사회변화를 주도하기도 한다.

(2) 광고 매체의 선택

마케팅 목표가 결정되면 마케터는 상품에 대한 정보를 소비자에게 전달하기 위해 광고를 한다. 이 때 TV, 라디오 신문 등 광고를 담고 전달하는 수단을 광고 매체(media)라고 한다. 다시 말하면 광고 매체는 광고주가 소비자에게 광고 메시지를 전달한 목적으로 활용하는 대중 매체를 말한다. 광고의 메시지나 창의성 못지않게 중요한 것이 바로 광고 매체의 선택이다. 왜냐하면 아무리 성능이 뛰어나고 좋은 제품이라도 듣지 않는 사람에게 물건을 팔 수는 없기 때문이다.

광고매체는 매체별로 지역, 대상, 비용, 효과 등에서 차이가 있기 때문에 광고를 기획 할 때 광고를 전달하는 최선의 매체를 선택하기 위해 다음과 같은 항목에 의사결정을 내려야한다.

① 어느 지역(Regionality)에 살고 있는
② 누구(Target Market/Audience Definition)에게
③ 언제－어느 기간(Media Scheduling/Seasonality) 동안
④ 어느 정도의 예산(Advertising/Media Budgeting)으로
⑤ 얼마나 많은 광고량(GRPs, GI, Reach, Frequency)을
⑥ 어떠한 매체(Media, Vehicle, Unit Selection/Media Mix)에
⑦ 얼마나 효율적(CPM/CPRP)으로 운용하여
⑧ 전달된 매세지가 표적청중에게 얼마나 효과적(인지, 구매의사 등) 일 것인가

① TV 광고

〈표 Ⅳ-5〉에서 보듯이 TV는 가장 대중적인 매체로 광고매체 중에서 가장 영향력이 크다. 특히 그 파급력으로 인해 불특정 다수에게 메시지를 보낼 때 가장 효과적인 수단이다. 최근에는 TV의 형태를 기본으로 하는 CA TV, 위성 TV, DMB, 인터넷 방송 등 뉴미디어의 등장으로 TV 콘텐츠의 활용 범위가 확대되고 있으며(one-source multi-use) 광고 형태도 더욱 다양해지고 있다. TV는 시각과 청각적 요소를 모두 활용할 수 있기 때문에 다양한 연출이 필요한 창의적인 광고물의 제작이 가능하며 특히 이미지 광고를 제작하는데 적합하다. 또한 가장 보편적인 대중 매체라는 점 때문에 메시지 도달범위가 가장 광범위하다. 그러나 TV 광고는 보편적인 매체라는 특징으로 인한 소비자의 선별성이 낮다는 단점이 있다. 또한 상대적으로 매체 비용이 가장 비싸며 기타 매체에 비해 광고가 전달되는 시간이 15~30초 정도로 짧아 메시지가 일회성으로 그칠 가능성이 있으며, 많은 정보를 포함할 수 없다는 단점이 있다. 그리고 기타 매체에 비해 법률적 규제 등의 제약조건이 많다.

② 라디오 광고

라디오는 TV가 등장하기 전까지 강력한 광고매체 중의 하나였다. 라

디오를 청취하는 소비자의 수가 과거에 비해 감소하기는 하였지만, 1인 1 자동차 시대를 맞아 소비자들이 자동차에 보내는 시간이 상대적으로 증가하고 있다. 라디오 광고는 TV광고에 비해서 소비자 선별성이 높다. 매체비용이 저렴하며 광고 제작비 역시 낮다. 시각적인 광고물 활용의 제한이 있긴 하지만 청각만을 이용하였다는 매체의 특성상 청취자의 상상력을 동원할 수 있다는 장점이 있다. 그러나 TV에 비해 매체의 집중도가 떨어지고 긴 메시지에 적합하지 않다는 단점이 있다.

③ 인쇄매체

인터넷의 등장으로 신문이나 잡지와 같은 인쇄매체의 영향력은 TV와

표 Ⅳ-5 주요 광고 매체의 특징

매체		장점	단점
TV		• 청중의 주의를 끄는 힘이 큼 • 넓은 청중 범위로 상대적 비용이 낮음 • 스토리텔링 효과가 큼 • 동영상, 애니메이션 등 다양한 크리에이티브 구현 가능	• 절대적으로 높은 비용 • 깊이 있는 메시지 전달이 곤란 • 많은 비표적 청중에게 전달 • 광고 혼잡도가 큼 • 시간의 제약
라디오		• 표적 청주에 효과적으로 전달 • 방송 시간이나 지역 선정의 유연성	• 표적 청중이 한정적 • 시각적으로 효과가 없음
인쇄매체	신문	• 신속히 많은 정보 전달 • 넓은 독자층(전국지의 경우) • 지역성에 맞게 전달(지방지)	• 짧은 광고 수명 • 인쇄의 질이 낮음
	잡지	• 표적 청중에 효과적으로 도달 • 인쇄의 질이 높음 • 긴 광고 수명과 많은 정보의 전달	• 독자의 범위가 한정적 • 광고 게재까지 긴 지연시간

마찬가지로 감소하고 있다. 그러나 아직까지 우리나라의 소비자들은 신문을 가장 신뢰할 만한 매체로 생각하고 있다. 하루 일과를 신문을 읽는 것으로 시작하는 일상생활이 변하기 전까지는 광고매체로써의 인쇄매체의 영향력을 간과할 수는 없을 것이다. 신문이나 잡지는 제작기간이 짧고 게재절차가 간단하다는 장점이 있다. 신문의 경우 지역적 선별성도 가능하고, 잡지의 경우는 잡지의 성격에 따라 제품의 관여도가 높은 소비자의 선별도 가능하다. 신문광고는 광고 수명이 TV나 라디오 광고에 비해 길며 잡지의 경우는 더욱 길다. 고화질의 광고물을 제작할 수 있으며 길고 복잡한 메시지 제작이 가능하다.

2) PR

(1) PR의 의미와 기능

PR이란 방송이나 인쇄매체의 뉴스나 기사화한 내용을 통해서 상품 혹은 서비스에 관한 사실을 제3자의 객관적인 입장에서 알리는 방법이다. 일반적으로 홍보(publicity)와 공중관계(public relation)를 의미하는 PR은 동의어처럼 사용되고 있지만 PR은 홍보보다 더 큰 차원의 다양한 대중 활동을 포함하고 있는 큰 의미의 사회관계로 볼 수 있다. 즉 PR은 잠재적으로 이해관계가 있는 모든 공중(public)을 대상으로 기업의 이미지나 기업의 제품을 촉진하고 보호하기 위해 계획된 프로그램이다. 최근 PR의 중요성이 강조되고 있는 이유는 치열한 경쟁상황 속에 범람하는 광고에 회의적인 반응을 보이는 소비자가 늘어나고 있으며, 기업의 사회적인 책임이 강조되는 사회마케팅(societal marketing)의 시대에 PR이 커뮤니케이션 수단으로서 더 적절하다는 인식이 확산되고 있기 때문이다.

PR은 방송사나 신문사처럼 객관적인 중립기관에 의한 보도가 중심이기 때문에 소비자에게 메시지의 진정성과 객관성을 심기 수월하지만 광고처럼 기업의 통제가 용이하지 않다는 단점이 있다. 메시지의 내용은 기업에서의 중요성에 의해 판단되는 것이 아니라 보도 기관의 가치에 의해 정해지기 때문에 간혹 정보가 상실되거나 왜곡되기도 한다. 최근에는 기업의 각종 문화행사 지원, 이웃돕기행사 등이 최근 기업 PR의 자료로 많이 쓰여지고 있다.

(2) PR의 수단

① **방송** 방송에 적합한 뉴스거리를 발굴하여 방송사에 알린다. 직접 보도자료를 작성하여 방송사에 배포할 수도 있고, TV인터뷰, 등을 할 수도 있다

② **인쇄매체** 신문과 잡지에 기고를 하거나 기사를 제공할 수 있다. 인쇄 매체는 신문 외에도 사보, 사내신문, 간행물 등이 있다.

③ **강연** 최고 경영자나 제품개발자 및 기타 임직원이 제품 발표회를 하거나 세미나에 참석하는 등의 각종 행사에 참여하여 연설하는 것을 말한다.

④ **이벤트** 전시회, 행사 스폰서, 기자 회견 등의 활동을 말한다.

⑤ **사회봉사활동** 지역 사회나 각종 공익 단체에 기부를 하거나 임직원들이 직접 봉사활동에 참여하는 것을 말한다.

3) 판매촉진

(1) 판매촉진의 의미와 기능

판매촉진이란 제품이나 서비스의 판매를 촉진하기 위해 단기적인 동기부여수단을 사용하는 방법을 총칭하는 것으로 광고가 제품의 구매이유에 대한 정보를 제공하는 것이라면 판매촉진은 구매 시점에서의 구매이유를 제공한다. 즉 소비자로 하여금 제품과 서비스를 구매하게 하기 위해 구매와 관련된 각종 인센티브를 제공하는 활동이라고 할 수 있다. 판매촉진은 대부분 가격을 인하하는 효과가 있어 매출효과가 빠르게 나

타나 단기적인 매출 목표를 이루기 위해서는 효과적이다. 그러나 판매 촉진의 빈도가 잦을 경우에는 브랜드 이미지에 손상을 입혀 장기적으로는 수익성 악화로 이어질 수 있다. 또한 경쟁자가 바로 모방을 한다면 매출효과가 높아진다는 보장을 할 수 없을 수도 있다.

(2) 판매 촉진의 유형

판매 촉진의 유형에는 크게 가격 판매 촉진과 비가격 판매 촉진이 있다.

① 가격 판매 촉진

㉠ 가격할인　제품가격을 일시적으로 인하시키는 것, 소비자에게 전달되는 가치가 가장 명백하게 나타나는 판촉도구이다.

㉡ 쿠폰　구매제품에 적용될 할인액과 할인조건 및 유효기간 등을 명시한 증서이다. 쿠폰의 장점은 사용구매와 반복구매를 유도, 가격할인 효과가 소비자에게 직접 전달한다는 것이고, 단점은 쿠폰 회수 기간까지 상당한 시간이 필요하다는 것과 허위쿠폰상환(misredemption)의 발생할 수 있다는 것이다.

㉢ 리베이트　소비자가 구매증명 서류를 제조업자에게 보내면 제조업자가 일정액을 돌려주는 것을 말한다. 리베이트는 리베이트 액수가 클수록 효과적이다.

㉣ 보상판매　자사 혹은 경쟁사의 제품을 반납하는 조건으로 구매하는 신제품의 가격을 할인해 주는 것이다.

② 비가격 판매촉진

㉠ 사은품　제품구매 시 무료로 제공되는 일종의 선물로 사은품은 충동구매를 유발할 만큼의 가치를 제공해야 효과적이다.

㉡ 샘플　소비자에게 샘플을 무료로 제공하는 것인데 사용을 유도할 목적으로 활용된다. 장점은 시용을 유도하는데 가장 효과적이다.

단점은 비교적 많은 비용을 필요로 한다는 것이다.

ⓒ 보너스 팩　정상가격으로 보다 많은 양의 제품을 제공하여 판매하는 것이다. 가격할인과 비교시 할인의 효과는 같되 많은 양을 구매하도록 한다.

ⓓ 경품추첨 및 콘테스트　소비자에게 소정의 상금이나 상품을 제공하는 것으로 콘테스트는 일종의 게임으로 소비자의 지식과 노력이 요구되는 반면 경품추첨은 순전히 운에 의해 결정된다.

ⓔ 로열티 프로그램　자사 제품을 구매한 수량 또는 액수에 비례하여 각종 혜택을 주는 것으로 마일리지 프로그램이 대표적인 예이다.

4) 인적 판매

(1) 인적 판매의 의미와 기능

인적 판매란 판매원이 고객과 직접적인 접촉을 통해서 정보를 제공하거나 구매를 설득하는 촉진활동을 의미한다. 광고가 일방적으로 고객에게 제품의 정보를 주입시키는 것에 비해 인적 판매는 고객과의 대화를 통해 의사소통을 할 수 있기 때문에 상품의 장·단점 혹은 고객의 의문사항을 명확하게 파악하여 탄력적으로 대응할 수 있어서 매우 효과적인 촉진 수단이다.

인적 판매는 복잡한 기술적 제품이나 설명이 필요한 제품을 고객에게 알리는데 효과적이다. 또 고객과의 빈번한 접촉을 통해 친밀감과 신뢰감을 줄 수 있기 때문에 장기적인 고객관의 관계 구축이 가능하다. 그리고 처음부터 고객이 될 만한 잠재 고객에게 접근을 하기 때문에 효과가 크고, 접촉 순간과 동시에 구매가 이루어질 수 있다는 장점이 있다.

과거에 인적 판매는 판매증대가 목적이라 진실성이 결여된 강매로 비난을 받기도 하였지만, 최근에는 고객과의 관계를 강조하고 고객의 문제를 해결해주는 상담적 판매 개념이 강조되어 장기적인 만족을 통한 동반자적 관계가 강조되고 있다. 인적 판매의 단점은 판매원과 접촉할 수 있는 고객의 수가 제한되어 촉진 속도가 느리고 판매원의 인건비와 판매조직을 운영하는데 비용이 많이 발생한다는 것이다. 그래서 제품 사양이 기술적으로 복잡하고 고가의 내구성 소비재나 산업재의 경우에 더 바람직한 판촉 수단이다.

표 Ⅳ-6 인적 판매과정

구분	내용	목표	활동
준비 단계	1. 고객 예측	적절한 고객을 예측한다.	고객정보를 수집해 가망 고객들의 특징을 분석하고 발견한다.
	2. 사전 준비	판매제시를 보다 효과적으로 하기 위해 고객에 대한 추가적인 정보를 받는다.	고객, 다른 판매사원, 개인적 관찰 등을 통해 정보를 얻는다.
설득 단계	3. 접근	예측한 고객의 주의를 끌고 판매설득을 시작하려 한다.	판매사원은 자신의 소개와 아울러 회사의 제품에 대한 소개를 시작한다.
	4. 제품 소개	소비자가 제품이나 서비스에 대한 호감을 갖고 구매하도록 한다.	판매사원은 객관적 자료에 근거하거나 소비자에 맞춰 제품을 소개한다. 제품 소개를 하면서 소비자가 사용해 보도록 한다.
	5. 의견 조정	소비자가 제품을 구매하지 않는 이유를 알고 이를 제거하려 노력한다.	소비자의 부정적 의견을 제거하며 구매 설득에 필요한 정보를 제공한다.
	6. 구매 마무리	소비자와 구매계약을 맺는다.	구매결정을 도와줄 수 있는 정보를 제시하고 구매행도에 불편함이 없도록 한다.
고객 관리 단계	7. 사후 관리	소비자의 물음에 응답하고, 소비자가 겪고 있는 문제를 해결한다.	성의를 다하는 사후 관리는 소비자 만족을 증대시켜 주고, 새로운 판매기회를 제공한다.

(2) 인적 판매 과정

판매 과정은 판매원이 고객과의 관계를 구축하는 과정이며 〈표 Ⅳ-6〉에서 볼 수 있듯이 준비단계, 설득단계, 고객관리 단계의 세 단계로 나누어 구분한다. 준비단계는 자료의 분석을 통해 잠재고객을 파악하고 이들에 대한 접근 방법을 파악하는 것이다. 설득단계는 잠재고객에게 접근한 다음 제품을 소개하고 고객의 반응에 응대하며 구매권유를 통해 구매를 완료하는 단계이다. 고객관리는 구매가 이루어진 후 반복 구매가 이루어지도록 지속적으로 고객과 관계를 유지하는 단계이다.

(3) 인적판매 관리과정

인적 판매는 판매원이 직접 소비자를 대면하면서 활동을 하기 때문에 판매원에 대한 세심한 관리와 교육이 필요하다.

그림 Ⅳ-24 인적 판매 관리 과정

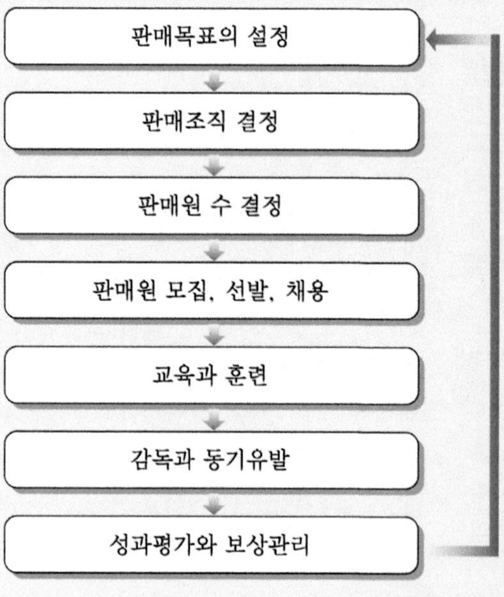

소비자는 판매원을 한 개인으로 보는 것이 아니라 회사를 대표하는 사람으로 보기 때문이다. [그림 Ⅳ-24]에서 보듯이 인적 판매 관리 과정은 7단계를 거친다.

① 판매 목표의 설정

효과적인 판매 관리를 하려면 판매목표를 정확하게 하는데서 시작된다. 판매 목표의 설정은 자사 제품의 매출 잠재력의 파악, 예상 판매액, 판매예산 등으로 구성된다.

② 판매조직의 구축

판매 관리자는 자사에 적합한 판매조직을 구축해야하는데 각 기업이 처해 있는 경쟁상태, 시장 상황, 목표 등을 고려하여야 한다. 판매 조직은 기업과 고객을 연결시키는 고리 역할을 하므로 고객의 욕구를 충족시킬 수 있도록 설계되어야 한다. 판매조직에는 〈표 Ⅳ-7〉에서 보듯이 지역별 조직, 제품별 조직, 고객별 조직, 그리고 복합적 조직 등이 있다.

표 Ⅳ-7 판매조직의 구축

지역별 조직	• 각 판매원이 지역 내의 잠재적 소비자에게 제품을 판매 • 대규모 시장을 표적시장으로 하는 대기업에 적합
제품별 조직	• 판매원에게 특정제품을 할당하여 이를 전담하도록 하는 조직 • 제품에 대한 전문지식과 경험이 습득되어야 함
고객별 조직	• 고객집단별로 판매원을 조직화하여 고객을 관리하는 조직 • 고객집단별로 다른 특징을 갖고 있을 때
복합 조직	• 각 조직의 특성을 결합하여 조직을 구성(지역과 제품별 조직 결합) • 업무 중복으로 인한 갈등과 비용을 초래할 가능성

③ 판매원 관리

㉠ 판매원 선발　역량 있는 판매원의 선발은 판매에 직접적인 영향을 미치므로 기업이 성공하려면 유능한 인재를 선발하는 것은 매우 중요하다. 판매원의 선발은 채용규모의 양적인 문제와 어떤 자질을 가진 판매원을 선발할 것인가의 질적인 문제로 나눌 수 있다. 판매원은 기업의 가장 큰 자산이자 동시에 비용이다. 왜냐하면 판매원의 증가는 매출액과 비용이 동시에 증가한다는 것을 의미하기 때문이다.

㉡ 판매원 훈련　선발된 판매원들은 회사, 제품, 판매전략, 표적 고객 등에 대한 적절한 교육과 훈련이 필요하다. 판매원에 대한 효율적인 교육훈련이 이루어지기 위해서는 훈련의 목표가 설정되어야 하며 이에 맞는 적절한 교육 프로그램의 개발과 관리, 실행된 교육의 평가 등이 요구된다.

㉢ 판매원 보상　기업이 판매원들에게 동기를 부여하고 판매성과를 높이기 위해서는 적절하고 매력적인 보상이 주어져야 한다. 보상의 형태는 금전적 보상과 비금전적인 보상으로 나눈다. 금전적 보상은 일정한 기간 동안 동일한 금액을 받는 봉급, 판매성과나 이익의 일정 비율을 받는 커미션, 예외적인 목표 달성에 의해 지급되는 보너스 등이 있다. 금전적 보상 못지않게 판매원의 성취동기를 높여주는데 중요한 보상이 비금전적 보상이다. 비금전적 보상은 상사의 인정, 승진, 휴가, 경력개발 지원 등이 있다.

* **고정급제**　봉급처럼 성과에 관계없이 근무 기간 동일한 금액을 지급하는 급여체계
* **성과급제**　판매 성과에 따라 급여를 차등 지급하는 급여 체계
* **혼합제**　고정급제와 성과급제의 혼합형, 일정 수준의 고정급과 동시에 보너스의 성과급을 함께 실시하는 체계

㉣ 판매원 감독　판매원에 대한 감독은 판매 관리자가 판매원에게 적절한 방법으로 판매원이 자신들의 임무를 효율적으로 수행할 수 있도록 지휘·통제하고 도와주는 것이다. 판매원 감독의 내용에는 판매원에게 방문할 회사와 활동 시간, 활동 내용을 알려주고 우선순위를 정해주는 것이 포함된다. 뿐만 아니라 영업활동 과정 중에

느낄 수 있는 갈등 상황에서 독려하고 격려를 통해 임무 수행에 차질이 없도록 도와준다.

ⓜ 성과 평가　판매원의 활동은 사전에 설정된 목표와 비교하여 평가한다. 평가는 반드시 명확하고 객관적으로 납득할 수 기준이 있어야 한다. 판매원의 평가는 판매원의 실제 판매 실적, 판매 실적의 달성을 위해 투입된 노력의 정도, 실적에 영향을 미친 환경적 요인 등 세 가지 요소를 고려해야 한다. 판매원의 성과 평가는 판매원의 활동에 저해가 되는 요소를 발견하여 이를 시정하는 목적을 가지고 있으며, 이 내용을 새로운 판매목표는 물론 교육과 훈련에 반영하여 업무의 효율성을 높인다.

보충학습 한국 최초의 신문광고

우리나라 최초의 신문광고는 1886년 2월 22일 한성주보에 실린 세창양행의 '덕상세창양행고백'이다. 이는 독일상사 세창양행의 광고라는 뜻으로 한국에서 사가는 물건 목록과 한국에 들여와 파는 물건 목록으로 구성되어 있다. 수출품은 소, 호랑이, 말 등의 가죽, 동전이며, 수입품은 염료, 허리띠, 서양못, 성냥 등이다. 광고라는 말이 보다 대중적으로 쓰이게 된 것은 10년 후 독립신문이 창간된 다음부터다.

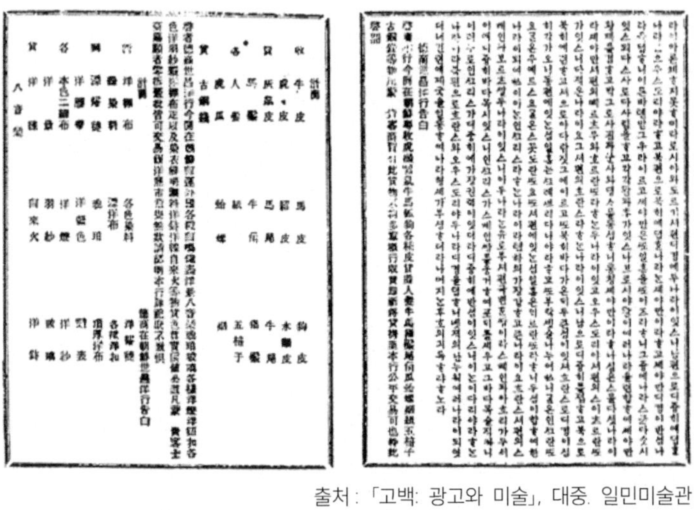

출처 : 「고백: 광고와 미술」, 대중. 일민미술관

실전 사례

✤ 신문 혹은 잡지 등과 같은 지면광고 중에서 마음에 드는 광고를 스크랩해 봅시다. 광고물을 통해 '어떤 제품인지, 누구를 대상으로 한 광고인지, 어떤 효과가 있는지, 다른 제품과 비교하여 더 나은 점은 무엇인지' 등을 분석해 봅시다.

지면 광고 스크랩	
제품명	
어떤 제품	
효과	
광고 대상	
타 제품과 비교시 좋은 점	

학습정리

1. 제품은 구매 목적에 때라 소비자재와 산업재로 나누고 소비재는 소비자의 구매행동에 따라 편의품, 선매품, 전문품으로 나눈다. 산업재는 사용할 용도에 따라 자재와 부품, 자본재, 소모품으로 나눈다.
2. 제품수명주기 전략은 제품의 출시에서 퇴출될 때까지의 과정을 사람의 일생처럼 묘사하여 시기별로 필요한 제품 전략을 제안하고 있다.
3. 브랜드자산은 인지도와 연상으로 구성되어 있다. 강력한 브랜드 자산은 높은 가격, 충성 고객 확보, 안정적인 수익을 보장한다.
4. 가격이란 시장에서 소비자가 원하는 제품이나 서비스의 가치를 돈으로 환산한 것이다.
5. 가격결정요인에는 해당기업 요인, 경쟁자 요인, 소비자 요인, 유통 경로 요인, 법적 규제 요인이 있다.
6. 가격차별화 전략에는 구매 시간, 구매 장소, 소비자, 구매량, 제품라인에 따른 전략이 있다.
7. 유통이란 유통 경로의 줄임말로 제품이나 서비스가 생산자로부터 중간상을 거쳐 최종 소비자에게 전달되는 과정에 참여하는 개인이나 조직을 의미한다.
8. 유통은 거래 횟수의 최소화, 정보의 전달, 물량격차 완화, 구색의 격차를 줄여주는 장점이 있다.
9. 물류는 물적 유통의 줄임말로 로지스틱스라고도 한다.
10. 촉진은 제품이나 서비스의 판매 활동을 원활하게 하고 매출을 증가시키는 모든 활동을 말한다.
11. 광고는 광고주가 소비자를 설득하거나 영향력을 미치기 위해 유료 매체를 통해 실행하는 비대면적 의사소통 방법이다.
12. 전통적인 광고 매체는 TV,라디오, 인쇄매체(신문, 라디오)가 있다.

종합문제

※ 다음 (　　)안에 알맞은 용어를 써 넣으시오.

1. (　　　)은 마케팅 4P 믹스 중에 유일하게 비용을 발생시키지 않으며 수익과 직결되어 있다.

2. (　　　　　　　　　　)은 유통 경로의 모든 생산과 유통 기능이 하나의 기업에 의해 관리가 되기 때문에 강력한 경로 기능의 조정 및 통제가 가능하다.

※ 다음 물음에 알맞은 답을 고르시오..

3. 다음 중 마케팅믹스 요소의 하나인 제품(product)에 대한 정의로서 가장 적합하지 않은 것은?

① 기업의 시장 제공물
② 상품 가운데 서비스를 제외한 유형재
③ 합법적으로 시장에서 거래될 수 잇는 모든 것
④ 사용을 통해 고객이 얻게 되는 총체적 경험
⑤ 기업이 고객에게 제공하는 형태효용 및 부수적 효용

4. 다음 보기와 같은 마케팅 4P 믹스 전략을 추구하는 제품 수명 주기의 단계는?

ㄱ. 제품: 제품 확대	ㄴ. 가격: 저가격
ㄷ. 촉진: 대량시장의 인지도 제고	ㄹ. 유통 : 집중적 유통경로

① 개발기　② 도입기　③ 성장기
④ 성숙기　⑤ 쇠퇴기

5. 기본 제품의 가격을 낮게 책정한 후 그 제품을 사용하는데 필요한 부품, 소모품 등을 비싸 가격에 판매하여 이익을 보려는 가격 정책은 무엇인가?

① 유인가격 ② 노획가격 ③ 리베이트
④ 묶음 가격 ⑤ 2부제 가격

6. 상호 의존적인 경로 구성원 간에 발생하는 갈등으로 다음의 사례에 해당하는 갈등은?

소비자에게 인기가 있는 최신 냉장고를 A 매장에서 자주 할인을 하기 때문에 B 매장에서는 불만이 아주 크다.

① 수직적 갈등 ② 수평적 갈등
③ 복수 유통 경로 갈등 ④ 가격 갈등
⑤ 소매상 갈등

7. 다음 중 TV광고의 단점이 아닌 것은?

① 제작비용 ② 도달범위
③ 시청자세분화 ④ 매체비용
⑤ 깊이 있는 메시지 전달

8. 인적판매의 상대적 중요성이 높은 경우가 아닌 것은?

① 고객의 정보욕구가 많을 때
② 구매 후 서비스가 필요할 때
③ 제품이 복잡할 때
④ 풀(pull) 전략이 사용될 때
⑤ 고객과의 관계구축이 중요할 때

9. 스티브 잡스는 생전에 대중을 상대로 직접 신제품에 대한 설명회를 하였으며 그 때마다 전 세계는 그가 하는 말에 귀를 기울였다. 이처럼 발표회나 강연을 통해 기업이나 기업의 제품을 알리는 것을 무엇이라고 하는가?
( )

출처: 동아일보, 2011.02.24.

10. 아래 그림에서처럼 잘 알려진 브랜드를 신제품 출시에 이용하여 다양한 제품을 시장에 내놓는 것을 무엇이라고 하는가?
( )

출처: 자사 홈페이지

진로탐색 머천다이저(MD)란?

1. 주로 하는 일

머천다이저(MD)는 소비자가 원하는 상품이 무엇인지 파악하여 상품기획에서 생산, 구매 및 판매 관련 기획에서부터 재고, 사후관리까지 유통과정의 전반적인 업무를 담당한다. 머천다이저는 상품 기획자, 상품 개발담당자 등으로 불린다. 활동하는 분야마다 업무는 조금씩 다르지만 대부분 시장조사나 분석을 통해 아이디어를 창출하고 신상품을 기획하는 일을 한다. 수요가 있을 만한 상품을 선택하여 예산 한도 내에서 생산 또는 구매하고 마케팅전략을 수립해 소비자들에게 판매를 유도하는 등의 총괄하는 역할을 수행한다.

2. 요구되는 적성 및 흥미

머천다이저는 학력과 전공보다는 적극적인 사고방식과 책임감, 그리고 비즈니스에 대한 감각이 우선적으로 요구된다. 백화점의 경우 대개 2년제 및 4년제 대학 졸업자를 대상으로 한 공채를 통해 신입사원을 채용한 후 매입담당 부서로 배치하는데 관련업무 경력자들에 한해 특채를 할 때도 있다. 통신판매업체의 경우 상당수 업체에서 신입사원보다는 영업 분야 근무경험 등 해당분야의 경력자를 우대하므로 관심 있는 분야의 경력을 쌓는 것도 중요하다. 머천다이저로 활동하기 위해 꼭 필요한 자격은 아니지만 대한상공회의소에서 실시하는 유통관리사, 전자상거래관리사 1, 2급, 한국산업인력공단에서 실시하는 물류관리사, 패션 머천다이징 산업기사, 보석감정사 등의 자격을 취득할 수 있다.

3. 진로 및 전망

백화점 외에도 대형 할인매장, 특화된 상품군 별 카테고리 매장, 각종 체인매장, 케이블 방송과 인쇄매체를 통한 종합통신판매, 인터넷을 통한 통신판매 등 유통업의 경로가 다양화, 전문화, 대형화되면서 머천다이저의 필요성과 고용이 증가하고 있다.*

* 위의 내용은 커리어넷 직업 정보(www.career.go.kr)에서 발췌한 내용입니다.

사람들은 하루에도 수없이 많은 광고를 접하고 살아가고 있다. 이와 같은 광고는 기업의 설득 커뮤니케이션의 한 방법이다. 이 단원에서는 전통적인 설득 커뮤니케이션의 특성과 방법, 그리고 그 의미를 구체적으로 이해하고, 스마트폰 시대에 적합한 새로운 마케팅 커뮤니케이션 방법을 찾아본다.

PART V

마케팅 커뮤니케이션

Chapter 14

마케팅 커뮤니케이션의 개념

학습목표

1. 커뮤니케이션 과정에 대해 학습한다.
2. 커뮤니케이션에 영향을 주는 요소에 대해 학습한다.
3. 설득적 커뮤니케이션과 마케팅 커뮤니케이션의 개념을 학습한다.

도입사례

디지털 미디어 시대의 광고의 홍수 속에서 기업은 다양한 매체의 콘텐츠에 자신의 이미지를 입히기 위한 노력을 한다. 이러한 과정에서 탄생한 것이 브랜드가 주체적으로 브랜드의 성격을 반영해 콘텐츠 제작에 참여하는, 이른바 '브랜디드 콘텐츠(branded contents)'라고 한다. 브랜디드 콘텐츠는 콘텐츠 안에 기업 이미지가 단순히 포함되는 것을 넘어서서, 브랜드의 메시지와 가치에 대한 공감을 이끌어내는 것을 목표로 한다. 브랜디드 콘텐츠는 분명 광고지만 소비자는 그것이 광고라는 것을 인지하지 못하는 경우가 많다. 그래서 전통적 광고가 단순히 광고에 제품을 노출시키는 방식이었다면 브랜디드 콘텐츠는 스토리텔링을 통해 브랜드 이미지를 투영시키는 방식으로 소비자의 관심을 유도하게 된다.

출처 : jjaehhun 네이버블로그

1. 마케팅 커뮤니케이션의 의미

마케팅은 커뮤니케이션이라는 이유가 무엇일까? 가장 기억에 남는 광고가 무엇인가? 광고만 기억이 나는가 아니면 그 광고의 제품까지 기억이 나는가? 기억에 남는 광고는 다른 광고와 무엇이 달랐나? 커뮤니케이션이란 정보와 아이디어의 교환, 즉 발신자와 수신자 사이에 생각을 공유하는 과정이다. 커뮤니케이션에는 언어적인 것뿐만 아니라 손짓, 몸짓과 같은 비언어적 커뮤니케이션도 포함된다. 광고는 기업이 소비자에게 제품이나 서비스에 관한 정보를 알리는 행위라고 배웠다. 그런데 기업은 커뮤니케이션을 통해 제품이나 서비스를 소비자에게 알리는 것에서 더 나아가 소비자와의 관계 구축을 위해 감정, 정보, 지식을 공유하고자 한다. 이는 광고가 정보의 전달과 생각을 공유하는 커뮤니케이션 기능을 내포하고 있음을 의미한다. 이제 우리는 단 하루도 광고에 노출되지 않고 살 수 없는 세상에 살고 있다. 광고는 TV와 라디오, 신문, 잡지와 같은 전통적인 매체뿐만 아니라 건물 옥상, 지하철, 버스, 스마트폰, 이메일, 전단지, 아파트 엘리베이터의 거울, SNS 등 매우 다양한 매체를 통해 소비자에게 전달되고 있다. 인간은 태어나는 순간 우는 것으로 타인과의 커뮤니케이션을 시작한다. 그리고 커뮤니케이션은 평생을 통해 이어진다. '우는 아이 젖 준다'는 말이 있듯이 효과적인 커뮤니케이션으로 타인을 설득할 수 있는 사람이나 조직은 그렇지 못한 사람이나 조직에 비해 생존할 가능성이 높다.

2. 커뮤니케이션의 기본 모형

인간은 태어나는 순간 우는 것으로 타인과의 커뮤니케이션을 시작하고, 이와 같은 커뮤니케이션은 평생을 통해 이어진다.

그림 V-1 커뮤니케이션 과정 모형

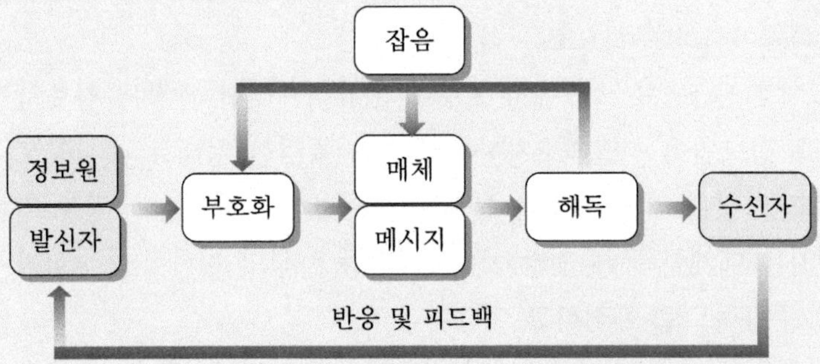

효과적인 커뮤니케이션은 단순한 메시지의 전달이 아니라 커뮤니케이션의 결과에 의해 전달자(송신자)와 피전달자(수신자) 간에 공통성 내지는 일체성이 조성됨으로써 비로소 발생하게 된다.

표 V-1 커뮤니케이션 과정의 구성 요소

과정	내용
발신자	메시지를 만드는 주체(마케터)
부호화	발신자가 수신자에게 전달하고자 하는 뜻을 언어적, 시각적, 청각적 수단을 동원하여 표하는 것
메시지	부호화를 통해 완성된 정보나 의견
매체	메시지를 담는 전달 경로
해독	수신자가 메시지를 해석하는 과정
수신자	메시지를 전달 받는 당사자(소비자)
반응	메시지를 해독한 수신자가 보이는 행동으로 반응 단계에 따라 인지, 지식, 호감, 선호 등으로 나타남
피드백	설문 조사 등을 통해 소비자의 반응을 파악하는 과정
잡음	메시지를 전달하는 과정에서 전달 효과를 약화시키는 방해요소

따라서 효과적인 커뮤니케이션 과정을 통해 타인을 설득할 수 있는 사람이나 조직은 그렇지 못한 사람이나 조직에 비해 생존할 가능성이 높다. 커뮤니케이션의 구성요소는 다음과 같다.

[그림Ⅴ-1]과 〈표Ⅴ-1〉에서 보듯이 커뮤니케이션 과정은 정보의 발신자, 즉 정보원이 전달하고자하는 생각을 특정한 형태로 메시지로 부호화하고 그것을 각종 매체를 통해 수신자에게 전달되는 과정을 말한다. 수신자는 매체를 통해 전달되는 메시지를 자신의 지식이나 경험과 결합시켜 주관적으로 해석하고 이해한다.

이 모형을 마케팅 커뮤니케이션에 적용하면 정보원은 기업 혹은 기업이 고용한 사람이 될 것이며 수신자는 소비자가 된다. 매체는 TV 라디오, 신문 잡지와 같은 마케팅 메시지를 담는 채널이 될 것이며 메시지는 광고물의 내용이 된다.

3. 커뮤니케이션에 영향을 주는 요소들

1) 정보원의 특성(source characteristics(hawkins)

같은 이야기를 전달하더라도 전달하는 사람이 누구냐에 따라서 큰 차이가 나는 경험을 아마도 대부분 해보았을 것이다. 웅변가처럼 말을 잘하는 사람과 어눌한 사람이 전달하는 메시지는 같은 내용이라고 하더라도 그 설득력에 있어 차이가 있다는 것은 상식적인 판단이 되겠지만, 때로는 말을 전혀 못하는 사람이 더 설득력을 가지는 경우도 있다.

말 잘하는 길거리 약장수와 어눌한 의사, 누구의 말이 더욱 설득력이 있을까? 우리는 이처럼 정보원의 특성이 설득 커뮤니케이션의 효과를 다르게 만든다는 사실을 알고 있다. 그렇다면 구체적으로 정보원의 어떤 특성인가? 많은 학자가 여러 가지 주장을 하지만 정리하면, 첫째 요소는 정보원의 공신력(credibility)이다. 비슷한 의미로 정보원의 명성 혹은 권위라고 하기도 한다. 그리고 둘째 요소는 정보원의 매력성(attractiveness)이다.

(1) 정보원의 공신력(source credibility)

기업의 설득 커뮤니케이션에 영향을 주는 정보원의 특성은 다시 전문성과 진실성로 나누어진다.

① 정보원의 전문성(source expertise)

정보원의 전문성이란 정보원이 전달하는 메시지의 내용에 대하여 정확한 이해를 할 수 있으며, 메시지는 그러한 판단이 기초가 된 결과물이라고 수신자들이 지각하고 있는 정도를 말한다. 즉, 정보원의 전문성이란 수용자들에 의하여 지각된 정보원의 속성이다. 그러나 이러한 판단은 객관적인 것이 아니고 수용자의 주관적인 판단에 근거하고, 그래서 항상 객관적이고 정확한 것은 아니다.

수신자의 주관적 판단은 보통 정보원의 교육정도, 경험, 업적, 그리고 사회적 지위 등을 근거로 한다. 예를 들면, 치약에 관해서는 치과 의사가, 영어회화는 원어민이 전문성을 가지고 있다고 보는 경우다. 그러나 아이의 영어교육에 종종 대학의 영문학과 교수보다 검증되지 않은 외국인을 신뢰하다가 문제가 되는 경우처럼 주관적 판단의 부작용도 종종 발생한다.

정보원의 전문성 효과는 아마도 수신자들이 과거에 유사한 정보원을 통해 직·간접으로 보상(reward)을 받은 경험이 있거나 전문성을 지닌 정보원은 자신의 입장 때문에 일반적으로 특정 이슈에 대해 객관적 의견을 제시한다는 것을 과거의 경험을 통하여 알고 있기 때문이다.

② 정보원의 진실성(trustworthiness)

공신력의 두 번째 구성 요소인 진실성(trustworthiness)은 정보원이 주어진 주제에 대하여 사견이나 편견 없이 객관적인 입장에서 자신의 의견을 개진할 것이라고 믿는 정보원의 순수성 또는 객관성을 말한다. 즉 진실성을 지닌 정보원이란, 객관적인 정보원인 동시에 그 자신의 이익이나 그 어떤 목적을 위하여 메시지 내용을 조작(manipulate)하려는 의도가 없는 정보원을 말한다. 그러나 전문성과 마찬가지로 정보원의 진실성도 수신자에 의하여 지각된 주관적인 판단에 근거한다.

정보원의 이러한 진실성은 앞서 살펴본 전문성과 함께 설득 커뮤니케이션에 중요한 영향을 미친다. 왜냐하면 정보원이 아무리 전문성을 지니고 있다고 하여도 커뮤니케이션의 동기가 순수하지 못하다는 생각이 든다면 수신자들은 그의 메시지를 받아들이지 않을 가능성이 높기 때문이다. 예를 들어, 치과 의사가 광고에서 충치에 효과가 있다고 권했던 치약이 사실은 돈을 받고 한 주장이었다는 사실을 알았다면, 의사의 전문성은 진실성에 상처받아 설득효과가 전혀 없을 것이기 때문이다.

메시지의 수신자가 정보원의 진실성을 고려하여 태도를 결정하는 이유는 무엇일까? 아마도 전문성의 경우와 마찬가지로 오랜 학습이나 과거 정보원에 의해서 속임이나 조작을 당해 본 경험이 있을 경우, 바로 그러한 불유쾌한 경험들이 신뢰하지 못하는 정보원에 대한 저항감을 유발한 적이 있기 때문일 것이다. 어린이들에 비해 어른들이 설득 커뮤니케이션에 대하여 대체로 저항적인 것도, 성인들은 정보원에 의해서 속임이나 조작을 당한 경험을 더 많이 가지고 있기 때문이다. 그렇기 때문에 외국의 경우, 만화영화나 캐릭터의 주인공이 나와서 어린이를 대상으로 제품 광고를 하는 것을 엄격히 금하고 있는데 그 이유는 정보원에 대한 거부감과 판단 능력이 어린이가 어른에 비해 현저하게 낮기 때문이다.

(2) 정보원의 매력(source attractiveness)

정보원의 공신력과 함께 설득 커뮤니케이션 효과에 중요한 영향을 미치는 또 하나의 정보원의 특성은 정보원의 매력(attractiveness)이다. 매력은 다시 신체적인 매력(physical attractiveness)과 심리적인 매력(psychological attractiveness)으로 나누어진다.

① 신체적 매력(physical attractiveness)

보기 좋은 떡이 먹기도 좋다는 말은 꼭 떡에만 해당되는 말은 아니다. 실제로 실험을 통해 길거리에서 못생긴 사람이 부탁을 했을 때와 잘생긴 사람이 부탁을 했을 때, 사람들이 부탁을 들어주는 비율에는 큰 차이가 있다는 사실을 밝히기도 하였다. 그래서 광고에는 못생기거나 평범한 외모의 광고 모델 보다는 잘생긴 연예인이 등장하는 비중이 매우 높다. 이와 같은 간접 자료만 보더라도 메시지를 전달하는 사람의 신체적 매력이 메시지를 수용하는 사람에게 큰 영향을 주고 있다는 사실을 알 수 있다. 물론 정보원의 신체적 매력이 설득 커뮤니케이션 효과에 직접적으로 작용을 하는 것은 아니지만, 유머나 즐거운 분위기(mood)에서의 메시지 효과처럼 정보원의 신체적 매력이 수신자로 하여금 정보원을 좋게 평가하고, 그러한 평가가 결과적으로 커뮤니케이션 효과에 긍정적 영향을 미친다. 특히 정보원의 신체적 매력은 수신자들이 정보원에 대하여 잘 모르고 있을 때 더 크게 작용을 하는데, 왜냐하면 정보가 제한적일 때 정보원의 신체적 매력이 중요한 평가 기준이 될 수 있기 때문이다.

② 심리적 매력(psychological attractiveness)

정보원의 신체적 매력 못지않게 중요한 것이 심리적 매력이다. 심리적 매력은 수용자들이 정보원에 대하여 느끼는 친밀감(familiarity)과 자신들과 비슷하다고 느끼는 유사성(similarity)에서 비롯된다. 친밀감은 수용자가 메시지 전달자에 대해 얼마나 친하다고 느끼는 것, 얼마나 인간적으로 보는가와 같은 느낌을 의미한다. 이러한 친밀감은 정보원과 수신자 간의 인간관계를 촉진시키고, 결과적으로 설득 커뮤니케이션의 효과를 높여준다.

그리고 유사성(similarity)은 다시 두 가지로 구분 되는데. 하나는 인구통계학적 유사성(demographic similarity)이고 또 하나는 이념적 유사성(ideological similarity)이다. 인구통계학적 유사성은 연령, 교육, 정도,

결혼유무, 자녀수, 경제력, 거주지 등의 유사성을 말한다. 이념적 유사성이란 인구통계적 유사성과 달리 관측이 가능하지 않은 무형의 태도나 특정 대상에 대한 견해나 가치관 등에서의 유사성을 말한다.

유사성은 정보원과 수용자 자신이 공동의 목적을 갖고 있다고 믿게 하며, 그러한 생각이 메시지의 수용성을 증가시킨다. 학연, 지연, 심지어 같은 조상들이 즐겨 입던 옷, 하얀 옷, 즉 백의민족이라는 동질감이 우리를 편하게 해주고, 하나로 인식하게 해주고, 또 그래서 무조건 서로 믿는 상황이 좋은 예이다.

2) 소구유형(appeal characteristics)

설득 커뮤니케이션에서는 정보원의 특성도 중요하지만 어떻게 소구할 것인가, 즉 소구방법(message appeals) 역시 매우 중요하다. 소구방법이란 정보원이 메시지에서 내세우는 주장을 수신자가 받아들이도록 호소하는 방식을 말한다. 소구방법은 특히 광고처럼 짧은 시간에 소비자를 설득해야 하고, 반복해서 같은 메시지로 설득해야하는 커뮤니케이션 방식에서 특히 중요하다. 왜냐하면 소구방법이 소비자들에게 수용되느냐 아니냐에 따라서 그 광고가 성공할 수도 있고 실패할 수 있기 때문이다. 대표적인 소구방법은 이성적 소구방법(rational appeals)과 감성적 소구방법(emotional appeals)이 있다.

(1) 이성적 소구(rational appeals)

이성적 소구는 수신자의 논리(logic)나 자기이해(self-interest)를 기초로 하기 때문에 로고스적 소구(logos appeals)라고 부른다. 로고스(logos)는 희랍어로서 사물의 존재를 한정하는 보편적인 법칙, 행위가 따라야 할 준칙, 이 법칙과 준칙을 인식하고 이를 따르는 분별과 이성(理性)을 뜻한다. 파토스(pathos)와 대립되는 개념으로, 로고스는 말을 하고 사물의 존재의 '무엇인가'를 파악하는 인간의 '분별', '이성'을 뜻한다.

간단히 말해서 이성적 소구는 마케터가 자신의 어떤 신념이나 의견을 주장할 때 그것을 뒷받침해 주는 실증적 및 논리적 자료들을 메시지에서 제시해 줌으로써, 수신자들로 하여금 자신의 주장을 받아들이도록 하는 방법이다. 그래서 이성적 소구의 광고는 소비자에게 제품의 기능적인 속성을 강조하는 정보를 제공하는 경우가 많으며, 증언식 소구 광고라고도 한다.

① 증언식 소구(testimonial appeals)

수용자와 다양한 외모, 나이, 교육수준, 성별, 경제력 등 다양한 측면에서 수용자와 유사성을 가진 광고 모델이 등장하여 제품 사용후기와 같은 메시지를 전달하는 방법이다. 물론 전문가가 등장하여 제품에 대한 소개를 할 수도 있지만 경우에 따라서는 제품을 사용한 소비자의 말을 더 신뢰한다. 이 경우에는 유명 모델보다는 일반인 광고 모델이 더 효과적이다. 그리고 증언의 내용은 막연한 감성을 유도하는 느낌보다 구체적인 제품의 속성을 언급하고 그 속성에 대한 평가와 같은 이성적인 이야기를 하는 것이 더 효과적이다.

그림 V-2 여성용품 광고는 유명인보다 일반인 소비자가 제품 사용 경험을 이야기하는 증언식 광고가 효과적이다

출처 : 매일경제, 2021.04.29.

(2) 감성적 소구(emotional appeals)

감성적 소구는 로고스적 소구와 대비되는 파토스적 소구(pathos appeal)라고 부른다. 파토스(pathos)란 본래 고대 희랍어로서, 청중의 감성에 호소하는 것을 말한다. 파토스는 수사학, 문학, 영화 그리고 서사적 예술 장르에서 사용했던 의사소통 방법으로, 영어 발음을 따라 '페이소스'라고 하기도 한다. 감성적 소구는 메시지 수신자들의 감정이나 감성 또는 가치관 등에 어필하게 메시지를 처리하여 메시지 효과를 증대시키는 방법이다. 감성적 소구를 하는 광고의 경우, 제품에 대한 기능적 속성보다는 제품 사용으로 인한 감정의 효용을 중시하며 느낌이나 분위기를 강조한다. 감성적 소구 중에는 공포소구와 유머소구가 있다.

① 공포소구(fear appeals)

공포소구란 수용자가 현재 행위를 지속할 경우, 혹은 특정 행위를 하지 않을 경우 발생할 수 있는 사례를 보여줌으로써 수신자의 정서적 긴장감(emotional tension)을 야기하면서, 자신의 주장을 받아들이도록 하는 방법을 말한다. 보험을 미리 준비하지 않아서 낭패를 본 사례, 음주운전으로 인생을 망친 경우, 금연을 하지 않아 폐암에 걸린 경우와 같은 다양한 사례를 통해 수신자에게 위기감이나 불안감을 조성하면서 자사 제품으로 위기 상황을 미리 준비하라는 광고 소구방법이 여기에 해당한다.

공포소구방법은 고대 그리스 시대부터 많이 사용되어 온 설득방법의 하나로서 불안으로부터 해방되고 싶어 하는 인간의 심리적 동기를 이용한다. 그러나 공포소구의 강도가 높아진다고 무조건 수신자의 태도변화가 오는 것은 아니다. 즉, 공포의 적정수준(optimal level)이 유지된다면 위협적 소구는 효과적인인 설득방법이 될 수 있지만, 그 강도가 너무 높을 경우에는 오히려 역효과를 유발한다. 이는 공포가 일정수준을 넘어서 위협수준이 되면, 수신자는 방어 수단으로 방어 기제(defense mechanism)가 발동하거나 인지부조화 해소의 방법으로 자신에게 유리한 정보는 수용하고 그렇지 못한 정보는 외면하기 때문이다.

그림 V-3 흡연방지 캠페인 광고는 대부분 끔찍함 시각적 장면을 담고 있다

출처: junie883 네이버블로그

② 유머소구(humorous appeals)

같은 감성소구지만 유머소구는 공포 소구와 정반대다. 공포소구가 수용자의 불안감과 위기감을 조성한다면, 유머소구는 웃음으로 수용자의 즐거움의 감정을 이끌어내어 긍정적 감정이 메시지의 평가에 긍정적으로 반영되게 하는 소구방법이다. 즉, 유머러스한 내용으로 수용자들에게 즐거운 기분을 조성하여 저항감을 감소시키고, 메시지의 주장을 거부감 없이 받아들이게 만드는 것이다. 주목해야 할 것은 수용자의 기분이 좋은 상태에서 광고에 대한 평가, 제품에 대한 평가가 그렇지 못할 때에 비해 우호적이지만, 수용자의 성향에 따라서 가벼운 유머 소구 자체에 거부감을 느낄 수도 있고, 제품보다 유머에 집중하는 주의분산이 발생할 수도 있다는 사실이다.

그림 V-4 다이어트 기관의 광고는 웃으면서 공감하는 내용을 시각적으로 표현하고 있다

출처: windbomb 네이버블로그

4. 통합 마케팅 커뮤니케이션

통합마케팅커뮤니케이션(IMC)의 개념은 위에서 살펴본 바와 같이 변화된 시대의 요구에 부합하는 커뮤니케이션 방법이다. 미국광고대행사협회(American Ad. Agency Association)에 따르면, 통합적 마케팅 커뮤니케이션이란 '커뮤니케이션 요소들의 다양한 전략적 역할들을 종합적으로 평가하여 부가가치를 창출할 수 있는 종합적 마케팅 계획'을 말한다. 즉 전통적인 광고에 세일즈 프로모션, PR, 다이렉트 마케팅, 인터넷 등 새로운 매체 등을 조합하여 커뮤니케이션의 효과를 극대화시키고 이의 지속성과 명쾌성을 제공하는 것이다.

그림 V-5 통합마케팅 커뮤니케이션의 수단들

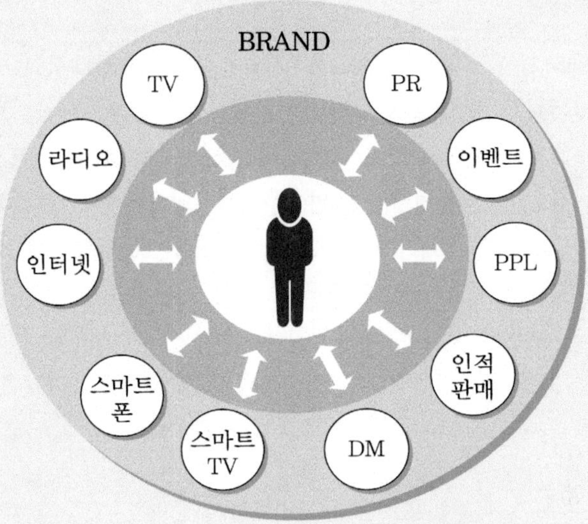

노스웨스턴대학의 슐츠교수에 의하면 통합마케팅 커뮤니케이션이란 예상고객과 기존고객을 대상으로 설득 커뮤니케이션의 다양한 형태들을 개발하고 실행해 나가는 과정으로 소비자가 브랜드나 기업을 접촉하는 모든 요소들을 고려한다고 하였다. 통합마케팅 커뮤니케이션은 시간의 경과를 반영하면서 측정가능하고, 효과적이며, 효율적이며, 상호작용하는 커뮤니케이션 프로그램을 개발하기 위해 설계되어야 한다. 이와 같은 관점에서 보면 [그림 V-5]에서 보듯 기존 마케팅 커뮤니케이션의 요소인 광고, 세일즈 프로모션, 그리고 PR은 물론 제품과 관련된 모든 행동 즉, 제품자체, 소비자와 거래하는 종업원의 태도, 서비스, 유통, 가격결정 등도 중요한 커뮤니케이션 구성요소라고 할 수 있다.

따라서 이 모든 요소들은 커뮤니케이션 고리에 연결되어야 하며 단절된 커뮤니케이션 활동을 하지 않고 전체기업에 대한 목표와 커뮤니케이션 전략을 사전에 과학적으로 구성한 뒤 다양한 마케팅 커뮤니케이션 방법들을 병렬적으로 고려해야 한다.

정리 사례

SK이노베이션의 자회사 SK에너지가 SK이노베이션 창사 60주년을 기념해 팝업스토어 'SK 주(酒)유소'를 서울 청계천로에 선보였다. SK 주(酒)유소는 전국 SK 주유소에 적용된 디자인을 입혔다. 간판에는 '60년 전통 원조'를 강조해 국내 최초 정유사 역사가 60년이 됐다는 의미를 담았다. 1층에는 레트로 콘셉트를 반영해 SK에너지와 SK주유소의 지난 60년 역사를 소개하는 공간을, 2층 홀은 SK 주유소가 나아가고자 하는 '친환경 그린 에너지 거점'으로서의 미래를 주제로 꾸몄다. 주유가 차량의 에너지를 채우는 일이듯 SK 주(酒)유소를 방문하는 누구나 삶의 에너지와 행복을 채우고 가길 바라는 주제와 소비자의 SK의 역사를 체험하는 경험을 제공했다.

출처: 뉴시스, 2022.10.05.

실전 사례

✤ 최근 TV나 스마트 폰 등의 매체를 통해 본 광고 중 어떤 것이 기억에 남는가? 조원들과 함께 각자 인상 깊은 광고가 어떤 것이 있었는지, 그리고 인상 깊은 광고의 특성이 어떤 것들이 있었는지 토론해 봅시다.

▲한국광고대상을 차지한 쌤소나이트의 '신은 말했지'편 광고
출처 : 광고정보센터 매거진, 2016.08.03.

항 목	토론 내용	해야 할 일
인상 깊은 광고		토론주제의 의미파악
토론계획 수립		조장과 기록자 선정
인상 깊은 광고의 조건		토론을 통한 의견 수렴

Chapter 15

마케팅 커뮤니케이션 전략

학습목표

1. 전통적 커뮤니케이션 환경의 변화에 대해 학습한다.
2. 커뮤니케이션 관점의 소셜 네트워크 시대에 대해 학습한다.
3. 소셜 네트워크 시대의 광고, PR, 판매촉진, 인터넷, 데이터베이스 마케팅, 통합적 매체 전략을 활용할 수 있다.

도입사례

MBC '놀면 뭐하니?'는 '1일 1깡' 영상에 '비가 깡 광고를 촬영했으면 좋겠다'는 팬들의 요구에 부합하는 콘텐츠로 시청자들의 기대에 부응했다. 방송에서 유재석, 이효리, 비는 농심 '깡 씨리즈 4개 제품(새우깡 · 감자깡 · 양파깡 · 고구마깡)'을 집어먹는 모습을 보여줬다. 이에 힘입어 해당 제품의 합산 매출은 100억 원을 돌파하며 성공적인 PPL 사례를 남겼다. 과거에는 PPL이 등장하는 프로그램은 비난의 대상이었지만, 최근에는 PPL을 명시한 프로그램이 SNS를 통해 전파되며 이슈를 모으고 있다. '뒷광고'와 달리 대놓고 드러내는 '앞광고'가 호감을 얻으며 브랜드의 이미지와 신뢰도를 높이는데도 일조하고 있다.

출처 : 일요신문, 2020.08.25.

1. 마케팅 커뮤니케이션의 발전

TV프로그램을 보다가 프로그램 중간에 익숙한 상표의 재품이 나오는 것을 본 적이 있는가? 어떤 느낌이 들었나? 프로그램과 연관성이 있었나? 제품의 인지도 측면에서 효과적이라고 생각하는가? 과거 광고는 마케팅 4P 중에 하나인 촉진(promotion) 전략의 하나로만 인식되어졌었다. 현대 마케팅의 개념은 제품과 커뮤니케이션이 분리되어 있지 않다. 제품을 포함하여 소비자와 만나는 모든 접점은 소비자에게 제품의 가치를 인식시키는 커뮤니케이션 수단이며, 그렇기 때문에 마케팅은 커뮤니케이션이다(marketing is communication itself)라는 개념이 등장하였다. 이제는 TV나 라디오, 신문잡지와 같은 전통적인 매체뿐만 아니라 인터넷, 케이블 TV, 위성 TV, DMB, 스마트폰, 소셜 네트워크 서비스(SNS) 등 매우 다양한 형태의 매체가 있다. 과거 전통적인 커뮤니케이션 매체에 국한되어 논의되던 커뮤니케이션 전략은 보다 광범위한 개념의 매체를 이해해야 하며 이들 매체간의 통합적이고 일관적인 전략이 더욱 중요하게 되었다.

본 장은 새로운 매체 시대를 맞아 다양한 매체를 브랜드 접점(brand contact point)으로 인식하여 일관성 있고 통합적으로 소비자에게 커뮤니케이션하는 새로운 형태의 마케팅 커뮤니케이션에 대해 공부하기로 한다.

17세기 영국 사람들이 평생 접하고 익혔던 지식의 총량이 일간지인 뉴욕타임지의 하루치 분량에 미치지 못한다는 말이 있듯이 지금 이 시대의 소비자들은 과거에 비해 양적으로, 질적으로 엄청난 내용, 말 그대로 정보의 홍수 속에 살고 있다.

정보의 증가는 새로운 IT기술의 개발과 더불어 등장한 다양한 매체와 함께 시작되었다. 이제 소비자는 신문 및 잡지, 공중파 방송뿐만 아니라 케이블 TV, 인터넷, DMB, 스마트폰, 공연 티켓의 뒷면, 우유팩, 심지어 스포츠, 상품전시 공간자체에서도 광고에 노출되어 살아가고 있다.

광고는 본디 일차적 정보(방송 콘텐츠 등)에 부착되는 이차적 정보로서 시작되었다. 과거의 기술에서는 일차적 정보와 광고를 분리할 수 없기 때문에 시청자는 본방송이나 뉴스가 광고와 함께 뒤섞인 형태로 보았다. 그리고 소비자들이 좋아하든, 싫어하든 광고메시지에 동시에 노출된다는 가정을 했다. 그리고 이러한 가정 하에 메시지의 도달(reach)과 빈도수(frequency)로 광고효과를 측정하였다.

그러나 IT 기술의 발전은 이제껏 모든 광고들이 기초로 해온 위와 같은 전제들을 믿을 수 없게 하고 있다. 많은 매체의 등장도 문제이지만 케이블 TV의 경우를 예를 들어도 디지털화가 되어있어 언제든지 보고 싶은 프로그램을 광고 없이 즐길 수 있다. 오히려 실시간 방송이 나가는 제시간에 프로그램을 시청하는 경우가 특별하여 '본방사수'한다는 신조어가 탄생하기도 하였다.

현대 광고의 근간이 되었던 대중광고(mass advertising)의 등장은 1960년대 미국을 중심으로 시작된 마케팅의 4P개념에서, 같은 시기에 등장한 TV, 그리고 라디오, 신문, 잡지와 같은 4대 매체를 중심으로 4P의 하부 요소인 촉진(Promotion)의 한 부분으로 활용한 것이 시작이다.

대중광고의 시대에는 인구를 세분화하여 구별한다는 것이 기술적으로 쉽지 않았을 뿐만 아니라 비용이 많이 들었다. 예를 들어 1970년대에 소비자 한 사람의 이름과 주소를 파악하는데 들어가는 비용은 대략 1.5달러였다. 그러나 현재는 IT 기술의 발달로 1센트 미만의 비용이 들 뿐만 아니라 경우에 따라서는 소비자의 자발적인 참여로 무료로 이용가능한 가능한 데이터베이스도 다수 존재한다.

기술적으로 불가능했으며 비용 때문이라도 과거에는 전체 집단을 목표 타겟으로 광고활동을 전개할 수밖에 없었다. 그러나 기술적 변화는 판매시점 데이타(POS data)를 통해 제품의 이동과 소비자에 대한 정보를 즉시 알 수 있을 뿐만 아니라 GPS 위치정보에 따라 현재 소비자가 쇼핑하고 있는 쇼핑 장소까지도 실시간으로 파악이 가능하고 현장에 맞는 커뮤니케이션이 가능해졌다.

2. 새로운 마케팅 커뮤니케이션 전략

지금의 매체환경은 모든 매체들의 디지털화가 지속적 확대되고 있으며 2012년 이후 인터넷이 제1의 광고매체로 떠오르고 있다. 스마트폰 확산으로 모바일 광고 시장 확대되고 있으며 디지털 방송과 스마트TV도 상용화가 되고 있다. 위치기반, 가상체험 등의 기술 발전이 지속되고 있으며 소셜 미디어, N-스크린 등이 확대되고 있고 전통적인 매체들의 영향력은 계속 약화되고 있다. 이러다 보니 마케팅 커뮤니케이션은 더욱 세밀한 타겟팅이 필요하고 맞춤형, 참여형 정보 취득 및 공유에 대한 소비자 니즈 확대되고 있다. 새로운 매체환경의 특징은 다음 3가지로 정리할 수 있다.

① **매체의 파편화 현상(media fragmentation)** 매체 종류 및 수의 급격한 증가로 인해 매체 간 경쟁의 심화가 일어나고 있다.

② **수용자의 파편화 현상(audience fragmentation)** 특정 매체를 통해 도달 가능한 청중의 규모가 크게 감소되고 수용자의 자율성이 증대됨에 따라, 커뮤니케이션의 효율이 감소되고 있다.

③ **매체 간 결합현상(media convergence)** 방송매체와 인쇄매체 간의 경계가 허물어지고 결합된 형태의 매체들이 출현하면서 매체의 특성에 대한 이해가 더욱 절실해 졌다.

보충학습 N-스크린

공통된 운영체계(OS)를 탑재한 다양한(N개) 단말기에서 공통된 콘텐츠를 공유/활용/제어할 있도록 해주는 서비스이다.

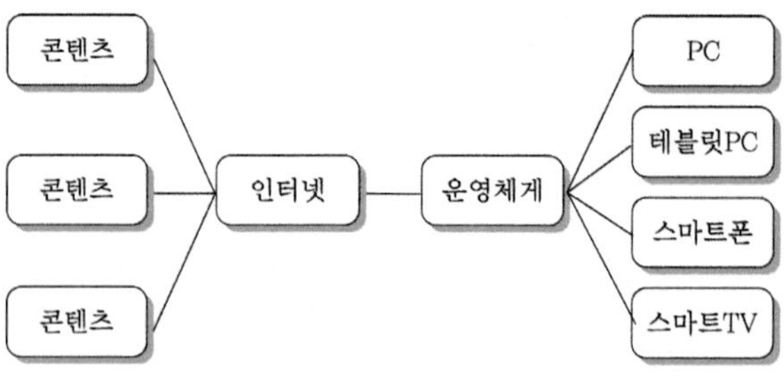

다음은 새로운 매체 환경에서 주목받고 있는 다양한 형태의 마케팅 커뮤니케이션에 대해 알아보기로 하자.

1) 모바일 광고

이제는 저렴하고 맛있는 레스토랑을 찾기 위해 헤맬 필요가 없다. 스마트폰을 꺼내 위치정보를 기반으로 할인서비스를 제공하는 애플리케이션을 실행하여 20% 할인하는 맛집을 소개받으면 되기 때문이다. 친구와 만나기로 한 커피전문점에 급하게 나오느라 스마트폰만 들고 나왔다. 친구에게 커피를 사야하는 상황이라면 메신저 애플리케이션인 카카오톡의 선물하기 기능을 활용, 친구에게 커피교환권을 선물하여 커피를 산다.

이처럼 스마트폰은 이제 우리 생활의 한부분이 되어 가고 있다. 우리나라 성인의 스마트폰 사용률은 2012년 1월 53%에서 그해 6월 60%, 2013년 2월 70%, 2014년 7월 80%, 2016년 하반기 90%를 돌파했다. 2022년은 97%의 시대가 되었다. 스마트폰 가입자 97%의 시대는 마케팅 커뮤니케이션 환경까지도 바꾸고 있다. [그림 Ⅴ-6]에서 보듯이 전통적인 커뮤니케이션 환경에서는 기업이 전달하고자 하는 메시지(콘텐츠)를 TV, 라디오, 인쇄매체 혹은 그 밖의 일반적인 매체를 통해 고객에게 전달하였다. 이러한 환경에서는 고객이 자신의 메시지를 기업에게 전달하기가 매우 어려웠다.

그림 Ⅴ-6 전통적 방법의 커뮤니케이션 과정

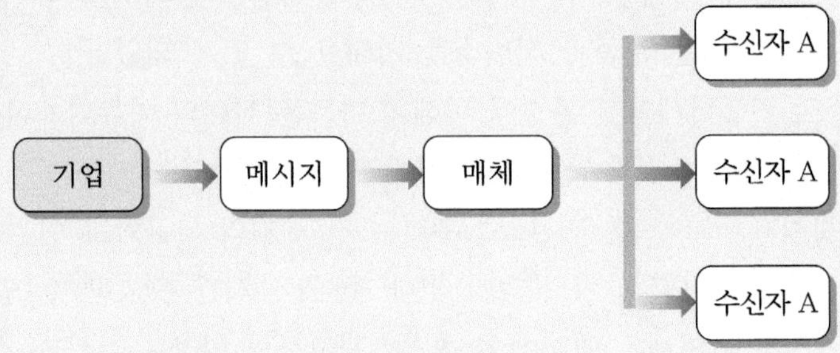

그림 V-7 스마트폰 시대의 마케팅 커뮤니케이션 과정

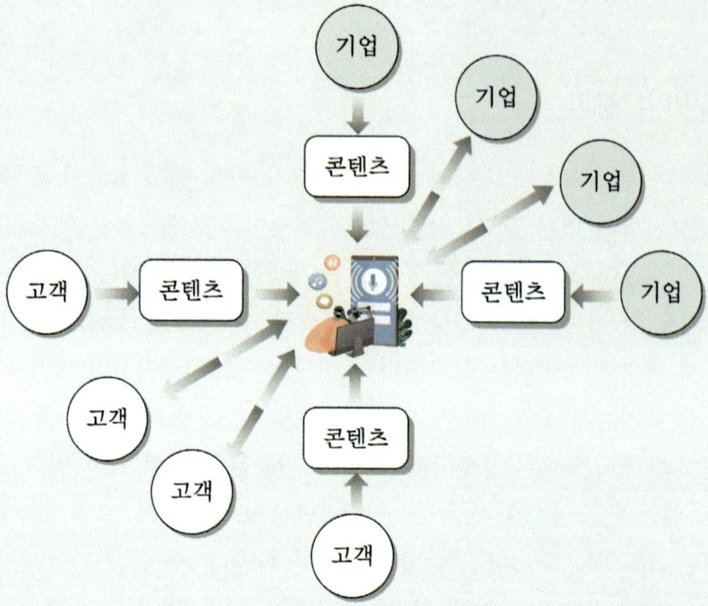

그러나 [그림 V-7]에서 보듯이 스마트폰이라는 매체는 기업과 개인, 그리고 개인 간의 쌍방향 커뮤니케이션을 가능하게 해주었으며 더 나아가 여러 개인들과 기업들이 동시에 커뮤니케이션 할 수 있도록 하고 있다. 기업은 스마트폰을 통해 고객과 원활한 의사소통을 할 수 있게 되었다. 고객의 입장에서는 기업들과의 직접적인 대화가 가능해짐에 따라 기업과 제품에 대해 더 많이 알게 되었고, 기업들 간의 선의의 경쟁을 유발시켜 질 좋은 제품과 서비스를 기대할 수 있게 되었다.

전통적 커뮤니케이션 환경에 비해 스마트폰 시대의 커뮤니케이션 환경이 갖는 장점은 첫째, 전통적 매체에 비해 공간상의 제약을 받지 않는다는 것이다. 스마트폰 한 대로 우리는 전 세계의 누구와도 연결이 될 수 있다. 둘째, 시간상의 제약이 없다. 하루 24시간 광고할 수 있으며 원하는 시간에 언제든 연결할 수 있다. 광고물의 변경도 수시로 가능하다. 셋째, 전통적인 매체가 불특정 다수를 겨냥했다면 스마트폰 환경은 내가 원하는 고객을 정확하게 파악하고 접근할 수 있다. 고객이 즐겨하는 콘텐츠 예를 들어, 앱이나 게임, 뉴스, 메신저, SNS 등을 파악할 수 있고 거기에 따른 맞춤형 광고가 가능하다. 넷째, 스마트폰 환경은 구전 마케팅을 더 효과적으로 수행할 수 있다. 전통적인 광고매체의 효과가 지속적으로 감소하고 있다. 이 때 고객이 서로 연결되어있는 스마트 폰 환경에서 고객 스스로가 제품을 알리는 구전은 매우 효과적이며 기업의 입장에서 비용도 거의 들지 않는다.

표 V-2 세대별 모바일 광고 유형

구분	유형	세부내용
1세대	SMS 광고	• 텍스트기반의 단순메시지 광고
2세대	모바일 웹 광고	• 모바일 웹 페이지의 배너광고, 텍스트(검색) 광고 • 브랜드의 모바일 웹사이트
	동영상 및 TV 광고	• 동영상 시작, 중간, 끝에 광고 삽입
	In-apps AD	• 애플리케이션 내 광고 삽입 • 브랜드의 광고 애플리케이션
3세대	QR코드 광고	• 카메라로 읽는 바코드, 스마트태그 활용 • 사용자의 자발적 참여 통한 마케팅
	지오타겟팅 광고	• GPS, 3G, Wi-Fi 네트워크를 통해 사용자의 위치 정보 파악, 그에 적합한 광고 노출 • 푸쉬형 쿠폰 광고 등
	AR(증강현실) 광고	• 카메라로 찍힌 영상과 데이터/그래픽을 사용자 위치정보 이용하여 합성
	SNS 광고	• 실시간 검색 광고 • 유저 행동추적 광고

스마트폰 커뮤니케이션 환경에서의 대표적인 광고의 형태는 모바일 광고이다. 모바일 광고는 2G 네트워크 시대에 SMS(Short Message Service)와 같은 텍스트 메시징 서비스로 시작되었다. 그러나 스마트폰, 태블릿, PC 등 데스크톱 PC에 버금가는 컴퓨팅 파워를 지닌 휴대폰 단말기들의 등장과 Wi-Fi, 5G 등 고속 네트워크 보급 확산으로 모바일 광고시장은 새로운 국면을 맞고 있다.

모바일 기기 이용시간의 증가와 함께 모바일광고가 자연스럽게 늘고 있으며 콘텐츠 소비가 활성화되고 있다. 모바일 기기는 단순한 콘텐츠 제공 통로가 아닌 언제나 쉽게 소비를 할 수 있는 환경으로 확장되고 있다.

모바일 광고의 장점은 세밀한 사용자 DB를 이용한 타겟팅 광고가 가능하고 또 광범위한 파급력이 있다는 것이다. 사용자가 24시간 휴대하는 단말기를 통해 메시지를 원하는 시간과 장소에 있을 때 전송이 가능하고 또 오디오, 비디오, 텍스트 등 다양한 수단을 이용해 특정한 소비자 행동을 유도할 수 있다. 또한 타 미디어에 비해 저렴한 비용으로 최대 광고 효과가 가능하다.

모바일 광고의 세대별 유형과 내용은 〈표 Ⅴ-2〉와 같다.

새로운 미디어로서의 모바일 광고의 의미는 다음과 같다.

① **일대일 매스 미디어** 개인이 보유한 개인만의 미디어, 개별화된 정보를 전달하는 Mass & Interactive Media라는 유일무이한 매체

② **유선 인터넷과 차별화된 미디어** 제한된 Display와 메모리구조에 따라 최적화된 Contents를 표현, 간결하고 주목성 높은 컨텐츠로 구성하는 차세대 미디어

③ **고객 밀착형 미디어** 24시간 사용자와 밀착되어 있는 유일한 아이템, 고객이 원하는 Pull형태 정보와 고객을 일깨우는 Push형태의 광고가 공존하는 광고

④ **고객성향에 맞춘 미디어** 수많은 콘텐츠와 정보에서 제공되는 축적된 사용자 성향, 사용자의 개성과 성향을 정확히 반영하는 미디어, 예측된 정보와 맞춤정보 활용

그림 V-8 '카카오톡 플러스 친구맺기 이벤트'를 중심으로 제품 홍보, 제품 360도 돌려보기, 뚜껑 열어 혜택보기 등의 이벤트를 통해 제품과 이벤트 정보를 제공한다

출처 : 구글이미지

⑤ **과금이 용이한 미디어** 안전장치로 무장한 모바일 인터넷은 확대되는 보안 솔루션과 인증기능으로 독립적인 모바일 상거래의 수단으로 활용

⑥ **사용자 유도** 이동환경을 고려한 광고, 특정위치에서만 보내지는 광고를 수신하고 사용자의 행동 유도

⑦ **확장 기능성** 개인의 정확한 정보, 위치확인(position determination), 정확한 Timing(on time), 상시 대기모드(always on line) 특성은 다른 매체가 가지지 못한 강력한 타겟 마케팅의 인프라

2) 스마트 미디어 광고

스마트 미디어 환경에서는 방송 콘텐츠 및 서비스의가 소비자가 원하는 프로그램을 골라서 보는 능동적 시청방식으로 바뀌고 새로운 기능의 콘텐츠가 추가되고 있다. 소셜 서비스의 본격화되어 SNS에서 추천받은 TV프로그램의 시청이 가능해졌다. 스마트 TV에서 SNS를 이용하고, N-스크린 서비스 확대되어 결국은 BIG(TV) & SMALL (mobile)두 개의 화면으로 양분되고 있다.

N-스크린에 마케터가 주목하는 이유는 시청자가 멀티 디바이스를 이용해 콘텐츠를 소비할 때 TV가 갖는 백그라운드적 매체 속성 때문이다. TV의 실시간 방송과 개인 휴대용 기기가 연계하면 TV, 태블릿 PC, 스마트 폰 간의 멀티 태스킹이 가능해지고 양방향 광고를 할 수 있다. VOD 시청 도중 시청자간, 혹은 제작자와 영상 통화 혹은 채팅이 가능하고 지인의 프로파일을 설정하면 이들이 즐기는 프로그램을 함께 시청할 수도 있다.

* VOD(video on demand) 스마트 미디어 환경에서 원하는 콘텐츠를 구매해서 보는 것을 말한다.

스마트 미디어 광고는 크게 3가지의 특성을 가지고 있다. 첫째, 상호작용이 가능하다. 전통적 매체의 광고의 경우 일반적인 메시지의 전달만 가능했지만 스마트 미디어 광고에서는 수용자가 원하는 광고를 선택할 수 있고, 광고 내용을 탐색하는 등 적극적인 반응을 취할 수 있다. 둘째, 특정 고객을 대상으로 하는 광고가 가능하다. 다양한 스마트 기기와 함께 위치기반기술을 기반으로 수용자의 세분화가 가능해졌기 때문이다. 셋째, 광고가 구현되는 위치와 형태가 전통적인 광고와 다르다. 전통적인 광고가 지정된 시간과 공간에서 구현되었다면 스마트 미디어 광고는 포맷에 얽매이지 않는 광고가 가능하다.

그림 V-9 맞춤형 스마트 광고

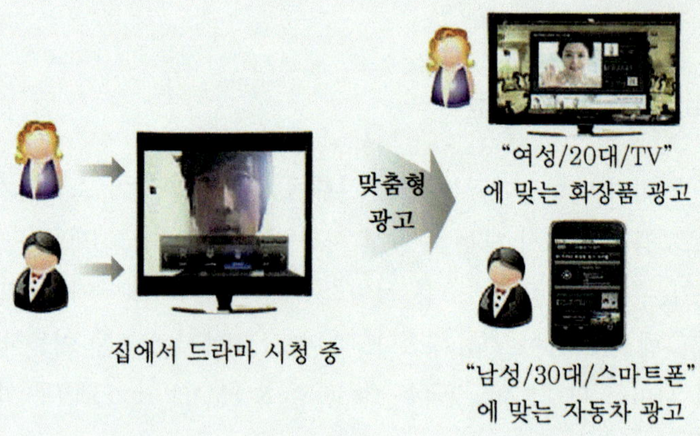

3) 소셜 미디어 광고

소셜 미디어(social media)는 문자나 그림, 동영상 등을 전송하거나 제작할 수 있는 웹기반의 응용 소프트웨어를 이용해 참여자들 간에 정보와 지식, 의견을 공유할 수 있게 해주는 대화형 미디어를 의미한다. 첫 번째 형태로는 WEB+LOG의 합성어인 블로그(Blog)가 있으며 최근에는 제한된 단어의 단문을 메시지로 보내는 Micro Blog형태가 유행인데 유명한 트위터(Twitter)가 여기에 해당된다. 소셜 미디어의 두 번째 형태는 SNS(social network site)라고 하는데 대표적인 SNS로는 Facebook, cyworld 등이 있다. 소셜 미디어의 세 번째 형태는 콘텐츠 커뮤니티(contents community)로 개인들이 제작한 사진이나 동영상들을 게시하고 공유한다. 콘텐츠 커뮤니티의 대표적인 것이 유튜브(YouTube)이다. 소셜 미디어 광고는 이용자들이 올리는 글, 참여하는 행위, 웹상의 공간에 결합하여 광고를 하는 것을 말한다.

소셜 미디어는 누구나 참여할 수 있으며 모든 사람에게 공개되어 있다. 콘텐츠에 대해 다양한 사람으로부터 광범위한 코멘트를 받을 수 있으며 대부분의 소셜 미디어는 다양한 미디어와 연결되어있어 그 파급력이 막강하다. 소셜 미디어는 매우 신속하게 정보가 전달되는 특징이 있으며 시공간의 제약이 없다. 소셜 미디어는 서로 간의 관심 친분을 기반으로 하기 때문에 상호 간에 신뢰가 있으며 소비자와 접촉, 대화, 지원이 가능하고 참여와 같은 상호작용이 쉽게 일어난다.

소셜 미디어에서는 이용자들이 올리는 글, 참여하는 행위에 결합해서 광고를 할 수 있다. 마케터는 친구의 말 한 마디 한 마디, 표정 하나하나에 맞추어 광고를 하는 셈이다. 광고가 어느덧 친구와의 대화에까지 스며드는 것이다.

소셜 미디어 광고의 또 다른 특징은 광고가 수용자의 소셜 네트워크에 기반한다는데 있다. 예를 들어 페이스북은 마치 다단계 마케팅처럼 인맥을 이용해 광고를 하고, 상품을 판매한다. 나의 인맥이 광고주에게 제공되고, 페이스북은 친구가 추천한 상품이라고 광고를 하는 것이다.

소비자는 이런 식으로 전달되는 콘텐츠에 대한 저항감이 덜하며 스스로 과정을 즐기는 사이에 자신도 모르게 충성스런 고객으로 변한다.

또한 소셜 네트워크 서비스에서의 광고는 광고효과를 바로 바로 모니터링해서, 가장 효과적인 광고방법을 찾아낼 수 있게 해준다.

표 V-3 소셜 미디어의 종류와 특성

구분	블로그	트위터	페이스북	유투브
용도	콘텐츠 생산	콘텐츠 유통	네트워킹	콘텐츠 유통
글 제한	제한 없음	140자	제한 없음	제한적
관계	구독자, 참여자	팔로잉, 팔로워	친구, 팬	참여자
콘텐츠 유통	엮인 글, 추천	리트윗	좋아요, 댓글	좋아요, 댓글
특성	• 특정 주제에 대해 글과 사진 등을 올린다. • 댓글 등을 통해 참여자 간 커뮤니케이션이 발생한다. • 키워드를 통해 콘텐츠가 검색에 노출된다. • 콘텐츠의 목록이 정리되어 있어 방문자가 지난 콘텐츠를 찾는 것이 수월하다.	• 짧은 글과 링크를 통해 정보를 공유한다. • 실시간 소통이 가능하며 정보 전달의 속도가 매우 빠르다. • 팔로워를 통해 자신의 생각을 여러 사람에게 동시에 알릴 수 있다. • 자신이 쓴 글이 아니더라도 리트윗을 통해 다른 사람과 정보의 공유가 가능하다.	• 친구들이나 가족과 친밀한 커뮤니티를 형성한다. • 자신이 좋아하는 정보에 '좋아요'로 의견을 표시할 수 있으며, 친구 간에 정보가 자동으로 업데이트 된다. • 그룹 지정을 통해 친구를 효과적으로 관리할 수 있다. • 간단한 편집이 가능하다.	• 참여자들 간에 동영상을 무료로 공유한다. • 콘텐츠의 대부분은 TV클럽, 뮤직비디오이고 아마추어들이 직접 제작한 동영상도 있다. • 스마트폰으로 찍은 동영상을 실시간으로 올릴 수 있다.

광고주는 각 개인에 대해 정보를 제공받는다. 그 상태에서 광고주는 대상이 되는 상대방을 정확하게 골라서 광고를 할 수 있고, 수용자들의 반응을 세밀하게 관찰하여 어떤 상품을 어떻게 광고해야 판매되는지, 가장 효과적인 방법을 찾아낼 수 있다. 이렇게 일차 검증이 끝나면 검증된 방법을 사용하여 상품 광고를 하면 된다.

이처럼 광고의 효과를 극대화하기 위해서 필요한 것은 개인정보나 사회적 관심, 추세, 유행 등의 정보수집이다. 페이스북이 모으는 개인정보는 정치적 입장, 종교는 물론 좋아하는 음악, 좋아하는 영화, 친구 관계, 생일, 얼굴, 출신학교나 네트워크, 지역 등 이루 헤아리기 어려울 정도로 많다. 소셜 네트워크 서비스의 가치가 보유하는 개인정보에 의해 매겨지다 보니, 무리한 개인정보 수집이 문제가 되기도 한다. 미국에서는 동의도 받지 않고 가입자의 친구들의 연락처를 추출해서 회원으로 가입시키거나, 친구 리스트가 공개되게 하여 문제가 되었다. 페이스북도 당사자에게는 동의를 받지만, 해당 친구에게 동의를 받지 않고 친구의 개인정보를 수집하고, 정보를 활용해서 광고에도 이용한다. 나는 동의하지도 않았는데 내가 누구의 친구라는 것이 페이스북에게 알려지는 것이다. 이러한 부분은 소셜 미디어를 이용한 광고가 활성화되기 위해서는 반드시 고쳐져야 할 부분이다.

4) 데이터베이스 마케팅

데이터베이스 마케팅이란 고객에 대한 여러 가지 정보를 컴퓨터에 축적하고 구축된 자료를 활용하여 개개인과 직접 접촉해서 소비자의 직접적인 반응, 판매를 유도하거나 장기적인 관계를 구축하는 마케팅 활동이다. 데이터베이스 마케팅은 고객의 구매행동을 이해함으로써 기업에게 고객과 관련된 뜻밖의 사실을 깨닫게 해주고 새로운 마케팅 기회를 제공해준다.

미국의 슈퍼마켓에 가면 기저귀 옆에 맥주를 놓고 판매한다. 상식적으로는 이해가 가지 않지만 이러한 결과는 사실 데이터베이스 마케팅의 전형적인 결과물이다. 고객 구매 데이터를 분석을 통해 기저귀와 맥주의 구매가 함께 이루어지는 경우가 많다는 사실을 알았다. 심층적인 연구를 통해 기저귀 구매자는 아기를 돌보는 엄마대신 장보러 온 아빠라는 사실을 알아내었다. 아빠는 장보러 온 김에 자신이 좋아하는 맥주도 사간 것이다.

데이터베이스를 활용하는 절차와 방법은 다음과 같다.

① 우량고객의 파악
② 신규고객의 획득
③ 고객의 제품사용상황에 맞는 메시지의 전달
④ 고객의 구매결정에 대한 확신 부여
⑤ 관련제품의 교차판매
⑥ 구매력수준에 따른 계층화 및 이에 적합한 커뮤니케이션 전략 수립
⑦ 판촉의 전달력(효율성) 향상
⑧ 마케팅 프로세스를 보다 세련되게 함
⑨ 유통채널의 효과성 향상
⑩ 브랜드자산의 관리
⑪ 관련된 모든 기능영역을 이해하고 통합할 수 있는 경영자원으로 활용
⑫ 경쟁사 몰래 고객과 커뮤니케이션하여 상표전환을 유도
⑬ 다양한 마케팅조사의 수행
⑭ 개별고객에게 맞는 차별화된 서비스의 제공
⑮ 프로그램의 시너지 창출 및 통합

[그림 Ⅴ-10]은 이러한 절차를 거쳐 완성된 백화점의 편지의 사례로 내용이 구매자의 행동과 신상 정보에 근거하여 작성하였기 때문에 매우 설득력이 있다.

그림 V-10 고객 데이터에 근거해 작성한 편지와 필요한 자료

Example

서울시 동대문구 이문동 *** 귀하

안녕하세요. 사모님의 생일이 2주 밖에 남지 않았네요. 11월 5일이 사모님 생일 맞으시죠? 저희가 사모님의 생일 선물을 준비했습니다. 잘 아실지 모르겠지만 사모님은 빈폴 브랜드를 좋아하십니다. 그리고 파랑색을 좋아하시구요. 사모님의 사이즈는 55입니다. 이번에 30만원 정도의 선물을 준비했습니다. 저희가 직접 선물을 포장해서 배달해 드릴 수도 있고, 아니면 저희가 직접 전달해드립겠습니다. 전화를 주시면 원하는 시간에 24시간 내로 즉시 보내드리겠습니다. 그럼 안녕히 계십시오.

**** 백화점 고객 담당자 ***

필요한 데이터

□ 적절한 선물 : 아내의 취향, 유행과 취향에 적절한 선물
□ 개인 일정 자료 : 생일, 기념일
□ 적연구통계적 자료 : 성, 나이, 자녀 수, 사는 지역, 학력
□ 적쇼핑정보 : 쇼핑습관, 취미, life style
□ 적개인적인 신상자료 : Dress and 옷의 치수, 선호하는 색깔, 스타일, 선호 브랜드, 얼굴형과 체형
□ 적의사결정 알고리즘 : 상품을 중요시 하는가?, 가격을 중요시 하는가, 패션을 중요시 하는가?
□ 적사회적 환경 : 쇼핑 규제, 결혼 여부, 직업, 배우자 이름

보충학습 RFM

RFM은 Recency, Frequency, Monetary의 약자로 가치 있는 고객을 추출해내어 이를 기준으로 고객을 분류하는 매우 간단하고 유용한 방법으로 알려져 있으며, 마케팅에서 많이 사용하는 분석방법 중 하나이다.

RFM 기법은 고객이 미래에 구매하는 행위를 예측하는 데 가장 중요한 것은 과거 구매 내용이라고 가정하며 다음과 같이 고객의 가치를 다음의 세 가지 기준에 의해 계산하고 있다.

- Recency – 거래의 최근성: 고객이 얼마나 최근에 구입했는가?
- Frequency – 거래빈도: 고객이 얼마나 빈번하게 우리 상품을 구입했나?
- Monetary – 거래규모: 고객이 구입했던 총 금액은 어느 정도인가?

5) 인터넷 광고

초기 인터넷 광고는 배너광고, 팝업광고, 이메일광고 그리고 웹사이트로 대표되었다. 그러나 IT기술의 발달로 인터넷 광고는 채팅광고, 검색엔진광고, 키워드광고, 팝언더(pop-under)광고, 인터스티셜(interstitial)광고, 수퍼스티셜(superstitial) 광고 등 다양한 형태의 광고가 등장하였다. 인터넷광고의 장점은 시간적 공간의 한계가 없으며 모든 고객과 일대일 쌍방향 커뮤니케이션을 할 수 있다는 것이다. 그렇기 때문에 잠재고객을 세분화할 수 있으며 타겟 맞춤형 광고가 가능하다. 전 세계 고객을 대상으로 광고물을 특별한 규제 없이 제작할 수 있으며 실시간 소비자 반응을 측정할 수 있고 실시간으로 제품 구매로까지 연결이 가능하다. 또한 광고비용이 저렴하며 광고 내용의 변경이 매우 쉽다.

그림 V-11 네이버 웹 사이트에 게재된 다양한 형태의 인터넷광고

출처: 네이버

6) 가상광고

가상광고는 야구, 축구 등 운동경기를 중계방송 할 때 컴퓨터 그래픽(CG)으로 가상 이미지를 합성해 삽입하는 광고 기법이다. 방송법에서는 가상 광고를 "텔레비전 방송에 있어 전자적 영상합성기술을 이용하여 현실적으로 존재하지 않는 가상의 방송광고 이미지를 창출해 기존의 방송신호를 대체하는 광고"라고 정의한다.

1995년 미국 중부지역의 한 은행이 마이너리그 야구 경기장에 900달러를 들여 시작한 것이 효시이다. 메이저리그에서는 1996년 샌프란시스코 자이언츠팀의 홈경기에 토요타 자동차 딜러가 경기장의 빈 펜스에 가상광고를 처음 내보냈다. 우리나라의 경우 2010년 1월 방송법 시행령 개정에 따라 지상파 TV에서 가상광고가 가능해졌다. [그림 Ⅴ-14]는 KT가 추석 시즌에 프로야구 생중계 중 잠시 비친 보름달에 '올레(olleh)'라는 KT 홍보문구를 새긴 광고를 하는 모습이다.

그림 Ⅴ-12 올레 KT의 가상광고

출처 : 세계일보, 2010.09.28.

그림 V-13 김민재가 활약하는 이태리 축구중계에서의 맨올로지 컷의 가상광고

출처: 구글이미지

7) PPL 광고

PPL(Product Placement)은 영화, 드라마 등 프로그램 내에서 상품이나

그림 V-14 슬기로운 의사생활에 등장하는 동대문엽기떡볶이, 하남돼지집 배달 삼겹살 PPL 사례

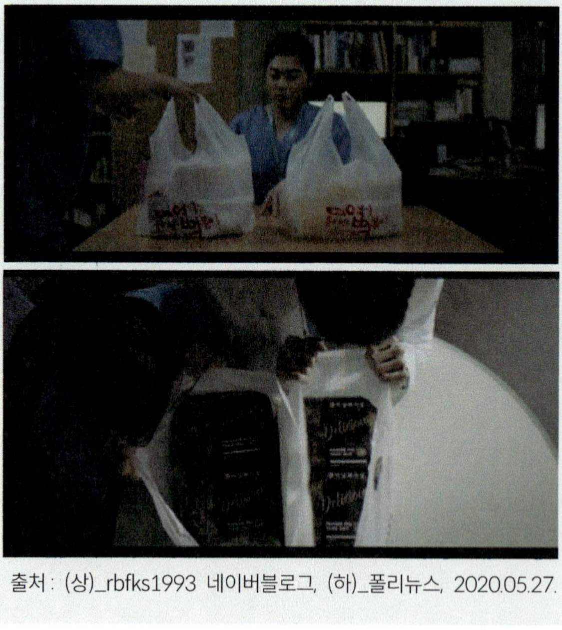

출처: (상)_rbfks1993 네이버블로그, (하)_폴리뉴스, 2020.05.27.

브랜드를 등장시켜 간접적으로 광고하는 마케팅 기법이다. PPL은 1980년대부터 통상적으로 사용되기 시작한 용어로, 원래는 영화나 드라마를 제작시 소품 담당자가 사용할 소품들을 배치하는 업무를 뜻하던 용어이었으나, 최근 광고효과가 두드러지게 나타남에 따라 광고효과를 노리고 전략적으로 제품이나 브랜드를 등장시키고 있다.

8) 애드버 게임

광고(advertising)과 게임(game)의 합성어로 게임 속에 삽입된 광고 메시지를 말한다. 게임에 참여함으로써 생기는 주의 집중 혹은 엔터테인먼트 효과 때문에 TV나 라디오와 같은 전통광고매체보다 브랜드의 반복 노출, 게임 안에서의 브랜드의 설득효과 크다고 한다.

그림 V-15 카트라이더 게임의 배경 화면에 광고를 하는 BMW의 'MINI' 자동차

출처 : 전자신문, 2005.10.06.

정리 사례

현대자동차가 세대를 연결하고 고객의 꿈을 응원하는 자동차의 의미를 반영한 'Shackleton's Return'이라는 글로벌 캠페인을 벌였다. 이번 캠페인은 남극 탐험 중 조난당한 27명의 대원을 전원 무사 귀환시켜 위대한 리더십으로 존경받는 영국의 탐험가 섀클턴을 기리는 의미로 그의 증손자인 패트릭 버겔(Patrick Bergel)이 싼타페를 타고 할아버지가 대원의 무사 귀환을 위해 포기했던 남극 횡단에 도전하는 것을 지원하는 것이었다. 결국 현대자동차의 후원으로 패트릭 버겔은 30일간의 여정으로 남극 유니언 캠프에서 맥머도 기지까지 총 5,800km 횡단에 성공, 증조부의 100년 숙원을 풀었다. 패트릭 버겔이 싼타페 차량을 타고 남극 횡단을 한 전 과정은 유투브(https://www.youtube.com/watch?v=wzbZKsYiPMw&t=1s)를 통해 전 세계에 동시에 공개되었다.

출처 : (상)_연합뉴스, 2017.04.20., (하)_전자신문, 2018.05.20.

실전 사례

✤ 다음은 어떤 제품의 광고일까?

출처 : mercyblu 네이버블로그

(   )

✤ 제품의 기능에 중점을 두고 독특하고 기발한 방법으로 광고한 사례들은 어떤 것들이 있는지 찾아봅시다. 각자 기발한 광고를 검색해보고, 조원들과 함께 다양한 광고사례들을 확인해 봅시다.

항 목	세부 내용	해야 할 일
기발한 아이디어로 제품기능을 강조한 광고는?		광고자료 검색
추가 자료 확인		조원들과 의견 교환

학습정리

1. 커뮤니케이션이란 발신자와 수신자간에 정보의 전달, 아이디어의 교환, 생각을 공유하는 과정이다.

2. 커뮤니케이션에 영향을 주는 요소는 정보원의 공신력과 소구요형이다.

3. 커뮤니케이션에 영향을 주는 정보원의 특성에는 공신력과 매력성이 있다. 공신력에는 전문성과 진실성이 있고 매력성에는 신체적 매력과 심리적 매력이 있다.

4. 커뮤니케이션에 영향을 주는 소구 유형에는 이성적 소구와 감성적 소구가 있다. 이성적 소구에는 증언식 소구가 있고 감성적 소구에는 공포 소구와 유머 소구가 있다.

5. 스마트폰으로 표현되는 개인 매체 시대에는 개인 개인이 네트워크로 서로 연결되어 있으며, 기업 및 개인 간 쌍방향 커뮤니케이션이 가능하게 되었다.

6. 모바일 광고는 스마트 커뮤니케이션 환경에서의 대표적인 광고의 형태이다.

7. 미디어로서의 모바일 광고의 의미는 일대일 매스미디어, 고객 밀착형(24시간 가능), 과금이 용의한 환경, 확장 가능성 면에서 크다.

8. 통합 마케팅 커뮤니케이션이란, 커뮤니케이션 요소들의 다양한 전략적 역할들을 종합적으로 평가하여 부가가치를 창출할 수 있는 종합적 마케팅 커뮤니케이션 계획을 말한다.

9. 소셜 미디어 광고는 문자나 그림, 동영상 등을 전송하거나 제작할 수 있는 웹 환경에서 사용자간에 정보와 지식, 의견을 공유할 수 있는 미디어를 통한 광고를 말한다.

10. 데이터베이스 마케팅이란 고객에 대한 여러 정보를 컴퓨터에 축적하고 구축된 자료를 활용하여 제품 판매를 하거나 관계를 구축하는 것을 말한다.

종합문제

※ 다음 (　　)안에 알맞은 용어를 써 넣으시오.

1. (　　　　　　　)이란 정보의 전달 아이디어의 교환 발신자와 수신자 사이에 생각을 공유하는 과정이다.

2. 설득 커뮤니케이션에 영향을 주는 정보원의 (　　　　　)은 다시 정보원의 전문성과 진실성으로 나누어진다.

3. 다양한 커뮤니케이션 매체들의 특성과 전략적 역할을 평가하여 부가가치를 창출할 수 있는 종합적 마케팅 계획을 (　　　　　　　　)이라고 한다.

※ 다음 물음에 알맞은 답을 고르시오.

4. 아래 광고처럼 일반인이 나와서 제품 사용 후의 느낌에 대해 이야기하는 식의 광고 소구 유형을 무엇이라고 하는가?

출처 : 860904.tistory

① 유머 소구　② 감성 소구　③ 공포 소구
④ 제품 소구　⑤ 증언식 소구

5. 다음 중 IMC의 등장 배경이 아닌 것은?

① 쌍방향 매체환경 ② 소비자정보처리 재인식
③ 4대 매체 광고효과 증가 ④ 다양한 매체의 등장
⑤ 정보 기술의 발달

6. 다음과 같은 스마트 폰 시대의 모바일 광고의 특징에 해당하지 않는 것은?

출처 : 구글이미지

① 일대일 미디어
② 고객 밀착형 미디어
③ 과금이 용이한 미디어
④ 구매와 직결된 미디어
⑤ 매스 미디어

7. 사진처럼 스포츠 경기 중 계방송 도중에 컴퓨터그래픽(CG)로 이미지를 합성하여 삽입하는 광고를 무엇이라고 하는가?

출처 : 자사 홈페이지

① PPL
② 가상광고 ③ 인터넷 광고
④ 소셜 미디어 광고 ⑤ 모바일 광고

8. 페이스북, 싸이월드 처럼 웹 기반의 네트워크에 연결되어 있는 참여자들에게 제품이나 서비스와 관련된 콘텐츠를 제공하는 광고 유형을 무엇이라고 하는가?

① PPL ② 가상광고 ③ 인터넷 광고
④ 소셜 미디어 광고 ⑤ 모바일 광고

9. 다음은 영화 007의 한 장면이다. 이처럼 드라마나 영화 등의 프로그램에 자사 제품을 소품으로 노출시켜 브랜드 인지도와 선호도를 높이는 광고 전략을 무엇이라고 하는가?

(　　　　　)

출처 : 씨네21, 2021.09.29.

10. 다음 글에서 설명하고 있는 마케팅 전략은 무엇인가?

> 미국 출장에 나선 고객이 샌프란시스코의 리츠칼튼 호텔에 묵게 됐다. 서양식 푹신한 베개가 싫어 프런트에 전화해 약간 딱딱한 베개를 달라고 했다. 이곳 용무를 마치고 다음 목적지인 뉴욕으로 이동해 그곳 리츠칼튼호텔에 투숙했을 때 그 고객은 상상도 하지 못했던 것을 발견했다. 고객의 침대 위에는 딱딱한 베개가 놓여져 있었기 때문이다. 샌프란시스코의 종업원이 '고객의 기호 핫라인'이라는 내선번호에 전화를 해 고객이 좋아하는 베개를 등록해 놓았기 때문이다.

(　　　　　　　　)

진로탐색 광고 기획자(AE)란?

1. 주로 하는 일

AE(Account Exeutive)라고 불리는 광고기획자는 플래너, 일반관리업무, 조정자의 역할 등 다양한 업무를 동시에 수행한다. 이들은 광고주와 광고대행사 사이의 실질적인 책임자로서 광고주와 광고회사가 원활한 관계를 가지도록 하는 윤활유 역할을 한다. 이를 위해 광고기획자는 광고주와의 관계에서는 광고주로부터 의뢰 받는 제품이나 서비스에 대해 경쟁사보다 뛰어난 광고 전략을 수립하여 승리할 수 있도록 한다. 이 과정에서 광고주로부터 이익을 획득함과 함께 광고회사의 이미지를 좋게 유지하는 일을 한다.

2. 요구되는 적성 및 흥미

광고가 자본주의의 꽃이라면, 광고회사의 꽃은 광고기획자이다. 따라서 광고회사에 입사하는 것은 고시에 패스하는 것만큼이나 어려우며, 광고회사 내에서도 광고 기획자직을 놓고 벌이는 경쟁은 치열하다. 광고 기획자에게는 여러 가지 능력이 동시에 필요하다. 광고주와 광고회사 사이에서 업무를 모양새 있게 처리하자면 커뮤니케이션 능력이나 업무조정 능력이 탁월해야 하며, 경쟁사의 광고와 경쟁하자면 창의적인 사고력, 문장력, 세일즈 능력 등이 필요하고, 휘하에 있는 제작팀을 통솔하여 하나의 광고를 만들어내자면 통솔력, 유머감각, 친화력 등이 필요하다.

3. 진로 및 전망

고객이 자사에 대한 좋은 이미지를 갖기 바라며 상품이나 서비스의 브랜드를 만들기 위해 광고를 중시하는 경향이 높고, 기업뿐만 아니라 정부 및 공공부문에서 광고 활동을 강화하고 있다. 또한, 기존의 전통적 매체(신문, 방송, 라디오, 잡지)뿐만 아니라 뉴미디어(온라인, 케이블 TV, DMB, 스마트폰 등) 광고가 성장하여 이 분야에서 광고 기획자를 더 많이 필요로 할 것이다. 포털사이트의 이용률이 늘어나면서 특히 검색광고가 많이 이루어지고 있는데 이러한 검색광고에 쓰일 키워드를 선정하고 적절한 검색어를 효율적으로 노출시켜 광고효과를 높이는 일을 하는 사람에 대한 수요가 높아지고 있다.*

* 위의 내용은 커리어넷 직업 정보(www.career.go.kr)에서 발췌한 내용입니다.

최근 우리나라도 농업 중심의 1차 산업, 제조업 중심의 2차 산업에 비해 서비스를 중심으로 하는 3차 산업의 비중이 점점 높아지고 있다. 이와 같은 배경에는 여러 가지 이유가 있겠지만 제품을 만들어 파는 것보다 아이디어와 솔루션이 중심이 되는 서비스 상품의 부가가치가 더 높은 것이 중요한 이유 중 하나일 것이다. 따라서 본 단원에서는 오늘날과 같은 무한 경쟁 시대에서 주요한 전략으로 인식되고 있는 서비스 마케팅의 개념 및 특징을 이해하고 최근의 마케팅 동향에 대해 알아보고자 한다.

PART

Ⅵ

서비스 마케팅과 최근의 마케팅

Chapter 16

서비스 마케팅의 개념

학습목표

1. 서비스의 개념을 학습할 수 있다.
2. 서비스 마케팅과 전통적 마케팅의 차이를 비교할 수 있다.
3. 서비스와 기업 경영활동의 변화의 사례를 찾을 수 있다.

도입사례

요즘 종합병원에 가면 어렵지 않게 외국인 환자를 볼 수 있는데 이들 중 많은 사람은 한국으로 의료 관광을 온 사람들이다. 의료관광이란 환자와 동반자가 타 지방이나 외국으로 이동하여 현지 의료기관이나 요양기관, 휴양기관 등을 통해 진료, 치료, 수술 등 의료서비스를 받는 동시에, 동반자 혹은 환자 본인이 의료서비스와 병행한 관광을 하는 것이다. 우리나라는 2009년 의료법 개정으로 외국인 환자 유치행위가 허용된 이래 유치기관 등록제, 메디컬비자 도입, 의료기관의 숙박업 및 부대사업 인정 등 의료관광 활성화를 위한 다양한 지원 정책을 시행하고 있다.

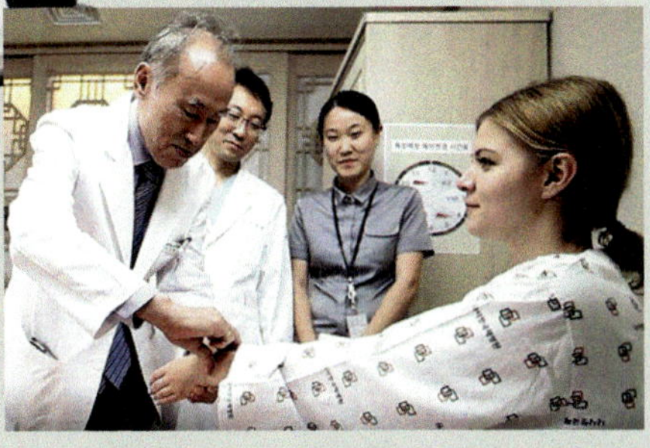

출처: (상)_매일경제, 2019.03.18., (하)_코리아넷뉴스, 2022.06.27.

1. 서비스의 개념

여러분이 생각하는 서비스는 어떤 것인가? 서비스에 돈을 지불하는 것에 대해 어떻게 생각하는가? 같은 제품에 서비스가 다르다는 이유로 비싼 가격을 지불한 경험이 있는가? 서비스란 말은 우리 일상에서 다양한 의미로 사용되고 있다. '고기 먹으면 냉면이 서비스'라고 할 때의 서비스는 덤의 의미다. 은행을 가리키며 '저 은행은 서비스가 좋다'는 말은 은행 직원들이 태도와 자세가 좋다는 의미다. 가전제품 대리점에서 '제품 판매 후 1년간 무상 서비스'라고 하면 그것은 사후 수리 및 유지를 말한다. 이처럼 일상생활에서의 서비스의 개념은 추가적인 비용 부담 없이 얻는 일종의 부수적인 혜택의 의미로 많이 쓰여 왔다.

마케팅에서 서비스의 의미는 독립적으로 소비자에게 판매될 수 있는 모든 것이며, 유형적 상품처럼 소비자에게 제공되어지는 모든 무형적인 노력과 활동, 그리고 혜택을 포함한다. 미국 마케팅학회는 서비스를 '판매를 목적으로 제공되거나 또는 상품 판매와 연계해 제공되는 모든 활동, 편익, 만족'이라고 정의하고 있다. 결론적으로 서비스는 단순히 소비자의 부분적인 편의와 필요를 채워주는 개념에서 확장된, 소비자와의 상호작용 속에서 소비자가 필요로 하는 제반 사항과 문제점을 종합적으로 해결해 주는 무형적인 속성을 띄는 솔루션 제공이라고 할 수 있다.

2. 서비스의 중요성

마케팅에서 서비스가 주목받는 이유는 다음과 같다.

첫째, 서비스는 제품에 비해 수익과 성장가능성 면에서 뛰어나기 때문이다. 제품의 가격이 비교적 명확한 제품 원가에 기초하여 산정 되는 것에 비하여 서비스는 원가 책정이 상대적으로 복잡하다. 인건비가 차지하는 비율이 높아 서비스의 품질 여하에 따라 마진율에 상당한 차이가 날 수 있으며 고마진 서비스의 개발이 상대적으로 쉬운 특성을 가지고 있다. 선진국의 주요 상품인 서비스 상품은 앞으로도 높은 성장 가능성이 있다. 그리고 중국, 인도 등의 신흥 제조업 국가들과의 경쟁이 심화되면서 우리나라가 강점을 갖고 있는 서비스업에서 우위를 찾고자 하는 기업이 많아지고 있다.

둘째, 소비자 만족이나 고객 충성도가 기업의 생존과 성장성을 위해 필수적인데 소비자 만족이나 고객 충성도가 제품력보다 서비스력에서 결정되는 경우가 많기 때문이다.

셋째, 기업 간 제품력의 차이가 점점 사라지고 있는 경쟁이 심한 분야에서 서비스는 경쟁사 대비 중요한 차별화전략으로 활용될 수 있기 때문이다.

3. 서비스의 특성

1) 무형성

[그림 Ⅵ-1]에도 나와 있지만 서비스는 그 자체를 만지거나 보거나 할 수 없다. 서비스의 가치 파악이 어렵고 평가도 어렵기 때문에 가격 책정도 어렵다. 그래서 제조업체보다 서비스 업체가 더 강력한 브랜드 이미지가 필요하다.

그림 Ⅵ-1 서비스의 4대 특성

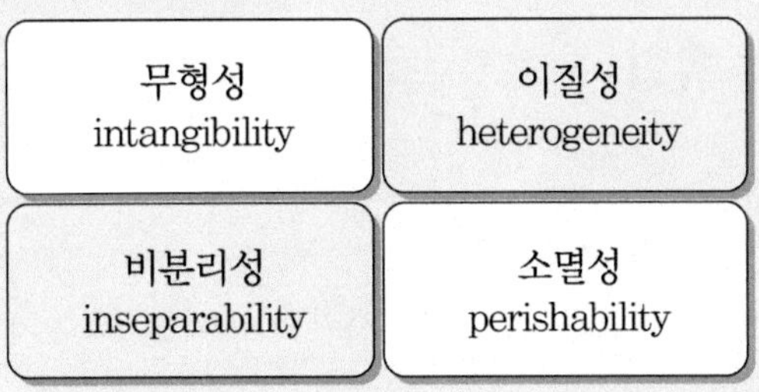

2) 비분리성

서비스는 생산과 소비자가 분리되지 않는 특성이 있다. 즉 생산과 소비가 동시에 일어난다. 머리를 손질하러 미용실에 간 경우, 머리 손질이라는 서비스의 생산과 소비가 동시에 일어나게 된다. 머리 손질은 미용사의 입장에서는 생산이고 소비자 입장에서는 소비이다. 이러한 특성으로 인해 서비스에서 대량생산은 사실상 불가능하다.

3) 이질성

서비스는 생산 및 전달되는 과정에서 다양한 변수의 영향을 받으므로 매번 동일한 서비스 품질을 유지하는 것이 거의 불가능하다. 원재료, 종업원의 상태, 고객 상태 등에 따라 매번 조금씩 서비스의 내용이 다른 것이 일반적이다. 즉 서비스의 표준화가 어렵다.

4) 소멸성

물리적 제품과 달리 서비스는 저장이 불가능하다. 판매되지 않은 서비스 상품은 사라져 버린다. 즉 재고 기능이 없다. 예약되지 않은 비행기 좌석은 저장될 수 없고, 따라서 좌석 구하기 어려운 성수기를 위해 남겨 둘 수 없다. 그래서 기업은 서비스의 수요와 공급을 최대한 일치시키기 위해 많은 노력을 한다.

4. 서비스의 유형

1) 사람 중심의 서비스

- 약간의 설비가 필요하지만 주로 사람의 노력에 의해 제공되는 서비스
  예 : 법률자문, 경비

2) 설비중심의 서비스

- 사람의 노력도 어느 정도 필요하지만 상당한 설비의 지원이 필요한 서비스
  예 : 운수업, 숙박업, 레져 서비스업

3) 제품관련 서비스

- 제품이 본원적 제공물이고 서비스는 제품의 지원적 역할을 하는 서비스
  예 : 품질보증

5. 서비스 프로세스

서비스 프로세스란 서비스가 전달되는 절차나 메커니즘 또는 활동의 흐름을 말한다. 병원에서 치료를 받는 과정을 연상해 보면 서비스는 접수에서 치료받고 처방전을 받아 나오기까지의 일련의 과정임을 알 수 있다. 그래서 프로세스는 서비스 상품 그 자체이지만 동시에 서비스 유통의 성격도 띄고 있다. 일반 유통과 다른 점은 서비스 상품의 비분리성 때문에 소비자는 대부분의 프로세스 안에서 일정한 역할을 수행한다. 그렇기 때문에 서비스 생산과 소비의 흐름은 일반 제품보다 더 중요하다.

예를 들어 백화점에서 유형재인 TV를 구매하는 고객의 경우는 TV가 소비자의 손에 오기까지의 과정이 그다지 의미가 없다. 그러나 식당에서 식사를 하러 들어간 소비자는 단순히 허기를 채우려는 목적으로만 그곳에 들어간 것이 아니기 때문에 식사 주문에서 식사를 마치기까지의 모든 과정, 종업원의 태도, 식당 분위기, 음식이 준비되는 시간 및 음식의 상태 등 프로세스 전 과정에서의 경험이 중요하다. 또한 프로세스의 전 과정은 보통 소비자의 눈에 가시적으로 들어나기 때문에 서비스 프로세스는 서비스 품질을 결정하는데 주요한 역할을 하고 재구매 의사결정에 결정적인 영향을 미친다.

6. 서비스 상품의 구성

서비스 상품은 핵심 서비스(core service)와 다양한 보조 서비스(supplementary service)의 묶음으로 구성되어 있는 상품으로 성격에 따라 편의 서비스, 선매 서비스, 전문 서비스로 구분된다.

1) 핵심 서비스

핵심 서비스는 고객의 본질적인 욕구를 충족시키는 것이다. 예를 들어 서울에서 제주도까지 가는 것, 혹은 학원에서 피아노를 배우는 것 등이 핵심 서비스이다.

2) 보조 서비스

보조 서비스는 가치 지원 서비스(enabling service)와 가치 증대 서비스(enhancing service)로 구성되어 있다. 가치 지원 서비스는 핵심 서비스 이용을 위해 없어서는 반드시 필요한 서비스를 말한다. 예를 들어 비행기를 예약하기 위한 예약 접수 서비스나 진료비 지불을 위한 신용카드 결재 시스템 등을 말한다. 가치증대 서비스는 가치 지원 서비스처럼 핵심 서비스 제공을 위해 필수적이지는 않지만, 핵심 서비스의 가치를 높이고 경쟁자의 서비스와 비교하여 차별화 요소가 되는 서비스를 말한다. 백화점에 설치되어 있는 아이들 놀이방이나 공항에 설치되어 있는 샤워 시설 등이 가치 증대 서비스의 예라고 할 수 있다.

서비스 상품은 특허로 법의 보호를 받을 수 없기 때문에 쉽게 모방할 수 있다. 그리고 기술의 발전과 정보의 공유로 인해 핵심 서비스에서의 차별화는 더욱 어려워지고 있다. 따라서 창의적인 아이디어를 활용할 수 있는 가치 지원 서비스와 가치 증대 서비스에서의 차별화가 더욱 중요하다.

표 Ⅵ-1 서비스 상품 분류

구분	인식된 위험	구매 노력	고객 관여도	대표적 서비스
편의 서비스	낮음	낮음	매우 높음	우편 서비스, 복권 판매
선매 서비스	높음	중간	높음	미용실, 치과
전문 서비스	높음	높음	매우 높음	법률, 금융, 오페라 서비스

3) 서비스 상품의 분류

서비스 상품은 유형재와 마찬가지로 서비스 상품의 성격에 따라 〈표 Ⅵ-1〉처럼 세 가지로 분류할 수 있다.

① **편의 서비스** 소비자가 최소한의 노력만 들이며 탐색 시간이나 비용을 들여서 정보를 얻지는 않는 서비스이다. 우편 서비스의 경우와 같이 상품 가격이 저렴하고 반복적으로 이용하는 서비스 상품이 여기에 해당하며, 이 경우 소비자는 서비스 품질이나 가격비교를 위해 많은 시간과 비용을 들이지 않는다.

② **선매 서비스** 편의 서비스에 비해 잘못 선택할 경우 매우 높은 위험을 인지하기 때문에 소비자는 원하는 서비스를 얻기 위해 경쟁 서비스의 품질 가격 등의 정보를 탐색하는 노력을 들인 후 구매하는 서비스이다.

③ **전문 서비스** 서비스가 가지는 차별적인 성격으로 인해 대체할 만한 서비스도 없고 따라서 서비스에 대한 충성도가 높다. 소비자는 최상의 서비스를 얻기 위해 적극적으로 참여하고 투자를 하는 서비스이다. 상품은 유형재와 마찬가지로 서비스 상품의 성격에 따라 〈표 Ⅵ-1〉처럼 세 가지로 분류할 수 있다.

3) 서비스 브랜드

브랜드의 본질적인 목적이 기업의 제품을 경쟁사의 제품과 명확하게 구별하는 것과 같이 서비스 브랜드의 근본적인 목적도 자사의 서비스 상품을 다양한 매체를 통해 알리고 소비자로 하여금 경쟁사의 서비스 상품과 구별하게 하는 것이다. 일반적으로 무형적인 서비스를 제공할 경우 브랜드의 인지도에 미치는 영향은 개별 상품의 브랜드 보다 기업 자체 브랜드의 영향이 크다. 하지만 서비스 브랜드의 핵심이 기업 브랜드라고 해도 맥도널드의 황금색 아치와 같이 심벌이나 운송용 차량, 직원의 유니폼 등의 시각적 제공물 또한 서비스 브랜드를 알리는데 매우 중요한 역할을 한다. 성공적인 서비스 브랜드는 소비자들로 하여금 무형의 서비스를 시각화하여 이해하고 하고, 신뢰하게 한으로써 소비자들이 느끼는 금전적, 사회적 위험을 감소시킨다. 서비스 브랜드의 핵심은 브랜드 네임에 있는데 파워 브랜드의 구축을 위해서는 경쟁사의 브랜드와 명확하게 구별되는 독특한 브랜드명(독특성), 서비스의 속성 및 효익과 연관있는 브랜드명(연관성), 쉽게 이해되고 회상될 수 기억에 용이한 브랜드 명(기억용이성), 그리고 기업의 전략변화를 반영할 수 있는 유연한 브랜드명(유연성)이 요구된다.

7. 서비스 마케팅의 개념

일반적으로 서비스 마케팅의 사전적 의미는 서비스를 대상으로 하는 마케팅을 말한다. 제품 마케팅이 물리적 대상에 대한 것이라면 서비스 마케팅은 무형성, 비분리성, 이질성, 소멸성의 네가지 속성을 가진 서비스를 마케팅의 수단으로 소비자의 필요와 요구를 충족시키기 위한 개인이나 조직의 마케팅 활동을 말한다.

1) 서비스 마케팅의 특성

① **서비스 생산에 고객참여** 병원에서 환자가 치료를 받는 경우를 생각해보면 서비스 행위가 이루어질 때, 치료를 받는 소비자의 참여나 대응이 치료 수준에 절대적인 영향을 미친다. 이처럼 서비스의 생산과 전달과정에는 반드시 소비자가 개입되며 소비자와의 상호작용이 성공적으로 진행되어야 서비스의 완성이 가능하다.

② **제품의 일부로서의 인간** 소비자가 서비스를 받는 상황에서는 대부분 종업원이나 다른 소비자와 접촉하게 되어 있다. 이때 종업원의 태도와 능력은 서비스의 중요한 평가 요소가 되며, 같이 서비스를 받고 있는 소비자의 태도에 대한 다른 소비자의 판단이 전체 서비스를 평가하는데 큰 영향을 준다.

③ **품질관리의 어려움** 일반 제품의 경우 제품이 생산에서 소비자에게 전달되는 다단계 과정은 단계별 확인이 가능하기 때문에 품질 확인도 쉽게 할 수 있다. 그러나 서비스의 경우 생산과 소비가 동시에 일어나는 특성 때문에 서비스 품질의 통제가 쉽지 않다. 또한 현장에서의 다른 소비자의 평가가 전체 서비스 평가에도 영향을 미치기 때문에 품질 관리가 어렵다.

④ **재고가 존재하지 않음** 서비스는 재고가 존재하지 않기 때문에 소비되지 않은 서비스는 바로 사라진다. 적절한 수요예측을 하고 그에 해당하는 공급을 준비해야 한다. 수요가 공급보다 많아 소비를 하지 못한 소비자는 불만을 가지게 될 것이며 공급이 수요를 초과하여 발생한 과잉 공급은 기업에 손실을 끼치게 된다. 적절한 수요예측과 수요의 적절한 분산이 매우 중요하다.

⑤ **시간의 중요성** 서비스를 제공 받는 소비자에 있어서 시간은 곧 비용을 의미한다. 서비스의 가격산정이 통상적으로 시간당 비용 방식으로 적용되고 있기 때문이다.

⑥ **유통경로의 차별화** 생산과 소비가 동시에 이루어지는 서비스의 특성상 서비스 제품의 경우 유형의 제품과 같은

* **서비스 프로세스** 서비스가 전달되는 절차나 메커니즘 또는 활동의 흐름

유통경로가 없으며, 있더라도 매우 짧다. 서비스는 또한 생산과 판매, 소비가 공간적으로 구분되지 않은 경우가 많다. 최근에는 인터넷, 소셜 미디어, 스마트폰 등 다양한 서비스의 경로가 등장하고 있다.

2) 서비스 마케팅의 삼각형

효과적인 서비스 마케팅을 위해서는 회사와 종업원 사이의 내부 마케팅, 회사와 고객간의 외부 마케팅, 종업원과 고객 간의 상호작용 마케팅 등의 삼위일체가 필요하다. 내부 마케팅에는 종업원의 동기부여, 애사심, 스트레스 관리 등이 있으며 외부 마케팅에는 STP와 4P MIX 등이 있다. 상호 작용적 마케팅은 고객과 접점 직원의 신뢰관계 구축이 있다.

그림 Ⅵ-2 서비스 마케팅 삼각형

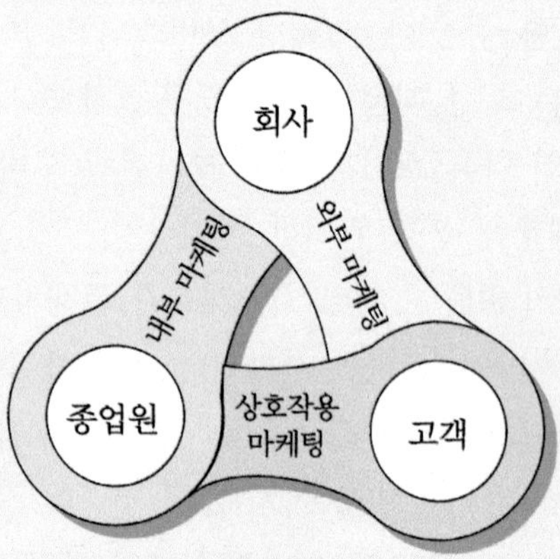

3) 서비스 마케팅 7P

전통적 마케팅 믹스는 4P지만 서비스 마케팅은 7P라고 하며 무형적 서비스의 특징을 반영하고 있다. 추가된 3P는 과정 또는 프로세스(process), 사람(people), 물리적 증거(physical evidence)이다.

그림 Ⅵ-3 서비스 마케팅 7P

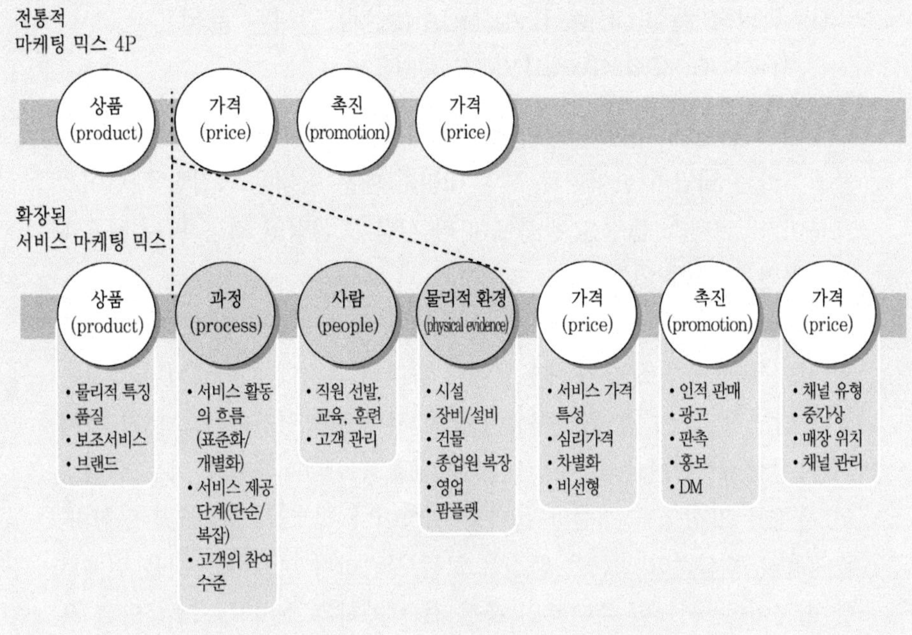

8. 서비스 마케팅의 주요 이슈

앞에서 설명한 것과 같이 서비스 상품의 경우 품질 관리에 어려움이 많기 때문에 서비스 마케팅에서 가장 중요한 것은 서비스 상품의 품질이다. 그렇다면 서비스의 품질은 객관적으로 판단을 할 수 있을까 아니면 받는 사람의 기분에 따라 달라지는 주관적 느낌일까? 기업의 입장에서 서비스 품질 관리는 어떻게 할까? 놀이 공원은 시설물이 중요한가? 아니면 종업원의 서비스가 중요한가?

1) 서비스 품질의 개념

(1) 객관적 품질(objective quality)과 인식된 품질 (perceived quality)

서비스 품질에 대한 학자마다의 정의가 매우 다양한 이유는 서비스 품질이라는 개념이 한마디로 정의 내리기 매우 어려운 복잡한 개념이기 때문이다. 서비스 품질은 관점에 따라 상품 중심적인 접근 또는 사용자 중심적인 접근이 있다.

상품 중심적인 접근은 서비스 상품을 측정 가능한 변수로 보고 상품의 차이는 서비스 상품의 내용물이나 속성의 차이에서 비롯된다고 보는 접근 방법이다. 이 방법은 속성이 같은 서비스를 평가하는 소비자의 평가는 항상 같게 나올 것이라는 것을 전제로 한다. 하지만 이는 현실성이 부족한 가정으로 개인마다 다른 취향이나 선호를 설명하지 못한다.

사용자 중심적인 접근은 품질은 보는 사람마다 다르다는 것을 전제로 한 접근이다. 이러한 주관적인 품질 접근 방식은 소비자들의 다양한 욕구를 반영한다. 사용자 중심적인 접근은 다른 말로는 객관적 품질과 인식된 품질로 표현할 수도 있다. 품질에 대한 판단은 결국 객관적 품질과 인식된 품질을 동시에 고려해야 할 것이다.

(2) 과정(process) 품질과 결과(outcome) 품질

서비스 품질과 관련된 또다른 개념은 과정 품질과 결과 품질이다. 과정 품질은 소비자가 서비스를 어떻게 받는가 또는 서비스 제공 과정을 어떻게 경험하는가와 관련된 내용이다. 이는 서비스의 제공자와 소비자 간에 상호작용에서 진실의 순간이 어떻게 다뤄지는가와 관련된 개념이다. 결과 품질은 소비자가 서비스 기업과의 상호 작용으로부터 무엇을 받느냐를 나타낸다. 이는 서비스와 관련하여 생산과정이나 소비자와 판매자와의 상호작용이 끝난 뒤 소비자에게 남는 것을 의미한다.

(3) 기대와 성과의 비교

성과와 기대와의 관계로 품질을 인식하고 하는 접근은 소비자가 인식한 품질은 소비자가 서비스를 경험하기 전에 미리 가지고 있던 서비스에 대한 기대와 서비스를 경험한 후의 내리는 평가에 의해 결정된다는 것이다. 소비자들은 자신의 경험을 비롯한 여러 요소에 의해 혹은 서비스를 경험하지 않은 경우는 광고나 미리 서비스를 경험한 지인들로 인해 서비스를 받기 전에 서비스에 대한 기대치가 형성된다. 이렇게 해서 형성된 서비스에 대한 사전 기대와 직접 서비스를 받은 후의 서비스 성과를 비교하게 된다.

2) 서비스 품질 측정 모형

서비스 품질 측정모형 중에서 가장 유명한 방법이 사용자 중심적 접근법인 SERVQUAL이다. 이 방법은 소비자의 인식을 측정하여 서비스 품질을 평가하고자 유형성, 신뢰성, 응답성, 능력, 예절, 신용도, 안전성, 접근 가능성, 커뮤니케이션, 고객의 이해 등 10개 차원의 서비스 품질 평가 요소를 개발하였다. 그리고 품질은 이 10가지 차원에서 소비자의 사전 기대와 지각된 서비스의 차이에서 서비스의 품질이 결정된다고 보았다. 그리고 [그림 Ⅵ-4]에서 보듯이 10개 차원의 서비스 평가 항목은 다시 5개의 차원으로 정리되었다.

① **신뢰성**
약속한 서비스를 믿을 수 있고 정확하게 수행할 수 있는 능력

② **확신성**
직원의 지식과 예절, 그리고 신뢰와 자신감을 전달하는 능력

③ **유형성**
물리적 시설, 장비, 직원, 그리고 커뮤니케이션 자료와 외양

그림 VI-4 SERVQUAL 모형의 구성과 변화

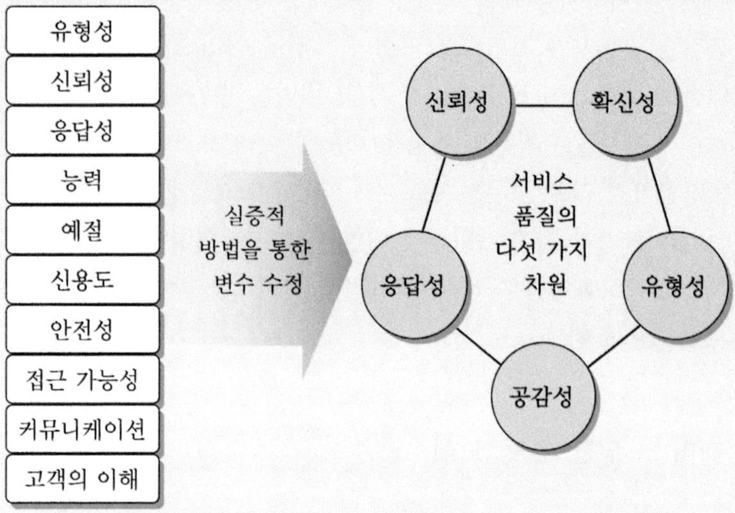

④ **공감성**

회사가 고객에게 제공하는 개별적인 배려와 관심

⑤ **응답성**

고객을 돕고 신속한 서비스를 제공하려는 자세

실전 사례

✤ 다음과 같은 서비스 상품에서 소비자를 만족시키기 위해 가장 중요한 것은 무엇일까?

✤ 내가 생각했을 때 중요하다고 해당 서비스 업종 종사자가 중요하다 생각하는 요인들과 내가 중요하다고 생각하는 것들은 무엇일까? 또한 각자가 생각하는 중요 순위에 차이가 있을까?

주제 예 : 헤어디자이너

출처 : 구글이미지

* 해당 종사자의 생각	* 나의 생각
서비스 중요 순위 1. 헤어디자인(실력) 2. 고객응대(친절) 3. 다과	서비스 중요 순위 1. 고객응대(친절) 2. 매장위치 및 인테리어 3. 헤어디자인(실력)

진행 단계	세부사항	내 용
주제 선택	서비스 상품 선정, 방문일정 확인	
주제별 의미파악	서비스 상품의 중요 요인 및 순위파악	
방문 후 비교 분석	나의 생각과 종사자의 생각 비교	

✤ 선택주제와 조사한 내용을 조원들과 비교해 봅시다.

✤ 서비스 분야에서 활동하고 있는 사람들을 통해 더 많은 것을 배워봅시다.

✤ 여러 영역에서 많은 서비스 상품의 종사자들이 다양한 방법으로 일하고 있음을 배웠다. 미래 직무와 관련된 관심분야에 대해 더 많은 정보와 지식을 얻고 싶지만, 자신이 관심 갖고 있는 것에 대해 명확한 답을 얻기란 쉽지 않다.

✤ 다음 질문을 조원들과 함께 토론해보며, 다양한 현장 이야기들을 나눠봅시다.

질문 1	주변에서 서비스 업종에 종사한 사람을 만난 적이 있는가?

• 있을 경우 : 어떤 일을 하는 사람이었는지 경험한 내용을 조원들에게 말해준다.
• 없을 경우 : 인터넷 검색을 통해 어떤 서비스업종의 종사자가 나의 관심을 끌고 있는지를 조원들에게 말해준다.

질문 2	내가 평소 관심 분야의 서비스에 관해 궁금해 하던 것들을 말해 봅시다.

✤ 토론 내용을 마인드맵 형식으로 결과물을 정리하여 각 조에서는 어떤 이야기를 나누었는지 발표를 통해 공유한다.

✤ 여러분 각자 어느 한 매장(혹은 식당)을 방문하여 그 매장의 서비스 품질상태를 SERVQUAL 설문문항을 이용하여 평가해 봅시다.

• 방문한 매장명 :

설문 문항	전혀 그렇지 않다	그렇지 않다	보통이다	그렇다	매우 그렇다
1. 상품을 시각적으로 잘 구비해놓았다	①	②	③	④	⑤
2. 상품 품질을 믿을 수 있다	①	②	③	④	⑤
3. 대기시간이 짧다	①	②	③	④	⑤
4. 직원들은 고객의 질문에 답변할 충분한 지식을 가지고 있다	①	②	③	④	⑤
5. 현금 외 다양한 방식으로 계산할 수 있다	①	②	③	④	⑤

✤ 각 평가항목에 대한 평가점수를 더하여 총점을 계산해 봅시다.

✤ 서비스 품질 평가 결과를 조원들과 공유하며 발표해 봅시다.

Chapter 17

최근의 마케팅 동향

학습목표

1. 비영리 기관의 마케팅에 대해 학습할 수 있다.
2. 사회, 문화 마케팅을 이해할 수 있다.
3. 최신의 마케팅 동향에 대해 학습한다.
4. 스마트 환경하의 마케팅 전략을 활용할 수 있다.

도입사례

2022년 세계적 권위의 미국 반 클라이번 국제 피아노 콩쿠르에서 최연소로 우승한 피아니스트 임윤찬은 KT&G와 현대차그룹과 함께 꿈에 다가갈 수 있는 소중한 기회들을 마련할 수 있었다. KT&G장학재단의 '문화예술 장학생', 현대차 정몽구 재단의 '온드림 문화예술 인재' 후원은 실력과 재능을 갖춘 인재가 경제적 어려움 때문에 꿈을 포기하지 않도록 인재를 양성하고 지원하고 있다. 임윤찬은 2018년 클리브랜드 청소년 국제 콩쿠르에서 2위, 쇼팽 특별상 수상, 쿠퍼 국제 콩쿠르 3위와 청중상, 2019년 윤이상 국제 음악콩쿠르 최연소 1위, 관객이 뽑은 유네스코 음악 창의도시 특별상 등의 성과를 거뒀다.

출처 : ①_현대자동차그룹 뉴스룸 2022.07.26., ②_한국메세나협회, ③_매일경제, 2022.09.05., ④_아주경제, 2022.07.14.

1. 비영리 조직의 마케팅

예술가를 후원하는 기업에 대해 어떻게 생각하는가? 기업이 제품광고를 하는 것과 문화 예술 분야를 후원하는 것과 어떤 차이가 있다고 생각하는가?

1) 비영리 조직의 이해

[그림 Ⅵ-5]에서 보듯이 비영리 조직은 일반적으로 영리를 목적으로 하지 않는 조직을 말한다. 비영리 조직은 그동안 마케팅에 대해 무지하였으며, 마케팅을 한다는 것 자체에 대한 거부감이 있었다. 그러나 최근에 구청 직원들이 호텔의 직원을 초청하여 서비스 교육을 받는다는 기사가 있듯이 비영리 조직도 마케팅이 비영리 조직의 이해관계자에게 긍정적인 영향을 준다는 인식이 확산되고 있다.

2) 비영리 조직의 특성

비영리 조직은 일반적으로 사회 복지를 위해 존재하는 조직이다. 비

그림 Ⅵ-5 다양한 형태의 비영리 조직

공공기관	교육기관	자선단체	종교단체	사회운동	기타
정부	대학교	사회복지단체	기독교	환경단체	정당
우체국	연구기관	사회복지재단	불교	소비자운동단체	노동조합
공립도서관	장애인교육기관	성금모금단체	카톨릭	인권단체	동업자조합
국공립박물관	고등학교		원불교		
국공립미술관					

영리 조직은 보통 세금, 헌금, 기부금, 보조금에 의해 유지되었기 때문에 조직의 생존을 위해서 고객의 욕구나 고객 만족은 큰 문제가 아니었다. 그러나 비영리 조직들이 비용 상승과 수익감소로 심한 어려움을 경험하게 되면서부터 영리 조직인 기업의 이윤추구에 관련되어 왔던 마케팅 개념이 비영리 조직으로까지 확대되게 되었다. 실제로 사립대학이 학생부족으로 문을 닫는가 하면, 병원 이용률이 감소하고, 교회 신자들의 출석률이 떨어지고, 과거 크게 성장하던 환경 단체와 같은 비영리단체들의 회원이 급속히 감소하면서 비영리 조직의 마케팅 전략의 필요성이 대두되었다.

비영리 조직은 조직의 독특한 특성상 마케팅 개발에 어려움을 겪는다. 마케팅 활동이 어려운 비영리 조직의 특성은 첫째, 다수의 이해 집단을 상대한다는 것이다. 예를 들어, 대학은 학생에게 등록금을 받고 교육 서비스를 제공한다. 교수들은 연구를 하고 교육서비스를 제공하는 조건으로 학교의 자금을 사용한다. 대학은 또한 자원 확보의 차원으로 교육 서비스를 이미 받고 떠난 동문들에게도 자부심을 제공하고 기부금을 받는다. 이 기부금은 다시 학교 발전을 위해 다수의 이해 관계자에게 배분된다. 이와 같이 대학은 학생, 교수, 동문 모두를 소비자로 간주해야 한다.

둘째, 비영리 조직은 이익과 무관한 복수의 목표를 갖고 있다는 것이다. 기업과 같은 영리 조직은 기업에게 최대 수익을 가져다 줄 수 있는 마케팅 프로그램을 선택하면 되지만 비영리 조직은 이에 대한 판단이 쉽지 않다. 예를 들어 미술관의 제한된 공간에 현대 미술 작품을 전시할지 아니면 어린이를 위한 실습공간을 추가할지를 선택할 때, 관람객의 수를 고려해야 하는지 교육적 가치를 고려해야하는지에 대한 판단이 항상 수익 여부에 따라 결정되는 것은 아니다.

셋째, 비영리 조직은 정부기관, 민간단체 및 대중의 압력을 받는다는 것이다. 비영리 조직에 연관이 있는 여러 이해 집단들은 다양한 형태로 압력을 가한다. 예를 들어, 경제성이 전혀 없는 세분 시장에 대해서도 서비스를 제공하도록 사회적 압력을 받기도 한다.

넷째, 비영리 조직은 기업에 비해 전달하는 서비스의 유형이 애매하다는 것이다. 예를 들어 호텔이나 항공, 은행 등은 제공하는 서비스에 비해 문화와 복지 같은 서비스는 전달하기가 애매하다.

3) 비영리 조직의 마케팅 7P

비영리조직의 마케팅 전략에는 기업의 4P와 유사한 Fine의 7P가 있다.

① **생산자(producer)** 마케팅을 위해 구매자와 교환할 아이디어를 창출하고 메시지를 생산해 내는 주체로 비영리 조직이 된다. 비영리 조직은 마케팅의 주체인 생산자가 되어 조직의 목표에 대한 가치를 확신시켜야 한다.

② **구매자(purchaser)** 비영리 조직의 구매자는 잠재적 후원자들이다. 구매자인 잠재적 후원자가 될 사람들은 마케팅의 초기 단계에서 반드시 파악되어야 한다.

③ **상품(product)** 후원자들의 공감을 얻어낼 수 있는 가치를 구체적인 상징물로 만들어내야 한다. 예를 들어, 월드 비젼의 마케팅 상품으로 잘 알려진 '사랑의 빵' 저금통은 제3세계의 굶주린 아동들을 돕기 위해 만들어진 것이다. 상품을 개발하는데 있어 중요한 것은 생산자가 판매하려고 하는 것을 강조하는 것이 아니라, 구매자가 사려는 것이 무엇인지를 파악하는 것이다.

④ **가격(price)** 사람들이 그 상품에 어떤 가치를 부여하고 있는지를 반드시 파악하고 가격을 책정한다. 그 상품의 가치를 지나치게 낮게 여기고 있다면, 가치를 높이는 과업이 선행되어야 한다.

⑤ **홍보(promotion)** 홍보는 창의성과 다양성이 요구된다. 홍보에 있어 중요한 것은 기발한 소재이다.

⑥ **장소(place)** 장소란 상품에 대한 구매자의 접근용이성을 의미한다. 최근 대학들이 장소의 중요성을 인식하고 인구 밀집지역에 분교 캠퍼스를 둔다든지, 아예 산업체 안에 교육프로그램을 설치하

는 것이 대표적인 예이다.

⑦ **조사(probing)** 조사는 철저하고 주의 깊게 이루어져야 한다.

4) 비영리 조직의 마케팅 실행

후원자 개발을 위한 마케팅 방법에는 DM, 이벤트, 대중매체 광고, ARS, 컴퓨터 통신, CRM 등이 있다.

① **DM** DM은 후원을 요청하는 편지를 잠재적 후원자들에 발송함으로써 후원자를 개발하는 방식으로 가장 전통적인 마케팅 방법 중의 하나이다.

② **이벤트** 이벤트는 후원의 특정 동기를 부여하기 위하여 특정 기간과 장소에서 사전 계획 하에 특별한 활동을 벌이는 커뮤니케이션 과정이라고 할 수 있다. 후원자 개발을 위한 사회복지기관의 이벤트로는 자선음악회, 모금만찬회, 전시회 등이 있다.

③ **대중매체 광고** 대중 매체 광고는 주로 영리부문에서 사용하는 마케팅 방법이다. 후원자 개발을 위한 사회복지기관의 대중매체 활용은 아직 미진한 실정이나 라디오나 잡지 등을 통한 마케팅이 점차 활성화되고 있다.

④ **자동응답시스템(ARS)** 자동 응답 시스템은 최근 가장 활성화되고 있는 모금방법이다. 이는 모금방송 시청자들이 이 시스템을 통하여 전화를 걸면 통화당 일정 금액의 후원금이 자동으로 전화요금에 부과되어 전화요금과 함께 기부금을 제공하도록 하는 방식이다.

⑤ **기업의 명분지향 마케팅(CRM : cause-related marketing)** 기업의 명분지향 마케팅은 미국의 American Express Card에서 처음 사용한 방법인데, 개인이 사용한 카드금액의 일정비율을 시민단체에 기부하는 방식이다. 이러한 방식은 기업의 이미지를 높여주어 기업의 상품 판매에 긍정적으로 영향을 미치면서 동시에 사회복지기관의 후원자개발에도 기여하게 된다.

2. 문화 마케팅

문화마케팅의 기원은 문화예술가를 지원하여 창작 활동을 도왔던 로마시대의 제상 마에케나스의 이름을 딴 메세나에서 유래되었다. 문화마케팅은 문화라는 매개를 통한 마케팅 방법이다. 즉 사회 구성원이 가지고 있는 관습, 가치관, 문화유산 등을 상품화하거나 이들을 기업 이미지 제고에 활용하는 마케팅 활동이다. 문화 마케팅의 유형은 기업들이 문화를 후원하고 마케팅 전략에 접목시키거나, 문화 예술을 창출하고 확산시킬 수 있는 활동으로 구분된다. 즉 마케팅을 위한 문화(culture for marketing)와 문화를 위한 마케팅(marketing for marketing)으로 나뉘어진다.

*** 메세나(mecenat)** 이윤의 사회 환원과 이미지 제고를 위한 기업의 문화 예술분야 지원활동을 의미하는 프랑스어

1) 문화 마케팅 등장 배경

① **차별화된 마케팅 전략의 요구** 제품의 질적인 차이가 거의 없는 경쟁 상황에서 소비자들은 질 좋은 상품의 부가 가치로서 정서적인 체험까지 바라는 시대가 되었다. 사회가 선진화되면 문화적 성숙이 동반된다. 그리고 전 세계적으로 소비자의 삶의 질에 대한 욕구가 높아지고 있다. 이처럼 문화가 중심이 되는 시대에는 문화적 욕구를 충족시킬 수 있는 상품과 서비스를 개발하고 문화를 매개로 한 마케팅을 통해 브랜드를 차별화하면서 신규수요를 창출할 수 있다.

② **문화적 소비 확산** 경제적 발전과 더불어 개인의 증가된 여유 시간을 자신을 위한 재투자의 시간으로 문화를 소비하는 형태가 확산되고 있다. 한국의 문화시장도 활성화되어 관객이라는 말보다 문화소비자라는 말이 어울리는 시대가 되었다. 문화(culture)와 제품(product)의 합성어인 컬덕트(cult-duct), 즉 복합문화상품이 새로운 키워드가 되고 있다.

③ **사회적 마케팅의 중요성** 문화 마케팅은 단순한 소비자 만족이 아닌 기업이 사회의 복지를 위해 노력하는 사회마케팅의 개념을 포함하고 있다. 문화 마케팅은 기업의 사회 마케팅의 수단으로서 문화를 활용한 것이다. 기업의 입장에서 보면 문화 마케팅은 비영리적인 측면이 강하다. 그러나 장기적으로 보면 문화 마케팅은 기업이 이미지를 긍정적으로 만들기 때문에 매출 증대나 충성고객 유치에 도움이 될 뿐만 아니라 내부 직원들의 사기가 진작되고 창의적인 생각이 증대되어 생산성을 높이는 효과까지 있다.

④ **글로벌 마케팅 전략 수단** 과학기술의 급격한 발달은 전 세계를 하나의 시장으로 만들어 놓았다. 이제 기업이 상대해야 하는 소비자는 한나라에 국한된 것이 아니라 전 세계이다. 결국 기업은 다국적 기업의 성격을 띄고 마케팅 활동을 해야 한다. 문화는 범세계적인 개념이다. 이러한 상황에서 다양한 문화예술 장르의 활용은 기업이 거부감 없이 현지에 적응하는데 큰 도움이 된다.

2) 문화 마케팅의 활용

문화마케팅은 문화를 토대로 소비자와의 교환을 통해 부가 가치를 창출하고 동시에 문화를 공유하는 주체의 고유 가치도 높여주는 마케팅 활동이다. 문화 마케팅은 주체가 무엇이냐에 따라 다양한 유형이 있다.

표 Ⅵ-2 문화 마케팅의 유형

유형	내용
문화판촉	문화를 광고나 판촉 수단으로 활용
문화지원	문화활동, 단체 이벤트 지원으로 이미지 제고
문화연출	제품이나 서비스에 문화 이미지를 접목
문화기업	문화를 지원하고 존중하는 기업으로 포지셔닝
문화후광	독특하고 차별적인 국가의 문화적 매력을 후광으로 활용

〈표 Ⅵ-2〉에서와 같이 문화를 활용하는 방식에 따라 이 유형에는 문화판촉(sales), 문화지원(sponsorship), 문화연출(synthesis), 문화기업(style), 문화후광(sprit)의 5가지 유형으로 분류할 수 있다.

3) 문화 마케팅의 적용

(1) 감성 마케팅

감성 마케팅은 소비자의 좋아하는 자극이나 정보를 통해 제품이나 서비스에 호의적인 감정을 불러일으키고 즐거운 소비경험을 통해 소비자를 감동시키는 마케팅이다. 제품의 편익보다 인간의 심리와 감성을 중요시하는 마케팅으로 인간의 감성, 오감, 즐거움에 소구하는 오감 마케팅, 펀(fun) 마케팅이 여기에 해당한다.

* **오감 마케팅** 인간이 가지고 있는 감각을 이용한 마케팅으로 시각마케팅, 청각마케팅, 촉각마케팅, 후각마케팅, 미각마케팅 등
* **펀(fun) 마케팅** 제품에 즐거움과 웃음을 제공함으로써 소비자 만족을 높이는 감성 마케팅

(2) 체험 마케팅

체험 마케팅은 기존 마케팅과 달리 소비되는 분위기와 이미지를 통해 고객의 감각을 자극하는 체험과 경험을 창출하는데 초점을 맞춘 마케팅이다. 체험은 기능적 가치를 대신해줄 수 있는 감성적, 인지적, 행동적 관계의 가치를 제공해준다. 스타벅스는 커피의 맛을 강조하기보다 가정의 응접실 같은 분위기를 연출한 매장을 통해 브랜드를 차별화했으며, 소비자에게 잊지 못할 추억을 제공해준다.

(3) 공익 마케팅

공익 마케팅은 기업이나 브랜드를 사회적 명분이나 이슈에 전략적으로 연계시키는 마케팅 활동을 말한다. 과거 제품 개발과 판촉으로 마케팅하던 시대에서 소비자의 감성적, 정서적, 윤리적 측면까지 충족시켜

기업의 마케팅이 기능적 영역이 아닌 윤리와 신뢰의 영역까지 확대되었다. 공익 마케팅은 과거의 무작위적인 자선판촉이 아니라 기업이 추구하는 가치와 문화에 맞는 공익적인 이슈를 찾아 실천하고 홍보한다. 이렇게 해서 구축한 기업의 긍정적 이미지는 소비자로 하여금 지불하는 가격에 비해 높은 정신적 가치를 준다. 결국, 공익적 마케팅은 사회적 정당성을 구현하면서도 이윤을 추구할 수 있는 것이다. 1983년 아메리칸 익스프레스 카드가 고객이 신규카드를 발급받고 사용할 때마다 사용금액의 일부를 자유의 여신상 복구 지원에 기부한다고 한 것이 공익 마케팅의 시초로 알려져 있다.

출처 : ①_한경, 2022.08.19., ②_더피알, 2020.02.08., ③_코오롱스포츠 홈페이지

플로깅 마케팅도 공익 마케팅의 일종이다. 플로깅은 조깅을 하며 쓰레기를 줍는 운동이다. '이삭을 줍는다'는 뜻의 스웨덴어 plocka upp과 영어 jogging의 합성어다. 환경보호 활동에 적극적으로 참여하려는 움직임에, 업계의 윤리적 신념이나 개인 취향에 따라 소비하는 MZ세대의 '미닝아웃(Meaning+coming Out)' 트렌드가 합쳐지면서 기업들이 ESG 경영 실천 방법의 하나로 플로깅을 선택하고 있다. 플로깅 마케팅을 실시하는 기업은 실질적으로 수익으로 직결되는 영향은 없으나 사회공헌 활동의 일환으로서 환경가치를 생산해 내는 데 중점을 둔 활동이다.

공익 마케팅의 한 종류로 '코즈마케팅'(cause marketing)도 주목받고 있다. 코즈는 명분 또는 원인이라는 의미로서 소비자들로 하여금 소비를 하거나 참여할 명분 또는 이유를 주는 것이다. 따라서 코즈마케팅은 기업이 중요한 사회적 이슈, 즉 '코즈(cuase)'를 기업의 이익 추구를 위해 활용하는 것을 말하는데 기업이 사회적 문제를 해결하면서 이를 기업의 이윤추구에 활용하는 마케팅 방법이다. 코즈마케팅은 기업의 기부와는 다른 의미를 가지는데 기업의 기부가 세금 공제 같은 혜택이 따르는 반면 코즈마케팅은 그렇지 않다.

코즈마케팅을 실시하는 기업은 소비자를 통해 경제적 가치와 공익적 가치를 동시에 추구하고자 한다. 또한 소비자들은 해당 기업의 제품으 구입하는 것이 향후 사회나 환경에 긍정적인 영향을 끼친다는 것을 인지하고 소비에 적극적으로 참여하게 된다. 이러한 착한 소비 심리를 이용한 코즈마케팅은 소비자들의 소비를 이끌어내면서 공익을 추구하기 때문에 소비자와 기업이 함께 기부와 공익활동에 힘을 보태고 기업은 매출증대도 이루는 마케팅 전략이라고 할 수 있다. 코즈마케팅을 통해 소비자들은 따로 주머니에서 돈을 꺼내지 않아도 기부에 참여할 수 있고, 기업은 사회적 책임을 다하는 기업으로서의 긍정적 이미지를 구축함으로써 브랜드 충성도를 높일 수 있기 때문에 코트라(KOTRA)가 발간한 〈한국이 열광할 12가지 트렌드〉에서 코즈마케팅은 "소비자 지갑을 여는 착한 방법"이라고 말하고 있다.

(4) 스토리텔링 마케팅

스토리텔링 마케팅은 상품이나 브랜드에 스토리를 넣어 소비자들의 관심과 흥미를 유발하고 이를 제품 판매에 연결시키는 것을 말한다. 심리학자 가드너는 사람은 논리적으로 생각할 때는 좌뇌가 작동하지만 최종 구매는 우뇌가 한다고 한다. 그래서 소비자에게 꿈과 감성을 제공하는 것이 차별화의 핵심이고, 그런 감성을 유발하는 방법으로 스토리텔링 마케팅이다. 고디바 초코렛처럼 자사 브랜드를 멋진 스토리로 포장하여 판매하는 것이 스토리텔링 마케팅의 좋은 예이다.

보충학습 고디바

벨기에가 만든 '고디바(Godiva)'는 세계적으로도 다섯 손가락 안에 꼽히는 고급 초콜릿이다. 신선한 크림과 버터, 그리고 땅콩, 호도 등을 초콜릿으로 감싼 프랄린 중에서도 '고디바'는 최고로 꼽힌다.

'고디바'는 이름부터 남다르다. 11세기 영국 코벤트리 영주의 부인이자 여성판 '로빈훗'으로 '고디바'의 이름을 맛으로 승화시켰다고 벨기에 인들은 자랑한다. 영주의 부인인 '고디바'는 자신의 남편이 매긴 높은 세금에 힘들어하는 주민을 돕기 위해 스스로 옷을 벗고 도시 중심가를 가로지른 것으로 유명하다.

세금을 줄여달라고 남편에게 부탁했지만, 그는 주민들을 인격이 부족한 천민으로 비유하며 거절한다. 하지만 고디바는 포기하지 않고 자신이 알몸으로 도심을 지나갈 때 사람들이 문을 걸어 잠그고 단 한명도 훔쳐보지 않으면 세금을 내리자는 제안을 한다. 남편이 무시한 주민들의 인격을 몸소 보여주겠다는 것이다. 다음날 내기에서 결국 고디바가 이겼고 남편은 세금을 내렸다고 한다.

오늘날까지도 고디바는 그림과 조각 등 여러 예술작품의 단골 소재로 아름답게 표현되고 있다. 루벤스는 명작 '고디바 부인'으로, 벨기에 드랩스는 초콜릿으로 그녀를 형상화 했다.

출처: 고디바 홈페이지

(5) 한류 마케팅

문화를 마케팅 하는 방법은 크게 두 가지가 있다. 그 나라의 문화를 이해하고 이용하거나 혹은 우리문화를 이용하는 것이다. 한류는 한국의 대중문화, 드라마, 영화, 음악 등에 대한 전 세계적인 뜨거운 관심을 의미하며 한류 마케팅은 이러한 한국의 문화 콘텐츠를 이용하여 마케팅을 하는 것을 말한다.

보충학습 **한류 열풍은 수십년 결과물**

<더 타임스>는 '한류! 한국 문화가 세계를 어떻게 정복했나'라는 제목의 기사에서 최근 우리나라 문화콘텐츠의 인기 배경을 분석했다. <더 타임스>는 "<오징어 게임> 인기가 갑작스러운 것이 아니다. 이는 정부가 야심차게 수십 년간 기획해 나온 산물이다"라고 분석했다. <더 타임스>는 "스티븐 스필버그 감독의 1993년 작품 <쥬라기 공원>의 수입이 현대자동차 수출 실적보다 성과가 더 낫다는 판단에 따라 한국 정부가 엔터테인먼트 산업 육성과 수출 계획을 세우기 시작했다"고 전했다. 그러면서 "28년이 지난 지금 우리는 비빔밥을 먹듯이 한국 문화를 소비하고 있다"고 강조했다. <더 타임스>는 BTS는 영국의 세계적 밴드 콜드플레이마저 함께할 정도로 명성이 대단하며 이들이 같이 제작한 '마이 유니버스'는 2012년 싸이의 '강남스타일'의 라이벌이 될 만하다고 했다. 우리나라의 닭튀김 버거는 모든 영국 펍 메뉴에 오른 듯하고 K-뷰티 산업은 2027년엔 139억 달러(약 16조 6000억 원) 규모가 될 것으로 보인다고 예상하기도 했다.

처음 소프트파워(Soft Power · 문화권력) 개념을 제시한 석학 조셉 나이 하버드대 명예교수는 "소프트파워는 강압이나 거래가 아니라 매력을 통해 원하는 것을 얻는 능력"이라며 "1989년 베를린 장벽은 포화를 맞아 무너진 것이 아니라 철의 장막을 건넌 서구 문화와 방송 노출로 변화된 사람들이 휘두른 망치와 불도저에 무너졌다"며 한국은 문화 측면의 소프트파워를 잘 타고 났다"고 했다.

출처 : 공감누리

3. 스포츠 마케팅

스포츠 마케팅은 촉진과 커뮤니케이션 수단으로 스포츠를 활용하는 것을 말한다. 스포츠 마케팅은 스포츠 단체의 재원을 확보하기 위한 '스포츠 자체'의 마케팅(marketing of sports)과 스포츠를 이용해 기존의 광고 또는 홍보 활동 등을 보조해주는 '스포츠를 이용'한 마케팅(marketing with sports)으로 구별된다.

스포츠가 마케팅의 소재로 관심을 받는 이유는 스포츠 자체의 요인과 스포츠 외적인 요인인 있다. 스포츠를 볼 때 종종 각본 없는 드라마를 썼다는 말을 한다. 그만큼 스포츠는 극적인 효과가 있다. 또 스포츠는 심판이 있고 규칙이 있다. 공정한 경쟁상황의 경쟁은 매우 매력적이다. 스포츠는 또한 원초적인 인간의 성적 의미도 가지고 있다.

스포츠가 관심을 받게 된 스포츠 외적인 요소는 경제적인 여유로 인해 스포츠 인구가 늘었다는 것이다. 또 스포츠 방송을 저비용 고수익으로 인식하는 방송사가 늘면서 스포츠 프로그램과 전문 채널까지 등장하여 소비자가 스포츠를 접할 기회가 급증했다는 것이다. 이와 같은 스포츠가 관심을 받게 된 이유를 정리하면 〈표 Ⅵ-3〉과 같다.

표 Ⅵ-3 최근 마케팅 전략으로 스포츠가 주목을 받는 이유

스포츠 자체 이유	기타 이유
극적인 효과	일반 대중의 여가 시간 증가
공정성	TV의 상업화
대리 만족	방송사의 비용절감
성적 매력	새로운 매체의 등장

1) 스포츠 마케팅의 유형

스포츠 마케팅의 유형은 크게 스포츠 팀이나 개인을 후원하는 것과 직접 소유하여 운영하는 것, 둘로 나눈다. 후원에는 이벤트, 개인, 팀, 경기, 경기가 벌어지는 그라운드를 지원하고 후원하는 방법이 있고, 소유는 직접 스포츠 팀이나 개인을 관리하는 것이다. 〈표 Ⅵ-4〉에서는 후원하는 방법과 대상에 대한 스포츠 마케팅의 장·단점을 확인할 수 있다.

표 Ⅵ-4 스포츠 후원 종류와 장·단점

유형		장점	단점
후원	이벤트(공식스폰서)	• 효과가 높은 이벤트를 선택 가능	• 후원금이 비싸다 • 후원금 이외의 광고비 추가 부담
	개인(선수)	• 스타로 성장하면 비용 대비효과가 가장 높음 • 상대적으로 저렴	• 성공확률이 매우 낮음 • 단체보다 육성에 어려움
	스포츠팀	• 참여가 쉬움	• 비용이 많이 들며 성적이 부진할 때 해약이 어려움
	정규적 경기	• 스포츠 마케팅의 효과를 최대한 활용 가능 • 기업 이미지에도 강력한 영향	• 인력 및 운영비가 정규적으로 지출되며, 대회 지명도 높이려면 추가 투자 필요
	그라운드	• 비용이 저렴하다 • 일정한 노출빈도 유지	• 다양한 시도에 한계
소유	경기단체	• 통제하기 쉬움 • 높은 경기력의 팀을 선별하여 소유 가능	• 성적이 부진하면 후원 기업의 이미지 저해

2) 스포츠 마케팅의 효과

기업은 스포츠 마케팅 활동을 통해 자사 및 자사 제품의 인지도를 향상시키고, 이미지를 개선하거나 유지하려는 기본 목적을 갖고 있다. 그러나 기업은 이외에도 사회적 책임 의식 소비자 또는 거래 업체들에 대한 환대를 위해서도 스포츠 마케팅을 활용하며, 임직원의 사기 진작 및 애사심 고취 또는 기존의 광고, PR, 판촉 활동 등을 지원하는 데도 유용한 도구로 이용하고 있다.

스포츠 마케팅의 효과는 첫째, 강력한 노출효과와 스포츠의 이미지 및 스포츠에 대한 관심을 기업 커뮤니케이션의 목적에 이용하여 브랜드 인지도를 극대화할 수 있다.

둘째, 특수 대상 집단(고객)을 겨냥한 커뮤니케이션 정책을 펼 수 있다. 특정 스포츠 종목이나 스포츠 이벤트를 통해 보다 쉽게 목표 집단을 효율적으로 공략할 수 있다

셋째, 비상업적 상황에서 대상 집단에게 접근할 수 있다. 스폰서십은 광고와 달리 인위적으로 창조된 환경에서 실시되는 것이 아니기 때문에 광고를 기피하는 대중에게도 거부감 없이 자연스럽게 받아들여질 수 있다.

넷째, 스폰서십이 제공하는 다양한 형태와 특성을 통해 매출을 증대시킬 수 있다. 특히 독점권(예를 들어 타이틀 스폰서십)을 확보할 경우 다른 경쟁사를 제압할 수 있는 유리한 위치를 차지할 수 있다.

다섯째, 삼성전자가 첼시 축구 구단을 후원하는 것에서도 보듯이 스포츠를 통해 글로벌 마케팅을 주도할 수 있다.

4. 입소문 마케팅

입소문(word of mouth) 마케팅은 소비자들이 자발적으로 메시지를 전달하게 하여 상품에 대한 긍정적인 입소문을 내게 하는 마케팅 기법이다. 사람들은 주변 사람의 이야기를 신뢰하는 경향이 있다. 흔히 우리는 어떤 결정을 내기 어려울 때 손쉬운 결론을 내기위해 전화로 주변의

의견을 묻는다. 한 조사에 의하면 미국사람의 70%는 다른 사람의 조언을 바탕으로 의사를 선택하고, 자동차 대리점 고객의 57%는 입소문으로, 여행지 선정, 호텔예약의 정보원천 1위는 친구와 친척이라고 한다. 입소문이 효과적인 이유는 보통 대화 주제로 거론된 어떤 것들이고 누구의 요구에 따라 나온 강요된 이야기가 아니기에 자연스럽게 전달되는 내용에 믿음을 가지기 때문이다.

입소문이 매우 중요한 마케팅 이슈로 자리 잡은지 아주 오래된 일이지만 새삼스럽게 다시 주목을 받는 이유는 바로 정보기술의 발달로 세계의 모든 소비자가 서로 연결되어 있는 환경이 되었기 때문이다. 여섯 사람을 건너면 지구 위에 사는 누구와도 연결될 수 있다는 연구가 결과가 있다.

그림 Ⅵ-6 입소문 마케팅은 소비자들이 자발적으로 제품 정보를 다른 소비자에게 전달하는 것이다

출처: 구글이미지

거기에다 인터넷의 가상공간 안에서 추가로 만나는 사람과의 관계까지 더해진다면 입소문으로 퍼지는 정보의 속도는 상상을 초월한다. 그래서 컴퓨터를 통한 입소문(word of mouth)은 'word of mouse'라고도 한다.

입소문 마케팅은 매스 미디어를 통한 마케팅기법에 비해 비용이 저렴하며 기존의 채널로는 도달하기 어려운 소비자에게도 접근할 수 있다. 입소문 마케팅은 우선 여론 형성에 주도적인 역할을 하는 사람을 찾아내 활용해야 하며, 커뮤니티를 잘 활용해야 한다. 그리고 입소문이 일정한 궤도에 오르면 광고와 매스 미디어를 추가로 활용할 수도 있다. 입소문은 또한 부정적인 내용도 빠르게 전달되므로 만약의 사태에 항상 대비하는 자세가 필요하다.

기업이 입소문을 활용하기 위하여 철저하게 계획하여 체계적으로 퍼뜨리는 전략을 수립하는 것이 중요하다. 그러기 위해선 소문을 내는 사람, 즉 자기 회사에 대해 호의적인 정보를 전달할 '입소문 그룹(네트워크 허브)'을 찾아내고 그들에게 말할 거리를 주어 자극하여야 한다. 그리고 정보를 공감하고 최초로 전달할 시더(seeder)가 필요하다. 이러한 위치에 적합한 사람들은 보통 사회의 오피니언 리더(opinion leader), 제품 혁신층(product innovator), 마케팅 전문가(market maven), 구매 대행인(surrogate consumer)들이다.

이러한 입소문 마케팅을 효과를 거두기 위한 제반 조건은 다음과 같다.

- 무엇을 퍼뜨릴 것인가 : 차별화된 상품컨셉 확정
- 누구에게 퍼뜨릴 것인가 : 타겟 선정 여섯 사람을 건너면 지구 위에 사는 누구와도 연결될 수 있다는 연구가 결과 참고
- 어떻게 퍼뜨릴 것인가 : 내용 정리 및 행사 활용
- 왜 하려는가 : 목적 정립
- 언제 실행할 것인가 : 시류 등 사회적 분위기, 계절적 요인 고려
- 누가 할 것인가 : 소문제작팀 구성

다음은 다양한 형태의 구전 마케팅의 유형에 대해 공부해 보자.

입소문 마케팅은 입소문을 전달하는 주체와 형태에 따라 다양한 이름으로 불리운다. 입소문이라는 근본적인 원칙은 유사하지만 내용과 파급속도는 차이가 있다.

① **버즈 마케팅(Buzz Marketing)** Buzz (상품에 관한 긍정적 연관, 흥분, 기대)를 창조: 주로 재미있는 광고, 이메일, 케치프레이즈, 오락, 프로모션, 뉴스를 통해서 소비자에게 브랜드에 관한 '긍적적이고 재미있는 얘기꺼리'를 제공한다.

② **영향자 마케팅(Influencer Marketing)** 다른 소비자들에게 영향력을 줄 수 있는 opinion leader나 주요 커뮤니티들을 '찾아내서 마케팅'하는 방법이다.

③ **제품-씨앗 마케팅(Product-Seed Marketing)** 신상품 출시전 오피니언리더들에게 상품 또는 상품정보를 전달해서 구전의 '씨앗'역할을 하도록 유도한다.

④ **전도자 마케팅(Evangelist Marketing)** 상품전도자, 옹호자, 지원자(바이럴 요원)를 '양성'하는 마케팅이다.

⑤ **커뮤니티 마케팅(Community Marketing)** 브랜드 커뮤니티를 만들고 지지해주는 마케팅이다.

⑥ **블로그 마케팅(Blog Marketing)** 브랜드에 관한 블로그를 만들어서 소비자의 참여를 장려하는 마케팅이다.

⑦ **바이러스 마케팅(Virus/Viral Marketing)** 마케팅 메세지를 바이러스처럼 감염을 시키고 소비자끼리 서로 확산하게 유도하는 마케팅이다.

⑧ **소셜 마케팅(Social network Marketing)** 페이스북, 트위터, youtube 등의 소셜 네트워크서비스(SNS)를 이용하는 마케팅이다.

정리 사례

미디어 시장에서 숏폼 콘텐츠의 중요성이 눈에 띄게 높아짐에 따라 점점 더 많은 유튜브 크리에이터들이 쇼츠 영상을 만드는 추세다. 쇼츠는 지난해까지 별도의 광고가 달리지 않아, 조회수를 늘리고 구독자를 모으려는 목적으로 사용됐다. 하지만 2023년부터 쇼츠에도 광고가 게시되면서 크리에이터들의 수익 모델로 자리 잡게 될 전망이다. 이는 숏폼 비디오 시장을 장악하고 있는 틱톡(TikTok)을 견제하기 위한 방침으로 풀이되며, 광고는 동영상 사이에 실리며 그 어떤 숏폼 플랫폼도 광고 수익 공유 방법을 제대로 생각해 내지 못했기 때문에 쇼츠가 이 경쟁에서 우위를 점할 수 있을 것이라는 분석이 나온다.

출처 : 블로터 2023.01.10.

실전 사례

✤ SNS 광고와 개인 사생활 침해에 대하여 토론해 봅시다.

Step 1. 찬반토론이란?

정책이나 가치, 사실에 대한 찬성과 반대의 의견으로 나누어 상대를 설득하는 방법으로 규칙에 따라 차이가 있지만 입론, 반대 심문, 최종 변론의 형태를 취하고 있다.

Step 2. 찬반 토론의 진행 방법

① 토론 주제에 대해 자신의 입장을 입론한다(찬성에서 반대로).
② 상대 입론에 대해 반대 의견을 제시하고, 자신의 입장이 옳음을 증명하는 '반론 펴기'를 한다(반대에서 찬성의 순서로).
③ 상대의 반론을 듣고 인정할 수 없음을 증명하는 과정으로 질문 형식으로 진행한다(반대에서 찬성의 순서로).
④ 입장에 관한 주장을 다지는 최종 변론을 한다. 토론에서 제시된 내용을 재구성하여 요약, 강조한다(반대에서 찬성의 순서로).

Step 3. 찬반 토론의 유의점

① 사회자는 시간을 알려주고 공정하게 토론을 이끌어 간다.
② 토론자는 상대방의 의견을 끝까지 정중하게 듣는 자세를 갖춘다.

✤ 토론 주제 : SNS 광고의 개인 사생활 침해에 대한 문제 분석

학과 __________ 학번 __________ 성명 ___________

찬성 측	비고	반대 측
	입론	
	확인 질문	
	반론	
	최종 입장	
	평가 판정	

학습정리

1. 마케팅에서 서비스란, 독립적으로 소비자에게 판매될 수 있는 것이며 유형적인 제품과 함께 혹은 별개로 제공되어 지는 무형적인 노력과 활동, 그리고 소비자 혜택까지 포함한다.

2. 서비스가 주목받고 있는 이유는 수익과 성장 가능성이 높기 때문이다.

3. 서비스의 특성은 무형성, 이질성, 비분리성, 소멸성이다.

4. 서비스 마케팅의 특성은 생산에 고객이 참여, 제품의 일부로서의 인간, 품질관리의 어려움, 재고가 없다는 것이다.

5. 진실의 순간(moment of truth)은 매우 짧은 순간으로 고객에게 기업의 서비스의 품질을 인식시킬 수 있는 순간을 말한다.

6. SERVQUAL은 서비스의 품질을 신뢰성, 확신성, 유형성, 공감성, 응답성의 5가지 차원에서 측정하는 분석 방법이다.

7. 비영리 조직은 기업과 달리 영리를 목적으로 하지 않고 사회 복지를 위해 존재하는 조직이다.

8. 문화마케팅은 문화라는 매개체를 통한 마케팅 기법이다..

9. 감성마케팅은 소비자가 좋아하는 감정이나 자극을 통해 제품이나 서비스에 호의적인 감정을 일으키고 즐거운 소비 경험을 통해 소비자를 감동시키는 마케팅 기법이다.

10. 스포츠 마케팅은 소비자들의 촉진의 수단으로 스포츠를 활용하는 것을 말한다.

11. 입소문 마케팅은 소비자들이 자발적으로 기업의 메시지를 전달하게 하여 제품이나 서비스에 대한 긍정적인 입소문을 내게 하는 마케팅 기법이다.

종합문제

※ 다음 (　　)안에 알맞은 용어를 써 넣으시오.

1. (　　　　　)은 고객과 접촉하는 모든 순간에 발생하며, 이 순간들이 하나하나 쌓여 나 자신과 회사에 대한 평가가 이루어진다. 개인적으로는 입사 면접이 그러하고, 업무적으로는 고객과 접하게 되는 상담, 제안 설명회, 제품의 성능, 서비스 수준, 나아가서는 회사의 전화 안내, 홈페이지 등 직간접적인 모든 접촉 순간이 그러하다.

2. 마케팅에서 서비스가 주목받는 이유는 서비스는 제품에 비해 (　　) 과 (　　　　　) 면에서 뛰어나기 때문이다.

※ 다음 물음에 알맞은 답을 고르시오.

3. 다음 서비스에 대한 정의 중 가장 최근에 포괄적으로 정의된 개념으로 볼 수 있는 것은?

   ① 종업원의 태도와 자세
   ② 사후 수리 및 유지 관리
   ③ 비생산적 노동, 비물질적 재화
   ④ 고객의 문제를 해결하는 솔루션 제공
   ⑤ 상품 판매와 연계 제공되는 모든 활동/편익

4. 다음에서 서비스의 4가지 기본 속성에 속하지 않는 것은 무엇인가?

   ① 이질성　② 무형성　③ 비분리성　④ 가변성　⑤ 소멸성

5. 최근 서비스가 기업경영 및 마케팅활동에 있어서 중요해지는 이유에 해당되지 않는 것은?

   ① 제품 대비 상대적 높은 이윤(마진)　② 고객충성도 제고에 도움
   ③ 타회사 제품과의 차별화에 기여　④ 서비스산업의 높은 성장성
   ⑤ 기업 활동의 투명성 증가

6. 진실의 순간(MOT)에 대해 설명하는 다음 내용 중 관련이 없는 것은?

① 서비스 기업이 고객과 만나는 접점들
② 고객과 기업과 만나는 짧은 순간
③ 인터넷, 원격통화 등 모든 채널을 포함
④ 사우스웨스트 항공
⑤ 얀칼슨

7. 서비스 품질을 측정하는 대표적 모형인 SERVQUAL모형의 다섯 가지 요인에 해당하지 않는 것은?

① 확신성 ② 유형성 ③ 응답성 ④ 구체성 ⑤ 공감성

8. 예술가를 지원하여 창작 활동을 도왔던 로마시대의 제상 마에케나스의 이름을 딴 메세나에서 유래한 마케팅으로 기업이 예술가나 예술단체를 후원하는 마케팅 활동을 무엇이라고 하는가?

( )

출처 : 뉴스와이어, 2011.10.25.

9. 소비자들이 자발적으로 메시지를 전달하게 하여 상품에 대한 긍정적인 분위기를 조성하게 하는 마케팅기법은?

(　　　　　　　　　)

10. 삼성전자는 과거 영국 프로 축구 구단인 첼시 선수에게 자사 로고가 새겨진 유니폼을 사용하게 함으로써 영국은 물론, 전 세계적으로 기업 인지도를 크게 높일 수 있었다. 이와 같은 마케팅 기법을 무엇이라고 하는가?

(　　　　　　　　　)

출처 : 구글이미지

진로탐색 광고 PD란?

1. 주로 하는 일

광고 프로듀서는 광고제작의 총책임자를 가리킨다. 광고대행사에 따라서는 TV광고, 라디오 광고로 구분하기도 하고, 플래닝과 제작담당으로 구분하기도 한다. 광고 프로듀서는 광고제작에서 전략을 아이디어로 바꾸는 작업부터 참여하는데, 전략회의의 결과를 스토리보드(카피, 비주얼, 오디오)의 형태로 정리한다. 스토리보드가 완성되면 프리젠테이션을 위한 보드를 만들고, 이 과정에서 광고기획자와 밀접한 관련을 맺고 일하게 된다. 스토리보드가 승인되면 이를 가지고 프로덕션을 선정, PPM(Pre-Production Meeting)을 준비하고 주재한다. 이 미팅에서는 광고의 제작목적, 모델, 의상, 세트, 완성시기 등을 토의한다. 그런 다음에는 회의에서 확정된 안을 가지고 구체적인 제작에 들어간다. 이처럼 광고 프로듀서는 광고제작의 전반을 책임지는 전문인이다.

2. 요구되는 적성 및 흥미

광고 PD는 광고와 비주얼 메커니즘 전반에 걸쳐 전반적으로 이해하고 있어야하고, 상황분별력과 균형 감각과 리더십과 원만한 대인관계 등이 필요하다. 광고업계의 다른 직업도 마찬가지이지만, 출퇴근 시간이 일정치 않기 때문에 광고 PD는 특별한 각오가 필요하다.

3. 진로 및 전망

국내의 광고시장은 기존의 전통적 매체에서 더 나아가 뉴미디어를 바탕으로 큰 변화를 맞고 있다. 매체환경의 변화를 중심으로 광고시장이 급격히 성장함에 따라 양질의 광고를 공급해야 할 필요성이 증대되었고, 이에 따라 능력 있고 전문적인 광고 PD의 수요는 급증하고 있다.*

* 위의 내용은 커리어넷 직업 정보(www.career.go.kr)에서 발췌한 내용입니다.

ANSWER

해 답

▶ 1단원

1. (욕구) (교환) 2. (제품) (product) 3.(기대) (성과 혹은 평가) 4. ②
5. ① 6. ⑤ 7. ③ 8. ② 9. (기업 비전) 10. (STP 전략)

▶ 2단원

1. (포지셔닝) 2. (전체시장 전문화 전략) 3. ③ 4. ③ 5. ① 6. ①
7. ② 8. ③ 9. (탐색조사) 10. (SWOT 분석)

▶ 3단원

1. (관여도) 2. (문제인식) 3. ① 4. ② 5. ② 6. ③ 7. ④
8. (관성 혹은 관성적 구매) 9. (고전적 조건화) 10. (도구적 조건화)

▶ 4단원

1. (가격) 2. (수직적마케팅 시스템) 3. ② 4. ③ 5. ② 6. ②
7. ② 8. ④ 9. (PR) 10. (브랜드 확장전략)

▶ 5단원

1. (커뮤니케이션) 2. (공신력) 3. (통합마케팅 커뮤니케이션 또는 IMC)
4. ⑤ 5. ③ 6. ⑤ 7. ② 8. ④ 9. (PPL) 10. (데이터베이스 마케팅)

▶ 6단원

1. (진실의 순간) 2. (수익) (성장가능성) 3. ④ 4. ④ 5. ⑤ 6. ④
7. ④ 8. (문화마케팅) 9. (입소문마케팅) 10. (스포츠 마케팅)

REFERENCE

참고문헌

김주호 외, 「소비자행동」, 이프레스, 2012.
김주호, 「초 연결 시대의 성공 브랜드 전략」, 학현사, 2021.
김주호, 「마케팅 이론과 실제」, 이프레스, 2018.
김 진, 「디지털마케팅 개론」, 마소캠퍼스, 2018.
박재민, 「스포츠 마케팅의 미래」, 클라우드나인, 2022.
박찬수, 「마케팅 원리」, 법문사, 2022.
박형준, 「BTS 마케팅」, 21세기북스, 2021.
세스 고딘, 「마케팅이다」, 쌤엔파커스, 2019.
안광호 외, 「마케팅원론」, 학현사, 2018
이유재, 「서비스마케팅」, 학현사, 2019.
이학식, 「마케팅조사」, 집현재, 2021.
조창환, 「디지털 마케팅」, 청송미디어, 2018.
Philip Kotler, 「마케팅 입문」, 교문사, 2022..
Roger A. Kerin, 「핵심마케팅」, 교문사, 2021.

저자 약력

김 주 호

미국 Cornell University Ph.D.
명지대학교 경영학과 교수
22대 한국광고학회장
전 명지대교수협의회회장
전 공익광고협의회위원장
전 금강기획 마케팅전략연구소장
전 SK㈜ 마케팅지원본부 브랜드그룹장
전 미주동아일보 기자

MARKETING STUDY PLUS

초 판 1쇄 인쇄 —— 2023년 3월 10일
초 판 1쇄 발행 —— 2023년 3월 15일
지은이 —— 김 주 호
펴낸이 —— 전 두 표
펴낸곳 —— 도서출판 **두남**
서울시 강동구 성내로 6길 34-16 두남빌딩
신 고 : 제25100-1988-9호
TEL : 02) 478-2065~7, 2311
FAX : 02) 478-2068
E-mail : dnbooks@dunam.co.kr
http://www.dunam.co.kr

정가 26,000원

ISBN 978-89-6414-965-2 93320